Vente des 8, 9, 10, 11 & 12 Avril 1895.

HOTEL DROUOT. — SALLE N° 10.

CATALOGUE

DE LA

BIBLIOTHÈQUE

DE FEU

MONSIEUR CHARLES COUSIN

Vice-Président de la Société des Amis des Livres

et

de la Société des Bibliophiles Contemporains.

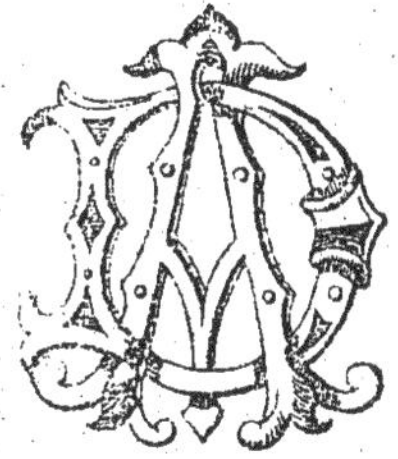

PARIS

A. DUREL, LIBRAIRE

21, RUE DE L'ANCIENNE-COMÉDIE, 21

9 ET 11, PASSAGE DU COMMERCE, 9 ET 11

1895

CATALOGUE

DE LA

BIBLIOTHÈQUE

DE FEU

Monsieur Charles COUSIN

Vice-Président de la Société des Amis des Livres
et
de la Société des Bibliophiles Contemporains.

LA VENTE AURA LIEU

Les Lundi 8, Mardi 9, Mercredi 10, Jeudi 11, et Vendredi 12 Avril 1895.

A deux heures précises de l'après-midi

HOTEL DES COMMISSAIRES-PRISEURS, 9, RUE DROUOT

Salle n° 10, au premier

Par le Ministère de Me Maurice DELESTRE ✻, Commissaire-Priseur,

27, Rue Drouot,

Assisté de M. A. DUREL, Libraire, chargé de la vente

21, rue de l'Ancienne-Comédie, 9 et 11, passage du Commerce.

CONDITIONS DE LA VENTE

La vente se fait au comptant.

Les acquéreurs payeront 5 p. 100 en sus des enchères, applicables aux frais.

Les livres devront être collationnés sur place dans les vingt-quatre heures de l'adjudication. Passé ce délai, ou une fois sortis de la salle de vente, ils ne seront repris pour aucune cause.

M. A. DUREL, **chargé de la vente, remplira les Commissions des personnes qui ne pourraient y assister.**

☞ Les amateurs qui seraient embarrassés pour fixer un prix maximum aux ouvrages qu'ils désirent obtenir, n'auront qu'à faire parvenir leur desiderata à M. A. DUREL qui se fera un devoir de prendre leurs intérêts et n'achètera pour leur compte qu'autant que les enchères resteront dans les limites de prix avantageux.

CATALOGUE

DE LA

BIBLIOTHÈQUE

DE FEU

Monsieur Charles COUSIN

Vice-Président de la Société des Amis des Livres

et

de la Société des Bibliophiles Contemporains.

PARIS

A. DUREL, LIBRAIRE

21, RUE DE L'ANCIENNE-COMÉDIE, 21

9 ET 11, PASSAGE DU COMMERCE, 9 ET 11

1895

ORDRE DES VACATIONS

Première Vacation. — *Lundi 8 Avril 1895.*

Numéros. . . . . 1 à 194
Numéros. . . . . 195 à 221

Deuxième Vacation. — *Mardi 9 Avril.*

Numéros. . . . . 295 à 443
Numéros. . . . . 222 à 294

Troisième Vacation. — *Mercredi 10 Avril.*

Numéros. . . . . 629 à 665
Numéros. . . . . 573 à 628
Numéros. . . . . 444 à 572

Quatrième Vacation. — *Jeudi 11 Avril.*

Numéros. . . . . 725 à 888
Numéros. . . . . 666 à 724

Cinquième Vacation. — *Vendredi 12 Avril.*

Numéros. . . . . 1095 à 1108
Numéros. . . . . 889 à 1094

CATALOGUE

DE LA

BIBLIOTHÈQUE

de feu M. Charles COUSIN

Vice-Président de la Société des Amis des Livres
et
de la Société des Bibliophiles Contemporains.

1. **Acht-en-Dertig** Konstige Zinnebeelden met Dichtkundige Uitleggingen Verrykt, door een liefhebber der nederduitsche poëzy. *Amsterdam, Bernardus Mourik,* 1737, in-4, nombr. fig., demi-rel., dos et coins de mar. r. foncé, fil., non rog.

   Volume orné de 38 planches d'emblèmes très finement gravées.

2. **Actes et négociations** de la paix conclue à Turin et de celle de Ryswick, diverses pièces, avec pagination séparée, table analytique à la fin du vol. *La Haye, Adrian Moetjens*, 1697, 7 pièces en 1 vol. in-12, pl., v. f., dos orné, tr. dor. (*Rel. anc.*).

3. **Adam** (Madame) (Juliette **Lamber**). La Chanson des nouveaux époux. Edition ornée d'un portrait et de dix eaux-fortes. *Paris*, *Conquet*, 1882. gr. in-4, br., non rog. couv. Etui et emboîtage de l'éditeur.

   L'un des 100 exemplaires sur papier du Japon (n° 36), avec les eaux-fortes en deux états (avant la lettre et avec la lettre).

4. **Adam** (Mme) (Juliette **Lamber**). Le général Skobeleff, accompagné d'un portrait du général dessiné par G. Roux. *Paris*, *Nouvelle Revue*, 1886, in-8 de VIII et 55 pp., cart. Bradel, tête dor., non rog., couv.

   Exemplaire auquel on a joint une lettre autographe de l'auteur.

5. **Adeline** (J.). Deuxième centenaire de Pierre Corneille, séance du 19 mars 1885, à l'archevêché de Rouen. *Rouen, E. Cagniard*, 1887, in-fol. en feuilles dans un emboîtage en satin bleu, étui.

23 dessins au lavis par Jules Adeline, reproduits en héliogravure et tirés en taille douce sur Chine, monté en *noir*, en *bistre* et en *sanguine*, précédés d'un portrait de Sa Sainteté le Pape, reproduit en héliogravure d'après une photographie, et accompagnés du fac-simile du contrat de mariage de Marie de Corneille, avec les signatures de Pierre et de Thomas Corneille, et d'une description des vignettes.
Exemplaire avec envoi autographe signé de l'auteur.

6. **Adeline** (J.). La Farce des Quiolards, tiré d'un Proverbe Normand, avec introduction et 10 eaux-fortes par Jules Adeline. *Rouen, E. Augé*, 1881, in-8, pap. de Holl., titre r. et n., texte encadré de fil. r. et n., en feuilles. couv.

Tiré à 125 exemplaires numérotés. Exemplaire (n° 101) avec envoi autographe signé de l'auteur.

7. **Adeline** (J.). Les Sculptures grotesques et symboliques (Rouen et environs), préface par Champfleury. 100 vignettes et texte avec double frontispice à l'eau-forte par J. Adeline. *Rouen, Augé. s. d.*, gr. in-8, cart. Bradel, tête dor., non rog., couv.

L'un des 175 exemplaires tirés sur papier teinté, avec les 2 eaux-fortes avant la lettre.

8. **Aesopi Phrygis Fabulæ**. Elegantissimis iconibus veras animalium species advinum adumbrantibus. Gabriæ gracci fabellæ XLIII. Homeri, hoc est, ranarum et murium pugna fabula graeca dæ omnia cum latina interpretatione accesserunt Avieni antiqui auctoris fabulæ. Editio postrema, cæteris castigation. *Genevae, Joannis de Tournes*, 1628, in-16, fig. sur bois, mar. vert jans., dent. int., tr. dor. (*Hardy*).

9. **Aesopus.** Fabulæ Æsopicæ graccæ quæ maximo planudi tribuntur, adveterum librorum fidem emendatas cum Joachimi Camerarii interpretatione latina Joannis Hudsoni, suisque adnotationibus et indice omnium verborum edidit Io. Michael Heusinger. *Isenaci aere et sumtu Io.*

Christoph. Krugii 1731. *Prostant etiam Francofurti et Lipsiae, apud M. G. Griesbach Bibliopol*, petit in-8, v. f., dos orné, fil., tr. dor. (*Rel. anc.*).

10. **Agostini** (Leon). Gemmae et Sculpturae antiquae de pictae ab Leonardo Augustino Senensi, addita earum enarratione, in latinum versa ab Jacobo Gronovio cujus accedit praefatio. *Franequerae*, 1694, 2 parties en 1 vol., petit in-4, front. gr. et 265 pl., v. gr., dos orné, tr. marb. (*Rel. anc.*).

11. **Ahmedis** Arabsiadae Vitae et rerum gestarum Timuri, qui vulgo Tamerlanes dicitur, historia. *Lugduni Batavorum, ex typographia Elseviriana*, 1636, petit in-4, v. f., dos orné, 3 fil., tr. marb. (*Rel. anc.*).

Volume imprimé entièrement en arabe.
Transposition des feuillets H.hh. et G.gg.
Exemplaire de Pieters.-Willems n° 434.

12. **Aincourt** (Marguerite d'). Etudes sur le Costume féminin, illustrations de Cortazzo et Scott. *Paris, Rouveyre et Blond, s. d.*, in-8, cart. Bradel, tête dor., non rog.

Dans le même volume : Hygiène de la Parisienne, par le Dr Darfeu, illustrations de Cortazzo et Scott. — Nouvelles et Contes illustrés, dessins de Henriot. — Les Salons de Paris, par Bachaumont, illustrations de Cortazzo et Scott. *Paris, Rouveyre et Blond, s. d.*

13. **Album** amicorum exstructum a Samuele Steffens, anno 1736, in-8 obl. vélin blanc, plats entièrement recouverts d'ornements dorés avec entrelacs de mosaïque peinte en tons variés, dos mos., tr. dor. (*Rel. anc.*).

On remarque les signatures de : Pétrus Cazenovi. — Joh. Adolphus Bauermeister. — Joannes Guilelmus Engelsius. — G. F. Pass Xantensis. Johannes Gerhardy Bongandt. — Henricus Engelbert. — Audolphus Keldzman. — C, Roswinkel, etc., etc.
Très curieux spécimen de reliure de fort bonne conservation

14. **Album** de 17 caricatures en couleurs. *Paris, Aubert, s. d.*, in-4, cart., dos percaline rouge.

Album factice contenant : Les Papas. — Locataires et propriétaires. — Les Bons Bourgeois. — Tout ce qu'on voudra.

15. **Album** de la Chasse illustrée. *Paris, F. Didot et Cie*, *s. d.*, pet. in-fol., cart. perc., ornem, dor. sur les pl., tr. dor. (*Cart. de l'éditeur*).

16. **Album** du bon bock. *Paris, Bellet, graveur, s. d.* (1883). gr. in-4 oblong, cart toile rouge, non rog.

Caricatures, portraits, chansons, etc.

17. **Album** (l') du Bord, galerie de portraits authentiques des Membres du Jury français et leurs compagnons embarqués sur et pour l'Amérique, 1876, exécuté sur le gaillard d'arrière, expurgé, revu et augmenté, après avoir consulté les originaux. *Paris, Bartholdi, Simonin, Fouret et Cie*, 1879. Album in-12, carré de 30 pl. en couleurs, cart. perc., tr. r., planches mont. sur onglets.

Volume rare, non mis dans le commerce.

18. **Album du Rhin.** Vues pittoresques des bords du Rhin entre Mayence, Coblence, Cologne et Dusseldorf, gravées sur acier. *Carl Jügels, Verlag in Frankfurt am Main, s. d.* gr. in-8 oblong, cart, illustré, non rog.

Légendes des planches en allemand et en français.

19. **Alcibiade** (L') fanciullo a scola, *Paris*, 1862.— Dissertation sur l'Alcibiade fanciullo a scola, trad. de l'italien de Giamb. Baseggio et accompagnée de notes et d'une postface, par un Bibliophile français. *Paris, J. Gay*, 1861. — Ens. 2 vol. in-12, pap. de Holl., br.

Tirés à très petit nombre.

20. **Alcoran** (L') des Cordeliers, tant en latin qu'en français, c'est-à-dire Recueil des plus notables bourdes et blasphèmes de ceux qui ont osé comparer Saint François à Jésus-Christ ; tiré du grand livre des Conformitez, jadis composé par frère Barthélemy de Pise, cordelier en son vivant. Nouvelle édition ornée de figures dessinées par B. Picart. *Amsterdam*, 1734, 2 vol. in-12, veau fauve, dos ornés à petits fers, fil., tr. dor. (*Rel. anc.*).

Frontispices et figures de Bernard Picart.

21. **Alexandre** (Arsène). L'Art du rire et de la Caricature, *Paris, Quantin, s. d.* gr. in-8, br. Couverture illustrée en couleurs.

300 fac-similés en noir et 12 planches en couleurs, d'après les originaux.
L'un des 30 exemplaires tirés sur papier du Japon (nº 27).

22. **Alexandre** (Arsène). Honoré Daumier. L'Homme et l'Œuvre. *Paris, H. Laurens*, 1888, gr. in-8, demi-rel., dos et coins de maroq. grenat, dos orné, fil., tête dor., non rog. Couv. illustrée. (*V. Champs*).

Ouvrage orné d'un portrait à l'eau-forte, de deux héliogravures et de 47 illustrations. L'un des 18 exemplaires sur papier de Hollande (nº 17).

23. **Almanachs.** Almanach dédié aux Dames pour l'année 1830. *Paris, Le Fuel*, 1830, in-32, titre et musique grav., fig., cart. illust., tr. dor., étui. (*Cart. de l'éditeur*).

24. **Almanachs.** Almanach des Demoiselles pour l'an 1812. *Paris, Le Fuel*, 1812, in-32, titre gr., fig., grav. par Bovinet, d'après Seb. Le Roy, cart. illust., tr. dor. (*Cart. de l'éditeur*).

25. **Almanachs.** Boutet (H.), Almanach 1894. Texte par Hipp. Devillers, gravures d'après les pastels de Henri Boutet. *Paris. Ferroud*, 1894, in-32, en feuilles dans un carton.

L'un des 50 exemplaires tirés sur papier du Japon (nº 42).

26. **Almanachs.** Calendrier de la Cour, tiré des Éphémérides pour l'année 1778. *Paris, veuve Hérissant*, 1778, in-32, portrait, mar. rouge, dos orné, dent., gardes en papier dor., tr. dor. (*Rel. anc. aux armes de France*).

27. **Almanach** des Françaises célèbres par leurs vertus, leurs talents ou leur beauté, dédié aux dames citoyennes, qui les premières ont offert leurs dons patriotiques à l'Assemblée Nationale. *Paris, Lejay fils*, 1790, pet. in-12, fig., demi-rel. mar. cit., fil., tête dor., non rog.

Un joli frontispice et une figure curieuse, non signés. La figure représente les femmes d'artistes, Mmes Vien, Fragonard, Suvée, Vestier, etc., venant déposer leurs bijoux sur le Bureau de l'Assemblée.

28. **Almanachs**. Hommage aux Dames. Morceaux choisis de Littérature, en prose et en vers. *Paris, L. Janet, s. d.*, in-32, titre gr. et fig. de Devéria, mar. violet, dos orné, ornem. à fr. et dor. sur les pl., dent. int., tr. dor. (*Rel. de l'époque*).

29. **Almanachs.** Keepsake français. Souvenir de littérature contemporaine. *Paris, L. Janet, s. d.*, in-16, fig., cart. illust., tr. dor., étui. (*Cart. de l'éditeur*).

Exemplaire d'une fraîcheur exquise, dans un Cartonnage blanc et or.

30. **Almanachs**. Ménestrel français (le). Almanach Lyrique, dédié aux Dames. *Paris, L. Janet*, 1821, in-32, titre et musique grav., vign., cart., tr. dor., étui. (*Cart. de l'éditeur*).

31. **Almanachs.** Modes. Le Petit Magasin de Modes, dédié aux Dames. *Paris, Le Fuel, s. d.*, in-32, fig., br.

32. **Almanachs.** Nieuw Geinventeerde Koopmans Comptoir en-Schryf Almanach, Op het Jaar Onze Heeren Jesu Christi, 1705. Na de Nieuwe stiie. *Amsterdam, Albert Magnus*, 1705, in-12, mar. noir, avec fermoirs, milieux et coins en argent oxydé, et avec crayon en métal (*Rel. anc.*).

33. **Almanachs**. Nieuw Geinventeerde Koopmans Comptoir-en-Schryf-Almanach, Op het Jaar Onze Heeren Jesu Christi, 1738. Na de Nieuwe stiic. *Amsterdam*, 1738, in-12, mar. noir, tr. dor, avec fermoirs en argent oxydé et avec crayon en métal. (*Rel. anc.*).

34. **Almanachs.** Le Petit Volage fixé. Almanach pour 1809, *Paris, Janet*, 1809, in-32, titre et texte grav., fig., cart., tr. dor. (*Cart. de l'éditeur*).

35. **Almanach Royal,** année commune, 1790, présenté à Sa Majesté. Mis en ordre et publié par Debure. *Paris, Vve d'Houry et Debure*, in-8, maroq. rouge, dos orné de fleurs de lys d'or, fil. et fleurs de lys sur les plats, tr. dor. (*Reliure ancienne*).

36. **Almanach des Spectacles,** par K. et Z. (Années 1818-1819--1820-1821-1823). *Paris, Janet,* 1818-1823, 5 vol. in-32, titres gravés et figures color., cart., tr. dor. (*Cart. de l'éditeur*).

37. **Almanachs.** Le Temple des grâces, ou Almanach pour 1793, avec figures. *Amsterdam, J. van Gulik,* 1793, in-32, fig., mar. olive, dos orné, large dent. et milieux dor. avec attributs, tr. dor. (*Rel. anc.*).

Une vignette sur le titre par Vissen, 12 figures dont une signée de Huyser et 8 pages de musique gravée.

38. **Almanach.** (The Comic) for 1837 : an ephemeris in jest and carnest, containing « all things fitting for such a work » by rigidum funnidos, cent. Adorned with a dozen of « richte merrie » cuts, pertaininc, to the months, and hieroglyphic, by George Cruikshank. *Landon, Ch. Tilt,* 1837, in-12, fig., cart. vél. bl. replié, tête dor., non rog.

39. **Almanachs.** Toujours de l'Amour. Almanach nouveau sur les plus jolis airs. *Paris, Janet, s. d.*, in-32, mar. rouge, dos orné, ornem. dor. sur les pl., dent. int., gardes en papier doré, tr. dor. (*Rel. de l'époque*).

1 titre gravé et 12 figures non signées.

40. **AMMAN** (Jost). Cleri totius Romanae ecclesiae subjecti, seu, pontificiorum ordinum omnium omnino utriusque sexus, habitus, artificiosissimis figuris, quibus Francisci Modii singula octosticha adjecta sunt ; nunc primum a Jodoco Ammanno expressi neque unquam antehac similiter editi : addito libello singulari ejusdem Fr. Modii in quo cujusque ordinis ecclesiastici origo, progressus et vestitus ratio breuiter ex variis historicis delineatur. *Francofurti, sumptibus Sigismundi Feyrabendy,* 1585, in-4, fig., mar. La Vall. jans., dent. int., tr. dor. (*Chambolle-Duru*).

Recueil composé de 114 ff. avec 102 figures grav. en bois. Le petit traité de *Modius* annoncé sur le titre, et qui est à la fin du volume, contient 16 ff.

Bel exemplaire.

41. **Amour aux Colonies** (l'.). Singularités physiologiques et passionnelles, observées pendant trente années de séjour aux Colonies françaises... par le Dr Jacobus X... *Paris, Liseux*, 1893, gr. in-8, pap. de Holl., br., couv.

Édition unique tirée à 330 exemplaires numérotés (n° 246).

42. **Amours de M. Vieux-Bois** (les). *Paris*, 1860. Album in-8 obl. de 92 pl., cart. toile.

43. **Analectabiblion**, ou Extraits critiques de divers livres rares, oubliés ou peu connus, tirés du cabinet du marquis D. R*** (du Roure). *Paris, Techener*, 1836-37, 2 vol. in-8, demi-rel., dos et coins de v. f., fil., tête éb., non rog. (*Simier*).

44. **Ancre** (Recueil de 13 pièces concernant la mort du Mareschal d'.), en 1 vol. in-8, mar. rouge, dos orné, 3 fil., tr. dor. (*Rel. anc.*).

Arrest de la Cour de parlement contre le Mareschal d'Ancre et sa femme, prononcé et exécuté à Paris le 8 juillet 1617. *Paris, F. Morel*, 1617. Bref recit de tout ce qui s'est passé pour l'exécution et juste punition de la marquise d'Ancre, avec son anagramme, et deux épitaphes, dont l'une est chronologique. *Paris, A. Savgrain*, 1617. — Le Procez du marquis d'Ancre. *Paris, A Saugrain*, 1616. — Les Actions et regrets de la marquise d'Anchre après la prononciation de son arrest, etc. *Paris, A Saugrain*, 1617. — Discours, regrets et harangue de la marquise d'Ancre, depuis la Conciergerie jusques sur l'eschaffaut, ensemble la remontrance a son fils, avec son oraison. *Paris, J. Guerreau*, 1617. — Les Articles du Testament de la marquise d'Ancre avant sa mort en la Conciergerie. *Paris, J. Guerreau*, 1617. — Les Soupirs et regrets du fils du marquis d'Anchre, sur la mort de son père, et exécution de sa mère. *Paris, A. Saugrain*, 1617. — Destinée du mareschal d'Ancre, par Pub. Virgile de Mantoüe, au neufviesme de l'Eneide. *Paris, Fleüry-Bourriquant*, 1617. — Esco du marquis d'Ancre respondant en sa maison entendu par les bons François. Ensemble l'action de grâce de maistre Guillaume. *Paris, J. Guerreau*, 1617. — La divine Vengeance sur la mort du marquis d'Ancre, pour servir d'exemple à tous ceux qui entreprennent contre l'authorité des Roys. *Paris, Th. Ménard*, 1617. — Stances au Roy, sur la mort de Conchine marquis d'Ancre. *Paris, A. Saugrain*, 1617. — La Rencontre du marquis et de la marquise d'Anchre en l'autre monde. Ensemble leurs Discours avec le roy Henry-le-Grand. *Paris, A. Saugrain*, 1617. — La Descente du marquis d'Ancre aux Enfers, son combat et sa rencontre avec maistre Guillaume. *Paris, A. Saugrain*, 1617.

45. **Annales** littéraires et administratives des Bibliophiles contemporains. *A Paris, pour l'Académie des Beaux Livres*, 1891-1894, 5 vol. in-8, fig., br., couv.

46. **Année galante** ou Étrennes à l'amour, contes enrichis de figures et d'ariettes. *S. l., n. d.*, gr. in-8, fig., mar. rouge jans., dent. int., tête dor.

1 frontispice et 12 vignettes en têtes, en couleurs non signés. Volume rare. Le texte est gravé Frontispice remargé sur le bord et le fond de la marge.

47. **Annuaire** du Club Alpin français. (Années 1875-1876-1878-1879-1881-1882-1883-1885-1886-1887-1888-1889-1890-1891-1892). *Paris*, 1876-1893, 15 vol. in-8, fig., br.

48. **Anterologie,** ou Traicté de la ruine, de l'amour-propre et du bastiment de l'amour divin par D. I. D. C., Religieuse de l'ordre de S. Augustin. *Tournay, Adrien Quinqué*, 1623, in-12, titre gr., cart., perc., tr. dor. (*Behrends*).

49. **Appian Alexandrin,** historien grec. Des guerres civiles des Romains. *A Lyon, par Jean de Tournes,* 1557, in-16 de 1018 pp. et 5 ff. de table, v. br.

50. **Apulée**. L'Ane d'Or, ou la métamorphose, traduction de Savalète, préface de J. Andrieux, avec nombreuses gravures dessinées par A. Racinet et P. Bénard. *Paris, F.-Didot*, 1872, in-8, texte encadré, br., couv. illust.

51. **Arconville** (Mme G. C. Thiroux d'). Pensées et Réflexions morales, sur divers sujets. *Avignon* (*Paris*), 1760, in-12, v. marb., dos orné, tr. r. (*Rel. anc.*)

Edition originale.

52. **Aretino** (Pietro). Capricciosi et piacevoli ragionamenti di Pietro Aretino... nuova editione, con certe postille, che spianano e dichiarano evidentemente i luoghi e le parole più oscure e più difficili dell'opera. — La Puttana errante, overo dialogo di Madalena e Giulia, di P. Aretino. *Stampati in Cosmopoti* (*Amsterdam, Elzevier*), 1660, pet. in-8 de 541 et 38 pp., v. br. (*Rel. ancienne restaurée.*)

Edition la plus belle et la plus recherchée de ce recueil.

53. **Aretino.** Dubbii amorisi altri dubbi e sonetti lussuriosi di Pietro Aretino. *Roma*, 1792. — Il Libro del Perchè, la

Pastorella del marino, la novella del' Angelo Gabriello, e la Puttana errante, di Pietro Aretino. *A Pé-King, regnante Kien-Long, nel XVIII secolo.* — Ens. 2 ouvrages en 1 vol. pet. in-8, demi-rel. v. f.

54. **Aretin** (P.). Suite complète de 20 eaux-fortes pour illustrer les Ragionamenti ou Dialogues du divin Pietro Aretino, dessinées par L. Dünki, gravées par A. Prunaire, avec une Notice explicative des sujets et indicative du placement des figures. *Paris, Liseux,* 1882, in-4, en feuilles dans un carton.

Epreuves sur Japon, en noir avant la lettre.

55. **L'Arétin d'Augustin Carrache**, ou Recueil de postures érotiques d'après les gravures à l'eau-forte par cet artiste célèbre, avec le texte explicatif des sujets (par Croze-Magnan). *A la Nouvelle Cythère* (*Paris, P. Didot*, 1798), in-4, portr. et fig., mar. citron, dos orné mosaïque de mar. rouge et vert, encadrem. de fil. et dent. sur les pl. doublé et gardes de tabis, dent., mors de mar. citron, tr. dor. (*Bozerian.*)

Exemplaire contenant : 1° 20 planches gravées par Coiny, *épreuves avant la lettre.* — 2° Les portraits de A. Carrache et de Pierre Arétin. — 3° Les Trois Graces épreuves en deux états *avant la lettre* et *eau-forte.* — 4° Un Dessin à l'encre de Chine, page 31. — 5° La planche X. *Bacchus et Ariane*, en 2 états *avant la lettre* et *eau-forte.* — 6° Un cul-de-lampe de Le Barbier gravé par Viguet.
Ensemble 28 pièces.
Bel exemplaire provenant de la Bibliothèque de PIXÉRÉCOURT avec son *ex-libris.*

56. **Arétin français** (l'), par un membre de l'Académie des dames (attribué à Nogaret). *Londres* (*Paris*), 1787. — Les Epices de Vénus, ou pièces diverses du même académicien. *Londres* (*Paris*), 1787. — Ens. 2 ouvrages en 1 vol. in-8, fig., mar. rouge, dos orné, fil., dent. int., tr. dor.

1 frontispice et 18 figures ér...... par Borel, gravés par Elluin, non signés.
Bel exemplaire en grand papier vélin. La figure pour les *Epices de Vénus* est coloriée

57. **Arioste.** Orlando furioso di Lodovico Ariosto. *Parigi,*

Fantin, 1803-1804, 4 vol. gr. in-8, portr. et fig., demi-rel. mar. bl. à long grain.

Exemplaire avec les figures avant la lettre.

58. **Arioste**. Roland furieux, traduction nouvelle et en prose, par M. V. Philipon de la Madelaine. Edition illustrée de 300 vignettes et de 25 magnifiques planches tirées à part sur Chine, par MM. T. Johannot, Baron, Français et C. Nanteuil. *Paris, J. Mallet et Cie*, 1844, gr. in-8, plein chag. bleu, dos orné, fil., large dent. sur les pl., tr. dor. (*Rel. de l'époque.*)

Manque le placement des gravures. Taches de rousseur.

59. **Aristotelis**. Alexandri, et Cassii Problemata, cum Theophrasteorum quorundam collectancis... gracum et latinum. *Francofurdi, Andreae Wecheli*, 1585, in-4, mar. citron (*Rel. anc.*)

Exemplaire dans une reliure ancienne bien conservée, aux armes et chiffres d'Aug. de Thou.

60. **Art** (l'). Revue bi-mensuelle illustrée (Années 1891-1892). *Paris, Librairie de l'Art*, 1891-92, 2 vol. in-fol. en liv.

Manque dans l'année 1891 : 15 février-1er juin, 1er juillet.— Dans l'année 1892 : 15 février-15 mars-15 juin.

61. **Art** (l') de la Mode. Reproduction en noir et en couleurs de costumes, d'ameublements, de joyaux et de tous objets d'art servant de cadre à l'élégance et à la beauté de la femme. Rédacteur en chef : Etincelle. Texte par Astruc, Bachaumont, Banville, etc. Gravures, aquarelles et dessins par Bertrand, Bigot, Brun, Comba, etc. *Paris*, 1880-1881, 2 vol. in-fol., cart. toile, ornements sur les plats, tr. dor. (*Rel. de l'éditeur.*)

Nombreuses illustrations.

62. **Art** (l') de rendre les femmes fidèles, par M***. *Paris, veuve Laisné*, 1713, pet. in-12, v. ant.

Petit volume rare.

63. **Asselineau** (Ch.). Charles Baudelaire, sa vie et son œuvre. *Paris, Lemerre*, 1869, in-12, portraits, cart. Bradel, tête dor., non rog., couv.

64. **Asselineau** (Ch.). L'Enfer du Bibliophile. *Paris, Tardieu*, 1860, in-16, pap. vél., demi-rel. dos et coins de v. vert, tête dor., non rog.

Edition originale.

65. **Asselineau** (Ch.). Mélanges tirés d'une petite Bibliothèque romantique, etc. Illustrés d'un frontispice à l'eau-forte de C. Nanteuil, et de vers de Th. de Banville et Ch. Baudelaire. *Paris, Pincebourde*, 1866, in-8, cart. perc. r., non rog. (*Behrends.*)

L'un des 50 exemplaires tirés sur papier de Hollande (n° 38), contenant le frontispice en double épreuve, en bistre et en sanguine.

66. **Asselineau** (Ch.). Les sept Péchés capitaux de la littérature, et le Paradis des gens de lettres. *Paris, Lemerre*, 1872, pet. in-12, portr. à l'eau-forte par Flameng, cart. Bradel, non rog.

Edition originale, avec la couverture.

67. **Ashbee** (H. S.). A Bibliography of Tunisia, from the earliest times to the end of 1888. *London, Dulau et C°*, 1889, gr. in-8, à 2 col., carte, cart. Bradel, tête jasp., non rog.

Exemplaire avec Hommage de l'auteur.

68. **Aubery** (Louis). Mémoires pour servir à l'Histoire de Hollande et des autres Provinces unies... *Suivant la copie imprimée à Paris, chez Jean Villette*, 1680, pet. in-12, demi-rel. dos et coins de mar. r., dos orné, fil., tête dor., non rogné (*Raparlier.*)

69. **Aucassin** et **Nicolette**, chantefable du XII° siècle, traduite par A. Bida, révision du texte original et préface par Gaston Paris. *Paris, Hachette et Cie*, 1878, gr. in-8, titre r. et n., texte encadré de fil. r., fig., br., couv.

L'un des 100 exemplaires tirés sur papier de Chine (n° 36) avec envoi autographe des éditeurs.

70. **AUDSLEY** (G.-A.) et James L. **BOWES**. La Céramique japonaise. Edition française, publiée sous la direction de M. A. Racinet, traduction de P. Louisy. *Paris, F.-Didot et Cie*, 1877-1880, 1 vol. in-fol. en 7 liv., avec pl. en couleurs, en autotypie et photolithographie.

71. **Auguin** (Ed.). Monographie de la Cathédrale de Nancy, depuis sa fondation jusqu'à l'époque actuelle. *Nancy, Berger-Levrault*, 1882, gr. in-4. demi-rel. dos et coins de maroq. La Vallière, dos orné de croix de Lorraine, tête dor., non rogné.

Nombreuses figures.

72. **Auldjo** (John). Narrative of an ascent to the summit of Mont-Blanc, on the 8th and 9th august, 1827. *London*, 1828, in-4, cart. Bradel, dos percaline, tête dor., non rog.

Ouvrage orné de 22 planches tirées sur papier de Chine.

73. **Aulnoy** (Madame d'). Histoire d'Hypolite, comte de Duglas. *La Haye, Jean Swart*, 1726, in-12, veau granit, dos orné.

Frontispice et nombreuses figures gravés en taille-douce.

74. **AUMALE** (Duc d'). Histoire des princes de Condé, pendant les XVIe et XVIIe siècles. *Paris, M. Lévy frères*, 1863-1892, 6 vol. in-8, avec cartes et portraits, gravés sous la direction de Henriquel-Dupont, br., couv. et atlas in-folio.

Exemplaire tiré sur papier de Hollande.

75. **Bachelin-Deflorenne**. Etat présent de la Noblesse française, contenant le Dictionnaire de la Noblesse contemporaine et l'Armorial général de France d'après les manuscrits de Ch. d'Hozier, les noms, qualités et domiciles de plus de 60,000 nobles et un grand nombre de notices généalogiques avec blasons gravés, pub. sous la direction de M. Bachelin-Deflorenne, 5e édit., revue, corrigée, expurgée et considérablement augmentée (1883-1887). *Paris, Librairie des bibliophiles*, 1887, 1 fort vol. gr. in-8 à 2 col., demi-rel. mar. r., tête dor., non rog., couv.

Exemplaire avec envoi autographe signé de l'auteur.

76. **Baffo** (Georg.) Raccolta universale delle opere di Giorgio Baffo. *Cosmopoli* (*Venezia*), 1789, 4 vol. in-8, portr. et titres grav., mar. orange, dos orné, fil. et large dent. à petits fers sur les pl., dent. int., tr. dor. (*Raparlier*).

Exemplaire relié sur brochure.

77. **Baillet** (Adr.) Auteurs deguisez sous des noms étrangers, empruntez, supposez, feints à plaisir, chiffrez, renversez, retournez ou changez d'une langue en une autre. *Paris, Ant. Dezallier*, 1690, in-12.

Premier ouvrage publié en France sur ce genre de recherches bibliographiques. (*Ch. C.*).

78. **BALADES DANS PARIS**, au Moulin de la Galette, à l'Hôtel Drouot — Sur les Quais — Au Luxembourg. Notes inédites par MM. E. R. Paul Eudel, B.-H. Gausseron et Ad. Retté. *Paris, imprimé pour les Bibliophiles contemporains*, 1894, in-4, fig. br., couv.

L'Impression des cadres lithographiques polichromes composés et mis sur pierre par Alex. Lunois, a été faite par Lafontaine et fils. Illustrations par Bertrand.

Tiré à 160 exemplaires non mis dans le commerce. Double suite des planches, en noir et coloriées.

79. **Balzac**. Les Œuvres diverses du sieur de Balzac. *Paris, P. Rocolet*, 1644. In-4 de 543 pages, maroq. rouge, dos orné, fil., dent. intér., tr. dor. (*Hardy*).

Edition originale.

80. **Balzac**. Aristippe, ou de la Cour, par M. de Balzac. *Paris, Aug. Courbé*, 1658, in-4, front. gr., mar. rouge, dos orné, compart. de fil., avec coins dor., tr. dor. (*Rel. anc.*).

Edition originale.

81. **Balzac** (H. de). Les Contes drolatiques, colligez ez abbayes de Touraine mis en lumière pour l'esbattement des Pantagruélistes et non aultres. Cinquiesme édition illustrée de 425 dessins par Gustave Doré. *Se trouve à Paris, ez bureaux de la Société générale de librairie*, 1855, in-8, cart. dos et coins de perc. tête dor., non rog., couv.

Exemplaire du premier tirage des illustrations de Gustave Doré.

82. **Balzac** (H. de). Les Femmes, types caractères et portraits, précédés d'une notice biographique par le bibliophile Jacob, et illustrés de 14 magnifiques portraits gravés sur acier d'après les dessins de G. Staal. *Paris, Vve L. Janet, s. d.* (1851) gr. in-8, demi-rel. mar. vert pomme fil., tête dor., non rog., couv.

83. **Balzac** (H. de). Théorie de la démarche. *Paris, Didier*, 1853, in-32. br.

Edition originale, avec la couverture.

84. **Banville** (Th. de). L'Ame de Paris, nouveaux souvenirs. *Paris. Charpentier*, 1890, in-12, br.

Édition originale, avec la couverture.
L'un des 20 exemplaires tirés sur papier de Hollande (nº 15).

85. **Banville** (Th.de). Les Belles Poupées, avec un dessin de G. Rochegrosse. *Paris, Charpentier*, 1888, in-12. br.

Edition originale, avec la couverture.
L'un des 30 exemplaires tirés sur papier de Hollande (nº 11).

86. **Banville** (Th. de). Les Camées Parisiens. Frontispice avec portraits à l'eau-forte de Ulm. *Paris, Pincebourde*, 1866-1873, 3 vol. in-12, pap. vergé de Holl., demi-rel. mar. La Vall., tête dor., non rog.

Edition originale avec les couvertures. — Exemplaire contenant le frontispice en 3 états, en *noir*, en *bistre* et en *sanguine*.

87. **Banville** (Th. de). Marcelle Rabe, avec un dessin de G. Rochegrosse. *Paris, Charpentier*, 1891, in-12, br.

Edition originale, avec la couverture.
L'un des 25 exemplaires tirés sur papier de Hollande (nº 14).

88. **Banville** (Th. de). Odes funambulesques, avec un frontispice gravé à l'eau-forte par Bracquemond d'après un dessin de Ch. Voillemot. *Alençon, Poulet-Malassis et De Broise*, 1857. In-12 cart. dos et coins de mar. La Vall., tête éb., non rog.

Edition originale, rare.

89. **Banville** (Th. de). Nouvelles Odes funambulesques. *Paris, Lemerre*, 1869, in-12, front. à l'eau-forte par Léop. Flameng, demi-rel. mar. La Vall., tête dor., non rog.

Edition originale, avec la couverture.
Exemplaire tiré sur papier de Hollande.

90. **Banville** (Th. de). Poésies nouvelles. Sonnailles et Clochettes. *Paris, Charpentier*, 1890, in-12, front. de Rochegrosse, br., couv.

Edition originale.
L'un des 25 exemplaires tirés sur papier de Hollande (n° 16).

91. **Bapst** (Germain). Inventaire de Marie-Josèphe de Saxe, Dauphine de France. *Paris, Lahure*, 1883, in-4, demi-rel. maroq. grenat, fil. tête dor., non rog. Couverture parchemin imprimée.

Exemplaire sur papier de Hollande spécialement tiré pour M. Charles Cousin.

92. **Bapst** (Germain). Le Musée rétrospectif du métal à l'Exposition de l'Union centrale des beaux-arts. 1880. *Paris, Quantin*, 1881, gr. in-8, demi-rel, maroq. La Vallière, tête dor., non rog. Couverture.

Ouvrage orné de belles planches à l'eau-forte et à l'héliogravure.
Envoi d'auteur signé.

93. **Barbe**. Le Parfumeur royal, ou l'art de parfumer avec les fleurs et composer toutes sortes de parfums, tant pour l'odeur que pour le goût. Divisez en neuf Traitez, etc. *Paris, Brunet*, 1699, in-12, front. gr., v. gr. ant. (*Mouillures*).

94. **Barberini**. Maphaei S.R.E. card. Barberini nunc Urbani PP. VIII. Poemata. *Romae, ex Typographia Reverendae Camerae Apostolicae*, 1637. — Poesie Toscane del card. Maffeo Barberino, Hoggi Papa Urbano Ottavo. *Roma, Nella Stamperia della Reverenda Camera Apostolica*, 1637. — Ens. 2 part. en 1 vol. in-4, vél. dos orné, fil. et coins dor. (*Rel. anc.*).

95. **Barbey d'Aurevilly** (J.). Le Chevalier des Touches. *Paris, M. Lévy frères*, 1864, in-12, cart. dos de perc., non rog. (*Raparlier*).

Edition originale, avec la couverture.
Exemplaire, auquel on a ajouté, 1 portrait de l'auteur par Rajon et 5 eaux-fortes dess. et grav. par F. Buhot, en 2 états, en *noir* sur Japon et en *sanguine* sur Chine volant, avant la lettre.

96. **Barbey d'Aurevilly** (J. A.) Du Dandysme et de G. Brummell. *Paris, Poulet-Malassis*, 1861, in-16, pap. vél., cart. perc., non rog. (*Behrends*).

97. **Barbey d'Aurevilly** (J.). Un Prêtre marié. *Paris, A. Faure*, 1865, 2 vol. in-12, br. (*Broch. fatiguée*).

Edition originale, avec les couvertures.

98. **Barbey d'Aurevilly** (J,). Les Quarante Médaillons de l'Académie. *Paris, Dentu*, 1864, in-12, cart. perc., non rog. (*Pierson*).

Edition originale, avec la couverture.

99. **Barbier.** Chronique de la Régence et du règne de Louis XV (1718-1753), ou Journal de Barbier. *Paris, Charpentier*, 1857, 8 vol. in-12, cart. Bradel, tête jasp., non rog., couv.

100. **Barral** (J. A.). Les irrigations dans le département des Bouches-du-Rhône. Rapport sur le concours ouvert en 1885, pour le meilleur emploi des eaux d'irrigation. *Paris, Imprimerie Nationale*, 1876, gr. in-4, demi-rel. maroq. chag. rouge dos orné.

101. **Barron** (Louis). Autour de Paris. 200 dessins d'après nature par G. Fraipont. *Paris, Quantin, s. d.* gr. in-4, br. n. rog. couverture illustrée.

Seine, Seine et Oise, Seine et Marne, Oise, Aisne.
500 figures grav. sur bois. — Sur le faux titre, une jolie AQUARELLE ORIGINALE, et envoi autog. de G. FRAIPONT.

102. **Barthélemy et Méry.** Napoléon en Egypte, Waterloo et le fils de l'homme. Précédés d'une notice littéraire par

M. Tissot. Edition illustrée par Horace Vernet et Hte. Bellangé. *Paris, Ernest Bourdin, s. d.* (1842), gr. in-8, demi-rel. dos et coins de maroq. vert, tête dor. non rog.

Environ 100 vignettes gravées sur bois, dont 17 tirées séparément sur papier de Chine avant la lettre.

103. **Bartholdi** (A.) Mémoire contre la ville de Marseille, pour la construction du Palais de Longchamps. (*Paris*), *Imprim. typog. rue Vavin, 42, s. d.* (1873), in-4, cart.

Mémoire orné de 11 planches. — On a ajouté à cet exemplaire, note sur le Palais de Longchamps à Marseille. *Paris, Imp. Jules Claye*, 1874, in-4, 10 pp. — et l'arrêt du Conseil d'État, du 7 mars 1873, intr. 2 pages.

104. **Baschet** (A.) et F.-S. FEUILLET DE CONCHES. Les Femmes blondes, selon les peintres de l'école de Venise, par deux Vénitiens. *Paris, Aubry*, 1865, in-8, cart. toile, non rog., couv.

L'un des 50 exemplaires tirés sur papier raisin vergé.

105. **Bashkirtseff** (Lettres de Marie), avec quatre portraits, des autographes, et une préface par F. Coppée. *Paris, Charpentier*, 1891, in-12, br., couv.

L'un des 25 exemplaires tirés sur papier de Hollande (n° 5).

106. **Bauchez** (Journal de Jean). Greffier de Plappeville au XVIIe siècle, publié pour la première fois d'après le mss. original par MM. Ch. Abel et E. de Bouteiller. *Metz, Rousseau-Pallez*, 1868, gr. in-8, cart. Bradel, tête jasp., non rog.

107. **BAUDELAIRE** (Ch.) Œuvres complètes. Edition définitive précédée d'une notice par Th. Gautier, et ornée d'un beau portrait gravé sur acier d'après Nargeot. *Paris, M. Lévy, frères*, 1868-1870, 7 vol. in-12, demi-rel. mar. r., dos orné, fil., tête dor., non rog., couv.

Exemplaire sur papier de Hollande.

108. **Baudelaire** (Ch.). Les Epaves, avec une eau-forte

frontispice de F. Rops. *Amsterdam, à l'enseigne du Coq*, 1866, pet. in-8, br., couv. papier.

L'un des 250 exemplaires tirés sur papier vergé de Hollande. Exemplaire nº 21 avec double épreuve du frontispice et la carte d'envoi de l'éditeur Poulet-Malassis.

109. **Baudelaire-Dufays.** Salon de 1845-1846. — Richard Wagner et Tannhauser à Paris, par Ch. Baudelaire. *Paris*, 1845-1861. — Ens. 3 vol. in-12, demi-rel. mar. r., dos orné, fil., tête dor., non rog., couv.

110. **Baudelaire.** Charles Baudelaire par A. de la Fizelière et G. Decaux. *Paris, librairie de l'Académie des Bibliophiles*, 1868, in-16, pap. vergé, portr. charge ajouté, cart. Brad., tête dor. non rog., couv.

Tiré à 360 exemplaires numérotés (nº 171).

111. **Baudelaire** (Ch.) Œuvres posthumes et Correspondance inédite, précédées d'une Etude biographique, par Eug. Crépet, portrait et fac-simile de Charles Baudelaire. *Paris, Quantin*, 1887, in-8, demi-rel. mar. La Vall., tête dor. non rog., couv.

L'un des 30 exemplaires tirés sur papier de Hollande. — Exemplaire (nº 11) avec envoi autographe signé de l'auteur.

112. **Baudelaire** (Ch.) Les Paradis artificiels. Opium et Haschisch. *Paris, Poulet-Malassis*, 1860, in-12, br.

Edition originale avec la couverture.

113. **Baudelaire** (Ch.) Portrait de Charles Baudelaire, par lui-même, fait devant moi chez Louis Menard, Place Sorbonne, nº 3, en 1845 pour Charles Cousin, signé : *Cousin*. Sous verre.

Portrait charge, fait au crayon de couleurs.

114. **Baudelaire** (Ch.) Souvenirs, Correspondances, Bibliographie, suivie de pièces inédites. *Paris, Pincebourde*, 1872, in-12, tiré in-8, pap. vergé, mar. rouge jans., dent. int., tête dor., non rog. (*Amand*).

Superbe exemplaire ayant appartenu à Poulet-Malassis, qui l'a complété par une notice très exacte de sa main et par des additions des plus intéressantes, entre autres quatre pages de vers par TH. DE BANVILLE (à l'encre rouge), en l'honneur de son ami BAUDELAIRE ; un portrait de BAUDELAIRE, par lui-même, dessiné à la plume en 1860, et avivé de crayon rouge, portrait d'une ressemblance frappante ; les autographes très précieux de presque toutes les lettres adressées à BAUDELAIRE qui sont reproduites dans le volume : lettres de TISSERAND, HOSTEIN, EUGÈNE DELACROIX (quatre lettres), Victor HUGO, SOULARY, BARBEY D'AUREVILLY, MÉRYON, Paul de ST-VICTOR, H. TAINE ; et enfin un *autographe* de 10 pages, de BAUDELAIRE qui contient le canevas d'un grand drame populaire, dont le succès devait rétablir l'équilibre de son budget. A la fin du volume, épreuve d'un chapitre supprimé et de divers articles de Journaux concernant la publication. On y a ajouté plusieurs épreuves d'un portrait autographe du poète, âgé de 23 à 24 ans. *Ch. C*

115. **Baudelaire** (Ch.). Souvenirs, correspondances, bibliographie suivie de pièces inédites. *Paris, Pincebourde*, 1872, in-12, tiré pet. in-8, demi-rel. mar. orange, tête dor., non rog.

Exemplaire sur papier vergé de Hollande, auquel on a ajouté un portrait charge de Baudelaire en double épreuve sur Japon.

116. **Baudelot de Dairval**. De l'utilité des Voyages et de l'avantage que la recherche des Antiquitez procure aux Scavans, par M. Baudelot de Dairval, avocat en Parlement. *Paris, Pierre Auboüin*, 1686, 2 tom. en 1 vol. pet. in-8, fig., v. f., dos orné, fil., dent. int., tr. dor. (*Capé.*)

117. **Baudement** (Em.). Les Races Bovines, au Concours universel agricole de Paris en 1856. Etudes zootechniques. *Paris, Imprimerie impériale*, 1861-1862, 2 vol. in-4 obl. dont 1 vol. de 87 pl., demi-rel. chag. vert.

118. **Baudet-Bauderval**. Les Femmes célèbres du XVIIe siècle, 80 AQUARELLES ORIGINALES de Baudet Bauderval en 1 vol. in-4, mar. olive, dos orné, large dent. avec coins sur les pl., doublé de mar. vert, ornem. de fil. avec coins dor. dor., mors de mar. olive, doubles gardes, tr. dor., pl. mont. sur onglets (*Allô.*)

119. **Beaumarchais**. La Folle Journée, ou le Mariage de Figaro, comédie en cinq actes, en prose, par M. de Beaumarchais, représentée pour la première fois, par les comédiens français ordinaires du Roi, le mardi 27 avril 1784. *De l'imprimerie de la Société littéraire typographique*

(*Kehl*), *et se trouve à Paris, chez Ruault libraire, au Palais Royal, près le théâtre, n° 216*, 1785, gr. in-8, fig., mar. rouge, dos orné, fil., dent. int., tr. dor. (*Allô.*)

5 figures par Saint-Quentin, gravées par C. N. Malapeau, la 5e par Roi. Edition originale sans le feuillet d'errata.

120. **Beaumarchais**. La Folle Journée, ou le Mariage de Figaro. Suite complète de 5 figures in-8 par Saint-Quentin, gravées par C. N. Malapeau, la 5e par Roi.

Epreuves à toutes marges.

121. **Beausobre** (de). Histoire critique de Manichée et du Manicheisme (Tome Ier). *Amsterdam, J.-Fred. Bernard*, 1734, in-4 de LXXVI et 594 pp., v. marb., tr. r. (*Rel. anc.*)

122. **Beccaria** (Cesare-Bone-Sana). Dei deletti e delle pene. Nuova edizione, corretta ed accresciuta. *Parigi, Amb. Didot*, 1780, gr. in-8, pap. vél. fort, v. f., dos orné, 3 fil., dent. int., tr. dor. (*Rel. anc.*)

Belle édition.

123. **Bégin** (Emile). Voyage pittoresque en Espagne et en Portugal. *Paris, Belin-Leprieur et Morizot, s. d.*, gr. in-8, demi-rel. dos et coins de maroq. rouge, fil., tête dor. (*Courmont.*)

Illustrations de Rouargue frères.
Nombreuses figures dont 15 en couleurs.

124. **Béquet** (Etienne). Marie ou le Mouchoir bleu. Notice littéraire par Ad. Racot, 6 compositions par de Sta, gravées par Abot. *Paris, L. Conquet*, 1884, in-16, cart. dos et coins de mar. bl., non rog., couv. (*Champs.*)

L'un des 200 exemplaires tirés sur papier vélin à la cuve (n° 114) avec 2 états des eaux fortes, avant et avec la lettre.

125. **Béraldi** (H.). Bibliothèque d'un bibliophile (1865-1885). *Lille, impr. de L. Danel*, 1885, pet. in-8, pap. de Holl., br., couv.

Tiré à petit nombre. *Rare*. Exemplaire, avec envoi autographe signé de l'auteur.

126. **Béraldi** (H.). Mes Estampes (1872-1884). *Lille, impr. L. Danel*, 1884, pet. in-8, pap. vél. teinté, portr. ajouté de l'auteur, gravé à l'eau-forte par Burney, br., couv.

Tiré à 100 exemplaires.
Exemplaire (n° 6), avec envoi autographe-signé de l'auteur.

127. **Beraldi** (H.). Estampes et Livres (1872-1892), 43 planches dont 12 en chromotypie de Danel et 29 en héliogravure de Dujardin. *Paris, L. Conquet*, 1892, in-8, pap. vél. à la forme, du Marais, br., couv.

Tirage unique à 390 exemplaires (n° 9) dont 300 seulement ont été mis en vente. *Epuisé.*

128. **Beraldi** (H.). Les Graveurs du XIXe siècle. Guide de l'amateur d'estampes modernes. *Paris, L. Conquet*, 1885-1892, 12 vol. in-8, pap. vél., frontispices grav., br., couv.

129. **BÉRANGER** (P. J. de). Chansons anciennes, nouvelles et inédites, avec des vignettes de Devéria et des dessins coloriés d'Henri Monnier, suivies des Procès intentés à l'auteur. *Paris, Baudouin frères*, 1828, 2 vol. in-8, v. br., ornem. à fr. sur le dos et les pl., tr. dor. (*Thouvenin.*)

40 figures d'*Henri Monnier* coloriées au pinceau : On a ajouté à l'exemplaire le portrait de Béranger par *Scheffer* et 54 fig. de *Johannot, Charlet, Grenier, Grandville, etc.*
Exemplaire provenant de la Bibliothèque de Lebarbier de Tinan.

130. **BÉRANGER** (P.-J. de). Œuvres complètes. Edition illustrée par J.-J. Grandville. *Paris, H. Fournier, Perrotin*, 1836, 3 vol. in-8, mar. rouge, dos orné, fil., dent. int., tr. dor. (*Masson-Debonnelle.*)

Bel exemplaire de cette édition illustrée d'un portrait de Béranger gravé sur acier par Hopwood et de 120 gravures sur bois, d'après Grandville et Raffet, épreuves sur Chine volant.

131. **BÉRANGER.** Œuvres complètes de P.-J. de Béranger. Nouvelle édition revue par l'auteur, illustrée de 52 belles gravures sur acier entièrement inédites d'après les dessins de Charlet, A. de Lemud, Johannot, Daubigny, Pauquet, Jacques, J. Lange, Penguilly, de Rudder, Raffet. *Paris*,

Perrotin, 1847, 2 vol. in-8, demi-rel. dos et coins de maroq. violet, dos ornés, fil., têtes dor., non rog. (*Trautz-Bauzonnet.*)

Bel exemplaire.

132. **Béranger** (Les Gaietés de), quarante-quatre chansons érotiques de ce poète, suivies de chansons politiques et satiriques non recueillies dans ses œuvres prétendues complètes. *Amsterdam, aux dépens de la compagnie*, 1864, in-16, pap. vergé, front. par F. Rops, demi-rel. dos et coins de mar. cit., tête dor., non rog.

Tiré à 160 exemplaires numérotés.

Exemplaire (nº 149). Les notes de cette édition sont de A. Poulet-Malassis qui a édité ce recueil. (Cette note est de la main de P.-Malassis et le volume provient de sa vente.)

Le Frontispice de Rops est en trois états, en noir, en sanguine et en noir avec encadrement en sanguine.

133. **Béranger**. Collection de 22 figures, la plupart de M. Lemud, faisant partie de l'illustration de l'édition des chansons donnée par Perrotin en 1847, *tirées sur papier de Chine, avant la lettre*, suivies de la photographie de Béranger sur son lit de mort. Ces figures, collées sur papier fort du format gr. in-4, sont réunies, montées sur onglets, en un album, demi-rel. maroq. rouge, à coins, tête dorée (*Thompson.*)

134. **Bergerat**. Les Chefs-d'œuvre d'art à l'Exposition universelle 1878. Sous la direction de M. E. Bergerat. *Paris, Baschet*, 1878, 2 tom. en 40 fasc. in-fol., nomb. fig. dans le texte et pl. hors texte.

Exemplaire sur papier de Hollande.
Manquent les titres et tables.

135. **Bergerat** (Em.). L'Espagnole, illustrations de Daniel Vierge, gravées sur bois par Clément Bellenger. *Paris, L. Conquet*, 1891, in-16, cart. cuir japonais, tête dor., non rog., couv. (*Ruban.*)

Exemplaire tiré sur papier du Japon (nº 6), avec 2 états des illustrations, dont le tirage à part.

136. **Bergerat** (Em.) Théâtre en vers (1884-1887). Enguerrande — La Nuit Bergamasque — Le Capitaine Fracasse. *Paris, Charpentier*, 1891, in-12, br., couv.

L'un des 20 exemplaires tirés sur papier de Hollande (n° 4).

137. **Bernard**. Œuvres de Bernard, ornées de gravures d'après les dessins de Prud'hon. *Paris, Didot l'aîné*, 1797. In-4, maroq. rouge, dos orné, dent. sur les plats, doublé de maroq. vert, dentelles, gardes de moire, éb., tr. sup. dor.

Exemplaire orné, outre les figures de Prud'hon, de ONZE GRAVURES en COULEURS, dont plusieurs avant la lettre.
Très beau volume, richement habillé. (*Ch. C.*)

138. **Bernard** (Claude). De la Physiologie générale. *Paris, Hachette et Cie*, 1872, in-8, br., couv.

139. **Beroalde de Verville**. Le Moyen de parvenir, contenant la raison de tout ce qui a été, est et sera. Dernière édition, exactement corrigée et augmentée d'une Table des matières. *Nulle-Part*, 100070039 (1739), 2 vol. pet. in-12, v. marb., dos orné, tr. r. (*Rel. anc.*).

Exemplaire aux armes du Marquis d'Osmont.

140. **Beroalde de Verville**. Le Moyen de Parvenir..., revu, corrigé et mis en meilleur ordre, pub. pour la première fois avec un commentaire historique et philologique, accompagné de notices littéraires, par P.-L. Jacob, bibliophiles. — La Célestine, tragi-comédie de Calixte et Mélibée, trad. de l'espagnol, annotée et précédée d'un essai historique, par Germond de Lavigne. — Propos rustiques, balivernes, contes et discours d'Eutrapel, par Noël du Fail, édition annotée et précédée d'une notice sur Noël du Fail et ses écrits, par Marie Guichard. — L'Hystoire et plaisante cronicque du Petit Jehan de Saintré et de la jeune dame des belles cousines, sans autre nom nommer, pub. d'après les Mss. de la Bibliothèque royale, par J.-Marie Guichard. *Paris*, 1841-1856. — Ens. 4 vol. in-12, demi-rel. mar. r., tr. peig. (*Bousquet*).

141. **Berquin**. Idylles par M. Berquin. *Paris, Ruault*, 1775, 2 tom. en 1 vol. in-12, fig., demi-rel. mar. bl., dos orné, fil., tête dor., non rog.

1 frontispice dessiné et gravé par Marillier, et 24 figures d'une grâce ravissante par Marillier, gravées très finement par Gaucher, de Ghendt, Le Gouaz, Delaunay, Lebeau, Masquelier, Née et Ponce.
Racommodage au frontispice.

142. **Bertall**. La Comédie de notre temps. La civilité, les habitudes, les mœurs, les coutumes, les manières et les manies de notre époque. Etudes au crayon et à la plume par Bertall. *Paris. Plon*, 1874, gr. in-8, demi-rel. dos et coins de maroq. grenat, tête dor. non rog. (*Ad. Bertrand*).

104 grandes planches hors texte et nombreuses figures dans le texte grav. sur bois. — Deuxième édition.

143. **Bertall**. La Comédie de notre temps. Les enfants, les jeunes, les mûrs, les vieux. Etudes au crayon et à la plume par Bertall. *Paris, Plon*, 1875, gr. in-8, demi-rel. dos et coins de maroq. rouge, tête dor., non rog. (*Ad. Bertrand*).

Nombreuses figures gravées sur bois dans le texte et hors texte.
Exemplaire de premier tirage.

144. **Bertall**. La Vie hors de chez soi (comédie de notre temps). L'hiver, le printemps, l'été, l'automne. Etudes au crayon et à la plume par Bertall. *Paris, Plon*, 1876. gr, in-8, demi-rel. dos et coins de maroq. rouge, tête dor. non rog. (*Ad. Bertrand*).

Nombreuses figures gravées sur bois dans le texte et hors texte.
Exemplaire de premier tirage.

145. **Bertall**. Les Communeux, 1871. Types, caractères, costumes, 2e édition. *Paris et Londres. s. d.*, in-4, cart. toile illustré. (*Rel. de l'editeur*).

Album de 38 planches en couleurs.

146. **Bertin** (G.) Madame de Lamballe d'après des documents inédits, tirés des archives nationales, etc., etc. Ouvrage orné d'un magnifique portrait de Madame de Lamballe, gravé par Dujardin. *Paris*, 1888, gr. in-8, cart. Bradel, tête dor., non rog.

Tiré à 300 exemplaires numérotés.
Exemplaire (n° 95) avec envoi autographe signé de l'auteur.

147. **Bertol-Graivil** (E.). Les 28 jours du Président de la République. Portraits par Félix Regamey. Illustrations de Louis Tinayre, G. Fraipont, L. Moulignée, de Broca, Kreutzberger, Trinquier, etc., etc. *Paris*, *Ernest Kolb*, *s. d.*, gr. in-8, cart. Bradel, dos percaline, tête dor., non rog.

Envoi autographe signé de Félix Regamey.

148. **Bertol-Graivil**. Les Voyages présidentiels illustrés. Voyage de M. Carnot, Président de la République dans le Pas-de-Calais. Texte de Bertol-Graivil. Illustrations de Paul Boyer. *Paris*, *Photographie Van Bosch* (*Paul Boyer, successeur*), 1889, in-4, demi-rel. maroq. rouge, dos orné, fil., tête dor. non rog., Couverture illustrée en couleurs.

Portraits et figures. Exemplaire sur papier vélin.

149. **Bertrand** (L.). Gaspard de la Nuit, fantaisies à la manière de Rembrandt et de Callot, nouvelle édition, augmentée de pièces en prose et en vers, tirées des journaux et recueils littéraires du temps, et précédée d'une introduction, par Ch. Asselineau. *Paris*, *Pincebourde*, 1868, in-8 ecu, pap. de Holl., front. de F. Rops, cart. perc., tête éb., non rog. (*Behrends*).

Tiré à 402 exemplaires numérotés (n° 23) avec le frontispice tiré sur Chine volant.

150. **Beslay** (Charles). Mes Souvenirs (1830-1848-1870). *Paris*, *Sandoz et Fischbacher*, 1873, in-12, demi-rel. mar. r., tête dor., non rog.

Edition originale, avec la couverture.
Exemplaire auquel on a ajouté deux copies de lettres : l'une de l'auteur à M. Charles Cousin ; l'autre de J. J. Proudhon à Charles Beslay.

151. **Bible**. Historische Bilder Bibel. — Bible illustrée historique, 3e partie contenant les Histoires en images du 1er et du 2e livre de Samuel, du 1er et du 2e livre des Rois, du 1er et du 2e livre des Chroniques. Par privilège de Sa Majesté

Rom : Impér :, gravé sur cuivre et édité par *Jean Ulrich Kraussen, à Augsbourg*, 1698, in-folio cart.

1 frontispice et 31 planches contenant de nombreuses figures.

152. **Biblia Sacra** vulgatae éditionis Sixti V. et Clementis VIII. Pont. Max. Jussu recognita atque edita. Editio nova, distincta versiculis. *Parisiis, Antonium Chippier*, 1733, in-8 à 2 col., mar. noir (*Rel. anc.*).

153. **Bibliographie** (Ouvrages sur la). 3 vol. in-12, cart Bradel, tête dor., non rog.

Le Livre du Bibliophile. *Paris, Lemerre*, 1874. – Connaissances nécessaires à un Bibliophile. *Paris, Rouveyre*, 1878. – La Bibliomanie en 1878. Bibliographie rétrospective des adjudications les plus remarquables faites cette année et de la valeur primitive de ces ouvrages par Philomneste Junior (Gustave Brunet) *Bruxelles, Gay et Doucé*, 1878.

154. **BIBLIOTHÈQUE DE LUXE** des ROMANS CÉLÈBRES. *Paris, Quantin*, 1878-1885, 10 vol. in-8 écu, portr. et fig., demi-rel. mar. La Vall. clair, fil., tête dor.. non rog.

B. de Saint-Pierre : Paul et Virginie — B. Constant : Adolphe. — Mme de La Fayette : La Princesse de Clèves. — Cazotte : Le Diable amoureux — Mme de Krudener : Valérie. — L'Abbé Prévost : Manon Lescaut. — Furetière : Le Roman Bourgeois. — Chateaubriand : Atala et René.. — Diderot : Le Neveu de Rameau. — Mme de Tencin : Mémoires du Comte de Comminges.

Collection complète. — L'un des 100 exemplaires tirés sur *papier du Japon*, avec les portraits et figures en double épreuve.

155. **BIBLIOTHÈQUE ELZÉVIRIENNE.** *Paris Jannet*, 1853-1876, 106 vol. in-12, cart. toile, non rog.

Evangiles des Quenouilles. — Nouvelle fabrique. — Quinze joyes de mariage. — Chapelle et Bachaumont. — Caquets de l'Accouchée. – Livre des Peintres et graveurs. — La Floride. — La Tour Landry. — Nouvelles françoises du XIIIe siècle. -- Internelle consolacion. — Floir et Blanciflor. — Melusine. — Gérard de Rossillon. — Senecé. — Mémoriaux de St-Aubin-des-Bois. — Œuvres de Roger de Collerye. — Morlini Opera. — Chansons de Jehannot de l'Escurel, — Mémoires de Mme de la Guette. — Roman bourgeois de Furetière. — Roman de Jehan de Paris. — Œuvres de Fr. Villon — Aventures de Don Juan de Vargas. — Les Tragiques de d'Aubigné. — Baron de Faeneste. — Mathurin Regnier. —, Sénecé. — Dolopathos. — Mémoires de H. de Campion. — Mémoires de la Marquise de Courcelles. — Hitopadésa. — Gaultier Garguille. — Six mois de la vie d'un jeune homme (1797). — Histoire de la vie et des ouvrages de Pierre Corneille, par J.

Taschereau. — Œuvres de Gringore (t. I.). — Histoire amoureuse des Gaules, 4 vol. — Poésies françaises des XVe et XVIe siècles, 10 vol. — Mémoires de l'Académie de Peinture, 2 vol. — Coquillart, 2 vol. — Saint-Amant, 2 vol. — Rabelais, 2 vol. - Melin de Sainct-Gelays, 3 vol. — Courriers de la Fronde, 2 vol. — Dictionnaire des Précieuses, 2 vol. — Théophile, 2 vol.— Tabarin, 2 vol.— Straparole, 2 vol.— Remy Belleau, 3 vol. — Roman comique, 2 vol. — Bonaventure Des Périers, 2 vol. — Ronsard, 8 vol.— Ancien Théâtre français, 10 vol — Variétés historiques et littéraires. 10 vol.— Catalogue raisonné de la Bibliothèque elzévirienne (1853-1867).

156. **Bibliothèque gauloise.** *Paris, A. Delahays*, 1858-59, 7 vol. in-12, pap. vergé, cart. perc., non rog.

Aventures burlesques de Dassoucy. — Histoire comique de Francion. — Recueil de Farces, soties et moralités du XVe siècle. — Paris ridicule et burlesque, au XVIIe siècle. — Histoire maccaronique de Merlin Coccaie. — Le Livre des Proverbes français, 2 vol.

157. **Bida.** Suite de 35 grandes compositions gravées à l'eau-forte d'après les dessins originaux de Bida, par Bida, Bracquemond, Henriette Browne, Chaplin, Léop. Flameng, Gaucherel, Girardet, Haussoullier, Hédouin, Massard, Mouilleron, C. Nanteuil et Veyrassat, pour illustrer *les Saints Évangiles*, pub. par *Hachette et Cie*, in-fol. en feuilles dans un carton.

Épreuves sur papier vélin.

158. **Bienville** (D. T. de). La Nymphomanie, ou traité de la fureur utérine, dans lequel on explique avec tant de clarté que de méthode, les commencements et les progrès de cette cruelle maladie dont on développe les différentes causes, etc., par M. D. T. de Bienville, docteur en médecine. *Amsterdam, Rey*, 1772, pet. in-8, demi-rel. chag. La Vall., tête dor., non rog.

159. **Bigot** (Charles). Gloires et Souvenirs militaires d'après les Mémoires du Canonnier Bricard, du Maréchal Bugeaud, du Capitaine Coignet, d'Amédée Delorme, du Timonier Ducor, du Général Ducrot, etc., etc. *Paris, Hachette*, 1894, gr. in-8, cart., dos et coins de veau fauve, plats toile, ornem. sur les plats, fers spéciaux, tête dor., non rog., couv. illust. (*Rel. de l'éditeur*).

Cet ouvrage est illustré de 24 planches hors texte, tirées en couleurs, d'en-têtes et de culs-de-lampe gravés par Rougeron et Vigneron.

160. **Billaud Varenne**. Mémoires inédits et Correspondance, accompagnés de notices biographiques sur Billaud-Varenne et Collot-d'Herbois, par Alf. Bégis, précédés de 2 portraits. *Paris*, 1893, in-8, br., n. c , couv.

Tiré à 500 exemplaires. L'un des 25 sur papier de Hollande, avec envoi autographe signé de l'auteur.

161. **Binettes contemporaines** (les), hommes de lettres, publicistes, etc., par J. Citrouillard, revues par Commerson, pour faire concurrence à celles d'Eugène (de Mirecourt, — Vosges). *Paris*, *G. Havard*, 1854, 60 biographies avec 60 portraits par Nadar, rel. en 2 vol. in-32, demi-rel. mar. La Vall., tête dor., non rog., couv. (*Bousquet*).

162. **Blanc** (Ch.). Le Trésor de la Curiosité, tiré des catalogues de vente de Tableaux, Dessins, Estampes, Livres, Meubles, Emaux, etc., etc., avec diverses notes et notices historiques et biographiques. *Paris*, *Vve Renouard*, 1857-58, 2 vol. in-8, pap. vergé, fig. dans le texte, demi-rel. mar. r., tête dor., non rog. (*Brany*).

163. **Blanchemain** (P.). Poëtes et Amoureuses. Portraits littéraires du XVIe siècle. *Paris*, *L. Willem*, 1877, pet. in-8, cart. Bradel, tête dor., non rog.

L'un des 30 exemplaires tirés sur papier Whatman (n° 25), avec double épreuve des portraits en *bistre* sur Whatman et en *noir* avant la lettre sur Chine volant.

164. **Blémont** (Emile). Le Livre d'Or de Victor Hugo par l'élite des artistes et des écrivains contemporains. Direction de M. Emile Blémont. *Paris*, *Librairie artistique*, *H. Launette*, 1883, in-4, demi-rel., dos et coins de mar. grenat, dos orné, fil., tête dor., non rog., couv. illust.

Exemplaire sur papier du Japon, texte et gravures sur papier du Japon, épreuves avant la lettre.

165. **Blondel** et L. **Ser**. Administration générale de l'Assistance publique à Paris. Rapport sur les Hôpitaux civils de la ville de Londres au point de vue de la Comparaison de

ces établissements avec les hôpitaux de la ville de Paris. *Paris*, 1862, in-4, fig., br., non rog., couv.

166. **Blondel** (Spire). Le Livre des fumeurs et des priseurs. Préface du baron Oscar de Watteville. *Paris*, *Henri Laurens*, 1891, gr. in-8, br., couv. impr. en couleurs.

113 illustrations de G. Fraipont dont 16 hors texte en couleurs. L'un des 30 exemplaires tirés sur papier du Japon pour M. A. Ferroud avec les 16 figures hors texte en double état, en noir et en couleurs.
Exemplaire n° 26, ENRICHI DE UNE AQUARELLE ORIGINALE DE G. FRAIPONT, l'illustrateur du livre (sur le faux-titre).

167. **Boccace.** Contes et nouvelles de Boccace Florentin, traduction libre (par Ant. Le Maçon), accommodée au goût de ce temps. Seconde édition dont les figures sont nouvellement gravées par les meilleurs maîtres, sur les dessins de Romain de Hooge. *Cologne*, *Jacques Gaillard*, 1702, 2 vol. pet. in-8, front. gr. et fig., cart., non rog.

Exemplaire entièrement non rogné.

168. **Boccace** Il Decameron di messer Giovanni Boccacci, Cittadino Fiorentino. *Amsterdamo* (*Napoli*), 1703, in-12, veau, dos orné, compart. de fil. et dent. sur les pl., tr. dor. (*Rel. anc.*).

Bel exemplaire dans une reliure italienne du temps.
Un nom à l'encre sur le titre (Gilbert Boucher).

169. **Boccace.** Contes de Boccace, (Le Décaméron) traduits de l'italien et précédés d'une notice historique par A. Barbier. Vignettes par Tony Johannot, H. Baron, Eug. Laville, Célestin Nanteuil, Grandville, Geoffroi, etc. *Paris*, *Barbier*, 1846, gr. in-8, cart., dos et coins de mar. La Vallière, non rog., couv. illust.

32 gravures hors texte et 120 vignettes dans le texte, gravées sur bois.

170. **Boccace** (Les dix journées de Jean), traduction de Le Maçon, avec notice, notes et glossaire, par P. Lacroix, 11 eaux-fortes par Flameng. *Paris*, *Librairie des bibliophiles*, 1873, 5 vol. in-16, pap. de Holl., demi-rel. mar. vert, dos orné, fil., tête dor., non rog., couv.

171. **Bodin** (Jean), Angevin. De la Demonomanie des Sorciers. De nouueau reueu et corrigé oultre les precendentes impressions. *Anvers, Jehan Keerberghe*, 1593, in-8, vél. ant.

172. **Boileau.** Œuvres diverses du Sr Boileau-Despréaux, avec le Traité du Sublime, ou du merveilleux dans le discours, traduit du grec de Longin. *A Paris, chez Denis Thierry*, 1701, 2 vol. in-12, front. gr. et fig., vél.

Dernière édition, dite *Édition favorite*, donnée par l'auteur, la plus complète et la plus recherchée.

173. **Boileau.** Œuvres diverses du Sr Boileau-Despréaux, avec le Traité du Sublime ou du merveilleux dans le discours, traduit du grec de Longin, nouvelle édition, reveuë et augmentée. *Paris, Denys Thierry*, 1701, 2 part. en 1 vol. in-4, fig. de Chauveau, v. gr. (*Rel. anc.*).

174. **Boileau-Despréaux.** Œuvres, avec des éclaircissements historiques donnés par lui-même et rédigés par M. Brossette, augmentées de plusieurs pièces, tant de l'auteur, qu'ayant rapport à ses ouvrages, avec des remarques et des dissertations critiques, par M. de Saint-Marc, nouv. édit. augmentée de plusieurs remarques et de pièces relatives aux ouvrages de l'auteur. Enrichie de figures gravées d'après les dessins de Picart le Romain. *A Paris, chez les Libraires associés*, 1772, 5 vol. in-8, mar. rouge, dos orné, 3 fil. avec coins dor., dent. int., tr. dor. (*Rel. anc.*).

Bel exemplaire sur papier fin de Hollande.

175. **Boileau-Despréaux.** Œuvres complètes, avec des préliminaires et un commentaire, revus et augmentés, par Daunou. *Paris, Dupont*, 1825-26. 4 vol. in-8, demi-rel. dos et coins de v. br., dos orné, non rog. (*Rel. de l'époque*).

176. **Boileau** (Jacq.). De l'abus des nuditez de gorge, seconde édition, revue, corrigée et augmentée. *Suivant la*

copie imprimée à Bruxelles. Paris, J. de Laize de Bresche, 1677, pet. in-12, mar. vert, fil. à fr., tr. dor.

Exemplaire provenant de la bibliothèque de J. Richard avec un cachet sur le titre.

177. **Boileau** (Abbé J.). De l'abus des nudités de gorge, *Paris, A. Delahays*, 1858, in-12, pap. de Holl., demi-rel. chagr. r., tête dor., non rog.

Réimpression à petit nombre de l'édition de *Paris, chez J de Laize-de-Bresche*, 1677.

178. **Boislisle** (A. M. de). Chambre des Comptes de Paris. Pièces justificatives pour servir à l'histoire des premiers présidents (1506-1791), publiées par A. M. de Boislisle, sous les auspices de M. le marquis de Nicolay. Notice préliminaire. *Nogent-le-Rotrou*, 1873, gr. in-4, cart. toile, non rog.

Envoi d'auteur signé. Lettre autographe de l'auteur ajoutée. Exemplaire sur papier de Hollande.

179. **Boissieu** (A. de). Lettres d'un Passant. *Paris, Maillet*, 1868, in-12, br.

Edition originale, avec la couverture.

180. **Bollioud-Mermet** (L.). De la Bibliomanie. *La Haye*, 1761, in-8, cart., tr. r. (*Cachet sur le titre*).

181. **BONAPARTE** (Prince Roland). Une excursion en Corse. *Paris, imprimé pour l'auteur*, 1891, in-4, br., non rog. Couverture.

Ouvrage non mis dans le commerce.
Envoi de l'auteur.

182. **Bonnaffé** (E.). Causeries sur l'Art et la Curiosité, frontispice par J. Jacquemart. *Paris, Quantin*, 1878, gr. in-8, cart. toile, non rog. (*Cart. de l'éditeur*).

L'un des 50 exemplaires tirés sur papier de Hollande (nº 10 avec le frontispice tiré sur Chine.

183. **BOREL** (Petrus). Champavert, contes immoraux par Petrus Borel, le Lycanthrope. Eaux-fortes par M. Adrien

Aubry. *Bruxelles, J. Blanche*, 1872, in-8, demi-rel., dos et coins de maroq. orange, dos orné à petits fers, fil., tête dor., non rog.

Exemplaire unique sur Whatman, offert par l'éditeur à M. Deculan, avec les eaux-fortes en quadruple état pour les deux premières et en triple état pour les autres.

184. **Borel** (Petrus). Champavert, contes immoraux. *Bruxelles, Blanche*, 1872, pet. in-8, cart. Bradel, tête dor., non rog. (*Manque le frontispice*).

185. **Borel** (Pétrus). Madame Putiphar, seconde édition, conforme pour le texte et les vignettes à l'édition de 1839, préface par J. Claretie. *Paris, Willem*, 1877-78, 2 vol. in-8, br., couv.

186. **BOSC** (Ernest). Dictionnaire de l'art, de la curiosité et du bibelot. *Paris, Firmin-Didot*, 1883, gr. in-8, br., non rog. Couverture.

Ouvrage orné de 35 planches hors texte et de 709 figures dans le texte grav. sur bois.

187. **BOSSE** (A.). Traité des manières de dessiner les ordres de l'architecture antique en toutes leurs parties, avec plusieurs belles particularitez qui n'ont point paru jusqu'à présent touchant les bastiments de marque. *Paris, s. d.* (1688). — Représentations géométrales de plusieurs parties de bâtiments faites par les reigles de l'architecture antique. *Paris*, 1688. Ensemble 2 ouvrages en 1 vol. in-fol., demi-rel. maroq. rouge, plats toile, tr. dor.

Le 1er ouvrage contient 1 frontispice, 1 titre et un grand nombre de planches. Le 2e contient 1 titre et 20 planches.

188. **BOSSUET** (J. B.). Oraison funèbre du Grand Condé. *Paris, D. Morgand et Ch. Fatout*, 1879, gr. in-4, br., non rog. Couverture.

1 portrait de Bossuet, 1 fleuron sur le titre, armes du duc d'Aumale, 1 vignette, 1 lettre ornée, 3 grandes figures et 1 cul-de-lampe non signés, Exemplaire sur papier du Japon.

189. **Bouchard**. Les Confessions de J.-J. Bouchard, parisien, suivies de son Voyage de Paris à Rome, en 1630.

Publiées pour la première fois sur le Mss. de l'Auteur. *Paris, Liseux*, 1881, in-8 écu, pap. de Holl., cart. Bradel, tête jasp., non rog.

190. **Bouchot** (Henri). Les Reliures d'art à la Bibliothèque nationale. *Paris, Ed. Rouveyre*, 1888, gr. in-8, demi-rel., maroq. grenat, dos orné mosaïque, fil., tête dor., non rog. Couverture illustrée.

Ouvrage orné de 80 planches, reproduites d'après les originaux par Aron frères. — Exemplaire sur papier vélin fort teinté. — (N° 140).

191. **Bouillet** (M.-N.). Dictionnaire universel des Sciences, des Lettres et des Arts, 2e édit., revue et corrigée. *Paris, Hachette et Cie*, 1855, gr. in-8, cart. toile.

192. **Boulmier** (J.). Estienne Dolet, sa vie, ses œuvres, son martyre. *Paris, Aubry*, 1857, pet. in-8, pap. vél., portr., demi-rel. mar. r., dos orné, tête dor., non rog.

193. **BOURCARD** (Gustave) Dessins, gouaches, estampes et tableaux du dix-huitième siècle. Guide de l'amateur. *Paris, Morgand*, 1893, gr in-8 br., non rog. Couverture.

L'un des 50 exemplaires sur papier de Hollande (n° 9).

194. **Bourgogne**. Projets de Gouvernement résolus par Monseigneur le duc de Bourgogne, après y avoir bien mûrement pensé, in-fol., mar. vert, dos orné, large dent. sur les pl., doublé de tabis rose, dent., tr. dor. (*Rel. anc.*).

Manuscrit de 275 pages, exécuté en bâtarde courante, sur papier de Hollande, pour la REINE MARIE-ANTOINETTE.

Reliure de *Derôme le jeune*, portant son étiquette, avec le dos orné à petits fers, et les ARMES DE LA REINE. Écus de France et d'Autriche accolés.

195. **Bourrit** (Théod). Nouvelle description des Glacières et glaciers de Savoye, principalement de la vallée de Chamouni et du Mont-Blanc, etc. *Genève, Barde*, 1785, in-8, carte et fig., v. marb. ant.

196. **Brantome.** Les Sept Discours touchant les Dames galantes, publiés sur les manuscrits de la Bibliothèque natio-

nale, par H. Bouchot. Dessins d'Edouard de Beaumont, gravés par E. Boilvin. *Paris, Librairie des bibliophiles*, 1882, 3 vol. in-8, pap. de Holl., br., couv.

197. **Brès** (Madeleine), née **Gebelin**. De la mamelle et de l'allaitement. Thèse pour le doctorat en médecine, présentée et soutenue le 3 juin 1875. *Paris*, 1875, in-4, Bradel, dos percaline, non rog.

Avec 4 planches. Envoi d'auteur signé.

198. **Bresson** (André). Bolivia, sept années d'exploration, de voyages et de séjours dans l'Amérique australe. Avec une préface de Ferdinand de Lesseps. *Paris, Challamel aîné*, 1886, gr. in-8, br. non rog. Couverture illustrée.

Ouvrage illustré de 30 planches hors texte et de 77 vignettes dessinées par Henri Lanos et de 9 cartes et panoramas polychromés.

199. **Brivois** (J.). Bibliographie des Ouvrages illustrés du XIXe siècle, principalement des livres et gravures sur bois. *Paris. L. Conquet*, 1883, gr. in-8, pap. vergé, br., couv.

Epuisé. Rare.

200. **Brongniart** (A.). Traité des Arts céramiques, ou des Poteries, considérées dans leur histoire, leur pratique et leur théorie. *Paris, Béchet*, 1844, 2 vol. in-8, fig. dans le texte et atlas in-4, demi-rel. chag. vert, dos orné (*Mouillures*).

201. **Brotonne** (F. de). Civilisation primitive, ou Essai de restitution de la période ante-historique, pour servir d'introduction à l'histoire universelle. *Paris, Warée*, 1845, in-8, br., couv.

202. **Brunet** (Ch.). Marat dit l'ami du peuple, notice sur sa vie et ses ouvrages, avec un portrait gravé par Flameng, d'après le dessin de Gabriel. *Paris, Poulet-Malassis*, 1862, plaq. in-12, demi-rel. chag. r. poli, dos orné, tête dor., non rog.

203. **Brunet** (Ch.). Le Père Duchesne d'Hébert, ou notice historique et bibliographique sur ce journal, publié pendant les années 1790, 1791, 1792, 1793 et 1794, précédée de la vie d'Hébert, son auteur, et suivie de l'indication de ses autres ouvrages. *Paris, France*, 1859, in-16, demi-rel. chag. r. poli, tête dor., non rog.

204. **Brunet** (G.). Curiosités bibliographiques et artistiques. Livres, manuscrits et gravures qui, en vente publique, ont dépassé le prix de mille francs. Tableaux payés plus de cinquante mille francs. *Genève, Gay*, 1877, in-8, demi-rel. chag. La Vall., dos orné, fil., tète dor., non rog. (*Thomas.*)

Tiré à 250 exemplaires numérotés (n° 159).

205. **Brunet** (G.). Les Fous littéraires, essai bibliographique sur la littérature excentrique, les illuminés, visionnaires, etc., par Philomneste Junior. *Bruxelles, Gay et Doucé*, 1880, pet. in-8, pap. teinté, br., couv.

206. **Brunet** (G.). La France littéraire au XVe siècle, ou Catalogue raisonné des ouvrages en tout genre, imprimés en langue française jusqu'à l'an 1500. *Paris, Franck*, 1865, in-8, cart. perc., non rog. (*Behrends.*)

207. **BRUNET** (J.-Ch.). Manuel du Libraire et de l'Amateur des livres, 5e édition originale entièrement refondue et augmentée d'un tiers par l'auteur. *Paris, F.-Didot et Cie*, 1860-1865, 6 tom. en 12 vol. — Supplément contenant : Un Complément du Dictionnaire bibliographique de M. J.-Ch. Brunet, et la Table raisonnée des articles, par MM. P. Deschamps et G. Brunet. *Paris, F. Didot et Cie*, 1878-1880, 2 vol. — Dictionnaire de Géographie ancienne et moderne à l'usage du Libraire et de l'Amateur de Livres... par un Bibliophile. *Paris. F.-Didot et Cie*, 1870, 1 vol. — Ens. 15 vol. gr. in-8 à 2 col., cart. perc., non rog.

208. **Buliard.** Aviceptologie française, ou Traité général de toutes les Ruses dont on peut se servir pour prendre les Oiseaux, avec une collection considérable de figures et de

pièges propres à différentes Chasses, etc. *Paris, Vve Cussac*, 1818, in-12, demi-rel. dos et coins de chag. r., non rog.

209. **Bury** (Richard de). Philobiblion, excellent traité sur l'amour des Livres, trad. pour la prem. fois en français, précédé d'une introduction, et suivi du Texte latin revu sur les anciennes éditions et les mss. de la Bibliothèque impériale, par Hipp. Cocheris. *Paris, Aubry*, 1856, in-12, pap. vergé, demi-rel. chag. mauve, tête dor., non rog.

210. **BUSSY-RABUTIN**. Histoire amoureuse de France, avec les maximes d'amour et avec le cantique : *Que Deodatus est heureux*, pet. in-4, vélin.

Copie manuscrite du XVIIe siècle, sur papier, en écriture bâtarde. Exemplaire avec un très curieux Ex-libris : Looys Hocquart, *droguiste* à Mons, au Patagon, 1677.

211. **Cabinet de Lampsaque** (le), ou Choix d'épigrammes érotiques des plus célèbres poètes françois. *Paphos*, 1784, 2 vol. in-16, fig., v. marb., dos orné, 3 fil., tr. dor. (*Rel. anc.*)

101 figures qui paraissent être de Desrais ou de Leclerc.

212. **Cabinet satyrique** (le), ou Recueil parfaict des vers piquants et gaillards de ce temps, tiré des secrets cabinets des sieurs de Sygognes, Regnier, Motin, Berthelot, Maynard et autres des plus signalez poëtes de ce siècle. Nouvelle édition complète, revue sur les éditions de 1618 et de 1620 et sur celle dite du Mont-Parnasse, sans date. *S. L. L'an*, 1864, 2 vol in-16, pap. vergé, front. à l'eau-forte par F. Rops, demi-rel. dos et coins de mar. bl., tête dor., non rog.

Exemplaire provenant de la vente de Poulet-Malassis, avec note de sa main sur le premier feuillet de garde, auquel il a ajouté une lettre autographe de Rops, relative au frontispice, dont 5 épreuves sur Chine volant sont jointes aux deux volumes, trois au premier et deux au second.

213. **Cahier** (Le P. Ch.). Nouveaux Mélanges d'histoire et de littérature sur le Moyen-Age par les auteurs de la mono-

graphie des vitraux de Bourges (Ch. Cahier et feu Arth. Martin, de la Cie de Jésus). Collection publiée par le P. Ch. Cahier. — Bibliothèques. *Paris*, *Firmin Didot*, 1877, gr. in-4, br., non rog., couverture.

Nombreuses illustrations.

214. **Cailhava**. Les Contes en vers et en prose de feu l'abbé de Colibri (Cailhava), ou le Soupé, conte composé de mille et un Contes. *Paris*, *Didot jeune*, *an VI*, 2 vol. in-18, bas. marb., dos orné, dent., tr. dor. (*Rel. anc.*)

215. **Calvi** (Fr. de). Histoire générale des Larrons, divisée en trois livres, par F. D. C. (François de Calvi, Lyonnois). *Rouen*, *David*, *Berthelin*. 1666, 3 part. en 1 vol. in-8, vél. (*Rel. anc.*)

216. **Campardon** (Em.). Marie-Antoinette à la Conciergerie (du 1er août au 16 octobre 1793). Pièces originales conservées aux Archives de l'Empire, suivies de notes historiques et du procès imprimé de la reine. *Paris*, *Gay*, 1863, in-8, pap. vergé, portr., demi-rel. mar. La Vall. foncé, tête dor., non rog.

217. **Campardon** (Em.). Un Artiste oublié J.-B. Massé, peintre de Louis XV, dessinateur graveur. Documents inédits. *Paris*, *Charavay frères*, 1880, in-12 carré, pap. de Holl., fig., demi-rel. mar. La Vall. foncé, tête dor., non rog.

Exemplaire avec envoi et lettre autographes signés de l'auteur.

218. **Camus** (J.-P.). Le Cabinet historique, remply d'Histoires veritables, arrivées tant dedans que dehors le Royaume, avec les moralitez. Nouvellement trouvé dans les Ecrits de feu M. Jean Pierre Camus, euesque de Belley. *Paris*, *J.-B. Loyson*, 1669, in-8, portr., par Joann. Picart, vél. ant.

Exemplaire ayant appartenu à G. B. de Hinnisdael, chantre de Liège, Prevost de Sainte Croix, 1670.

219. **Cantiques et Pots-pourris**. *Londres* (*Paris*, *Cazin*), 1789, 6 parties en 1 vol. in-18, v. porph., dos orné, 3 fil., tr. dor. (*Rel anc.*)

1 frontispice curieux et 6 très jolies gravures par Borel, gravés par Elluin, non signés.

Ce recueil se compose des pièces suivantes : *la Chaste Suzanne, David et Bethzabée, la Chasteté de Joseph, Judith, Agnès Sorel, la Pucelle d'Orléans.*

Exemplaire de premier tirage.

Déchirure dans le fond de la marge du titre.

220. **Caresme-Prenant** (Procez et amples examinations sur la vie de), dans lesquelles sont amplement descrites, toutes les tromperies, astuces, caprices, etc., traduit d'italien en françois. *Paris*, 1605, pet. in-8, mar. rouge à long grain, dos orné, encad. de fil. et dent. sur les pl., dent. int., tr. dor (*Simier.*)

Exemplaire bien conforme à l'indication de *Brunet* (p. 842, t. III). Il contient de plus que l'exemplaire de *Nodier*, décrit dans ses « Mélanges tirés d'une petite bibliothèque » (pp 67-68) la pièce intitulée « *la source du gros fessier des nourrices* ». (*Ch. C.*)

221. **CARICATURE** (La). Journal fondé et dirigé par Ch. Philippon. 1830-1835. — 10 tomes en 5 vol. gr. in-4, demi-rel. maroq. rouge jans., tête dor., non rog. (*Thierry successeur de Simier.*)

Exemplaire renfermant un grand nombre de planches en double état, noires et coloriées.

Incomplet de qq. planches.

222. **Carnet de Bal**, avec Calendrier pour l'année 1827, in-32, couverture en nacre avec incrustation en or, dos de mar. rouge, tr. dor. avec fermoir en mar. rouge.

223. **CARON** (P.-S.). Recueil de poésies anciennes, farces et facéties, etc., publiées par Simon Caron de 1798 à 1806.— Complément du recueil de Caron et pièces diverses ajoutées, publiées par M. de Montaran (*Paris*, 1829-1830). Ensemble 39 pièces (dont quelques-unes tirées à 15 exemplaires seulement). Le tout en 5 vol. pet. in-8, mar. rouge, fil., dent. int., non rog. (*Thouvenin.*)

Très bel exemplaire parfaitement complet, du Marquis du Roure et du Comte de La Bedoyère.

224. **Catalogue** descriptif et analytique de l'œuvre gravé de Félicien Rops, précédé d'une notice biographique et critique par Erastène Ramiro (Rodrigues). Orné d'un frontispice et de gravures d'après des compositions inédites de Félicien Rops, et de fleurons et culs-de-lampe d'après F. Rops, Jean La Palette et Louis Legrand. *Paris, Conquet*, 1887, gr. in-8, demi-rel. maroq. vert, dos orné, fil., tête dor., non rog. Couverture.

Envoi autographe de l'auteur, signé.

225. **Catalogue** de la Bibliothèque de l'Abbaye de Saint-Victor au XVIe siècle, rédigé par François Rabelais, commenté par le bibliophile Jacob, et suivi d'un Essai sur les Bibliothèques imaginaires, par G. Brunet, *Paris, J. Techener*, 1862, gr. in-8, pap. de Holl., demi-rel. dos et coins de mar. r., fil. à fr., tête dor., non rog.

226. **Catalogue** de l'Exposition de Gravures anciennes et modernes (4 juillet 1881). *Paris, Cercle de la librairie*, 1881, in-4, titre r. et n., texte encadré de fil. r., pl. hors texte, en feuilles, dans un carton.

Tiré à 100 exemplaires numérotés (no 91).

227. **Catalogue** de livres rares et précieux composant la bibliothèque de M. Hippolyte Destailleur, architecte du gouvernement. *Paris, Morgand*, 1891, gr. in-8, br., non rog., couverture.

Exemplaire sur papier de Hollande.

228. **Catalogue** des Livres de la Bibliothèque de M. Eugène Paillet. *Paris, D. Morgand*, 1887, in-8, br., couv.

Exemplaire sur papier de Hollande, avec envoi autographe de l'éditeur.

229. **Catalogue des Livres**, composant la bibliothèque de feu M. le baron James de Rothschild. *Paris, Morgand*, 1884-1893 (T. I, II, III), 3 vol. in-8 ornés d'un portr. de nombr. reproductions de titres et de reliures en noir et en couleurs, cart. Bradel, tête dor., non rog. (*Tome III, broché.*)

230. **Catalogue des Livres,** composant la Bibliothèque poétique de M. Viollet-le-Duc, avec des notes bibliographiques, biographiques et littéraires sur chacun des ouvrages catalogués. Pour servir à l'histoire de la poésie en France. *Paris, Hachette*, 1843, in-8, demi-rel. mar. r., tête dor., non rog.

Dans le même volume : Catalogue des Livres composant la Bibliothèque poétique de M. Viollet-le-Duc. Chansons, Fabliaux, Contes en vers et en prose, Facéties, etc. *Paris, J. Flot*, 1847, in-8.

231. **Catalogue** des livres rares et précieux, manuscrits et imprimés composant la Bibliothèque de feu M. le Baron de La Roche Lacarelle, avec une notice par E. Quentin-Bauchart. *Paris, Porquet*, 1888, gr. in-8, Bradel, dos percaline, tête dor., non rog.

Portrait gravé à l'eau-forte. Nombreuses fig. en héliogravure représentant des reliures de livres rares et précieux. Avec les prix d'adjudication imprimés à la fin du volume. — Exemplaire sur papier de Hollande.

232. **Catalogue** des Livres rares et précieux, imprimés et manuscrits, dessins et vignettes, composant la bibliothèque de feu M. le Comte H. de La Bédoyère. *Paris, L. Potier*, 1862, gr. in-8, demi-rel. mar. r., tète dor., non rog.

Exemplaire avec la table des prix d'adjudication.

233. **Catalogue** de tableaux modernes de premier ordre composant l'importante collection de feu M. Rœderer, du Havre. Vente à Paris, le 5 juin 1891. *Paris*, 1891, gr. in-4, br. non rog., couv.

29 figures gravées à l'eau-forte.

234. **Catalogue** illustré des livres précieux, manuscrits et imprimés faisant partie de la Bibliothèque de M. Ambroise Firmin-Didot. Précédé d'une introduction par Paulin-Paris. *Paris*, 1878-1884, 6 vol. gr. in-8, cart., dos percaline, têtes dor., non rog., couv.

Exemplaire sur papier de Hollande.

235. **Catalogue** raisonné de toutes les pièces qui forment l'Œuvre de Rembrandt, composé par feu M. Gersaint, et

mis au jour, avec les augmentations nécessaires, par les sieurs Helle et Glomy. *Paris*, *Hochereau*, 1751, in-12, cart. Bradel, non rogné.

236. **Cattelain** (P.). Nos Contemporains, portraits à l'eau-forte, par P. Cattelain. (Livrais. I à VI). *Paris*, *Sagot*, *s. d.*, gr. in-4, en feuilles, couv.

Épreuves tirées sur papier du Japon.

237. **Causei de la Chausse** (Mich.-Ang.). Le Gemme antiche figurante. *In Roma*, per *Gio : Giacomo Komarek Boemo*, 1700, in-4, front. gr. et 200 pl., v. gr. ant.

238. **Cayon** (Jean). Chronique de Richer, moine de Senones, traduction française du XVIe siècle, sur un texte beaucoup plus complet que tous ceux connus jusqu'ici ; publiée pour la première fois, avec des éclaircissements historiques, sur les Manuscrits des Tiercelins de Nancy et de la Bibliothèque publique de la même ville, par Jean Cayon. *Nancy*, *Cayon-Liébault*, 1842, in-4 carré, pap. verg., cart. non rog.

N° 96 sur cent exemplaires. Pièces liminaires ajoutées.

239. **Cayon** (Jean). Chronique et description du lieu de la naissance à Lay-Saint-Christophe de Saint Arnou, évêque de Metz, duc d'Aquitaine et d'Austrasie, tige des IIe et IIIe races des Rois de France et d'autres maisons princières. Notices sur les Comtes du Chaumontois, sires d'Amance, princes de Lay, ducs de Scarpone et de Dieulouard ; sur les comtes de Metz, les ducs et princes de Nancy, les ducs de Lorraine leurs successeurs. Avec figures des monuments traditionnels de ces époques, en collaboration de L. E. Ancelon, architecte, *Nancy*, *Cayon-Liébault*, 1856, in-4, cart., non rogné.

Nombreuses figures. Un des 30 exemplaires sur grand papier jésus vergé collé, de Rives.

240. **Cayon** (J.). Histoire physique, civile, morale et politique de Nancy, ancienne capitale de la Lorraine, depuis son origine jusqu'à nos jours, avec nombre de figures et

de plans. *Nancy, Cayon-Liébault*, 1846, gr. in-8, pap. vergé, cart., non rog. (*Cart. de l'éditeur*).

241. **Cayon** (Jean). Souvenirs et monuments de la bataille de Nancy. V Janvier 1477. *Nancy, Cayon-Liébault, s. d.*, A la fin : *Imprimerie de Prosper Trenel, à St-Nicolas-le Port*, 1837, in-4, papier vergé rose, cart. n. rog.

Figures sur bois très curieuses.

242. **CÉLESTINE** (La) en laquelle est traicte des déceptions des serviteurs envers leurs maistres, et des macquerelles envers les amoureux,traslate dytalie en fracois. *On les vend à Paris en la grant salle du Palais en la boutique de Galliot du pré.* (Au recto du dernier feuillet). *Imprimé à Paris, par Nicolas Cousteau imprimeur. Pour Galliot du pré marchant libraire... Et fut achevé le premier jour Daoust Lan mil cinq cens vingt sept.* In-8 gothique de 6 ff. prélim. non chiff. y compris le titre en rouge et noir, signat. A-Y, chaque cahier étant de 8 ff., figures sur bois, mar. rouge, dos orné à petits fers, fil., dent. int., tr. dor. (*Hardy-Ménil*).

Au verso du dernier feuillet on voit la marque de Galliot du Pré. Édition fort rare. — Bel exemplaire aux armes du Baron Seillière.

243. **Cervantès**. Histoire de l'admirable Don Quichotte de la Manche, traduite de l'espagnol (par Filleau de Saint-Martin). Nouvelle édition, revue, corrigée et augmentée, avec figures. *Paris, Dufart*, an VI, (1798), 4 vol. gr. in-8, mar. rouge, dos orné, dent. int., tr. dor. (*Rel. anc. avec armoiries*).

1 portrait de Cervantès par Queverdo, gravé par Gaucher, et 24 figures, dont quelques-unes sont signées de Coulet.
Bel exemplaire en grand papier vélin avec les figures avant la lettre.

244. **Cervantès**. L'ingénieux Hidalgo Don Quichotte de la Manche, trad. et annoté par L. Viardot, vignettes de Tony Johannot. *Paris, J. Dubochet*, 1836-37, 2 vol. gr. in-8, demi-rel., mar. vert, dos orné, tête dor., non rog.

Exemplaire de premier tirage.

245. **Chaix.** Historique de l'imprimerie et de la librairie centrales des chemins de fer. Organisation industrielle et économique de cet établissement. *Paris, Chaix*, 1878, gr. in-8, portrait, texte encadré, cart. dos percaline, tête dor., non rog.

246. **Challamel** (Augustin). — Histoire- Musée de la République française depuis l'Assemblée des notables jusqu'à l'Empire. *Paris, Balloy, s. d.*, 2 vol. gr. in-8, demi-rel. mar. rouge, dos ornés, non rog.

3e édition avec les estampes, costumes, médailles, caricatures, portraits historiés et autographes les plus remarquables du temps. — 2 frontispices gravés.

247. **Cham.** Cours de Physique, par Cham. *Paris. Martinet, s. d.* Album pet. in-4 de 15 pl., cart. Bradel, tête dor., éb., couv.

248. **Champfleury.** Histoire de la Caricature antique. — Histoire des Faïences patriotiques sous la Révolution, 3e édit., avec gravures et marques nouvelles. *Paris, Dentu*, 1865-1875. — Ens. 2 vol. in-12, br., fig., couv.

249. **Champfleury.** Histoire de la Caricature antique. — Caricature au Moyen-Age. — Caricature moderne. — Caricature sous la République, l'Empire et la Restauration. *Paris, Dentu, s. d.*, 4 vol. in-12, fig., br. et cart. Bradel, tête dor., n. rog.

250. **Champfleury.** Histoire de l'Imagerie populaire. *Paris, Dentu*, 1869, in-12, demi-rel. mar. gren., tête dor., non rog.

Édition originale, avec la couverture.

251. **Champfleury.** Histoire des Faïences patriotiques sous la Révolution. *Paris, Dentu*, 1867, in-8, pap. vél., fig., cart. toile, non rog.

252. **Champfleury.** L'Hôtel des Commissaires-Priseurs, *Paris, Dentu*, 1867, in-12, br.

Édition originale, avec la couverture.

253. **Champfleury**. L'Hôtel des Commissaires-Priseurs. *Paris, Dentu*, 1867, in-12, br.

Édition originale, avec la couverture.

254. **Champmeslé**. Les Œuvres de M. de Champmellé. *Paris, Thomas Guillain*, 1696, in-12, mar. rouge, dos orné, fil., dent. int, tr. dor. (*Thibaron-Joly*).

Recueil contenant : Delie, pastorale. *Paris*, 1668. — La Rue Saint-Denys, comédie. *Paris*, 1682. — Le Parisien, comédie. *Paris*, 1683. — Les Grisettes, ou Crispin Chevalier, comédie. *Paris*, 1683. *Editions originales*.

255. **Chansonnier** (le) des Grâces, avec quarante-deux airs gravés, 1813. *A Paris, chez F. Louis, libraire, rue de Savoie, n° 6*. in-12, mar. vert, dent., tr. dor., fers spéciaux. (*Lefebvre*).

Frontispice genre troubadour.

256. **Charras.** Histoire de la Campagne de 1815. Waterloo, par le Lt-Colonel Charras. *Bruxelles, Méline, Hetzel et Cie*, 1858, in-12, avec 5 plans et cartes, dessinés par Vandermaellen, cart. Bradel, tête dor. non rog., couv.

257. **Charron.** De la Sagesse, trois livres par Pierre Charron. *A Leide, chez Jean Elsevier*, 1656, petit in-12, front. gr., mar. rouge, ornem. de feuillage sur le dos, milieux et angles, dent. int., tr. dor. (*Alló*).

Willems n° 775. — Haut. 131 mill. 1/2.

258. **Chassant** (A.). Les Nobles et les Vilains du temps passé, ou Recherches critiques sur la noblesse et les usurpations nobiliaires.—Nobiliana. Curiosités nobiliaires et héralques, suite du livre intitulé : Les Nobles et les Vilains, par le même. *Paris, Aubry*, 1857-1858. — Ens. 2 vol. in-12, pap. vergé, front. gr., demi-rel. dos et coins de mar. vert, tête dor., non rog.

259. **Chasses et Voyages,** par Jules de C...... *Paris, Hachettee t Cie*, 1863, in-12, br. (*Broch. fatiguée*).

Edition originale avec la couverture.

260. **Chat Noir** (Album du) *Paris, s. d.* (Fasc. I à VII), en feuilles, couv.

261. **Chat Noir** (Le). Années 1890-91-92-93 et 94. Numéros séparés. Environ 250 numéros.

262. **Chaussard** (J.-B.-T.). Héliogabale, ou Esquisse morale de la dissolution romaine sous les Empereurs. *Paris, Dentu,* 1802, in-8, maroq. bleu, dos orné, fil., dent. int., tr. dor. (*Chambolle-Duru.*)

Joli frontispice gravé par Adam.
Bel exemplaire.

263. **Chefs d'Œuvres** (Les) du Musée royal d'Amsterdam. Edition de luxe en photogravures. Texte par A. Bredius, traduction française par Emile Michel. *Paris, Rouam, s. d.*, gr. in-4, en 15 liv., avec 75 photogravures hors texte et 50 tirées dans le texte.

L'un des 50 exemplaires tirés sur papier du Japon. (n° 6).

264. **Chefs d'Œuvres** de l'Art Moderne. (Ecole Française). *Paris, A. Delahays, s. d.*, in-fol., cart. toile, tr. dor. (*Cart. de l'éditeur*).

Album composé de 25 planches, d'après les Tableaux de : Rosa Bonheur. — Chaplin. — Corot. — Daubigny. — Diaz. — Decamps. — Eug. Delacroix. — Ed. Frère. — Léop. Flameng. — Fortin. — Hamon. — Hédouin. — Lehmann. — Marchal. — Millet. — Théod. Rousseau. — Cam. Roqueplan. — Troyon. — Verdier. — Veyrassat. — Vidal.
Epreuves sur Hollande, avec la lettre.

265. **CHEIKH NEFZAVUI**, traduction d'un manuscrit Arabe du XVIe siècle, par M. le Baron R***, Capitaine d'Etat Major, 1850, in-4, texte et figures lithographiés, mar. tête de nègre, jans., doublé de mar. grenat foncé, dent., milieu et coins mosaïque de mar. rose et vert, mors de mar. tête de nègre, gardes en soie avec encadrement et milieux en couleurs, tête dor., non rog., couv. pap. bleu dor. (*Vieuxmaire*).

La traduction du Baron R*** a été revue, corrigée, complétée et admirablement illustrée par un groupe d'officiers d'Etat-Major, en l'an de grâce 1876, ainsi qu'il résulte d'une préface très intéressante que ces Messieurs ont placée à la fin du volume lithographié à cette date. Les grandes compositions sur papier bleu et les nombreux dessins au trait, qui ornent ce traité savantissime sur les rapports sexuels de l'homme et de la femme, sont d'une exécution magistrale.

(*Note de M. Ch. Cousin, Catalogue d'Avril 1891*).

266. **CHÉNIER** (André). Poésies publiées avec une introduction nouvelle par L. Becq de Fouquières et enrichies de 15 compositions de Bida, gravées à l'eau-forte par Courtry, Champollion, Monziès et des portraits de Marie Cosway et de Fanny, gravés à l'eau-forte par F. Desmoulin d'après Richard Cosway et David. *Paris, Charpentier*, 1888, gr. in-4, br., non rog., couvert.

L'un des 50 exemplaires sur papier Whatman, avec double suite des eaux-fortes sur Japon et Hollande.

267. **Chesneau** (E.). Notice sur G. Régamey. *Paris, Librairie de l'Art*, 1879, gr. in-8, portr. et fig., br., couv.

Exemplaire offert par Félix Régamey et enrichi d'un DESSIN ORIGINAL à l'encre et d'une LETTRE AUTOGRAPHE de Guillaume Régamey son frère.

268. **Chesterfield** (Lord). Lettres à son fils Philippe Stanhope, traduction, revue, corrigée, accompagnée de notes, et précédée d'une notice sur la vie et les ouvrages de l'auteur, par Amédée Renée. *Paris, J. Labitte*, 1842, 2 vol. in-12, cart. Bradel, non rog.

269. **Chevigné** (Cte de). Les Contes rémois, 12e édition, précédée de la Muse champenoise, par L. Lacour, dessins de J. Worms, gravés à l'eau-forte par P. Rajon. *Paris, Librairie des bibliophiles*, 1877, in-16, demi-rel. mar. bl., dos orné, fil., tête dor., non rog., couv.

270. **Chroniques**, lois, mœurs et usages de la Lorraine, au Moyen-Age, recueillis par Jacques Bournon, conseiller d'Etat sous le Duc Charles III, procureur général du Barrois, premier président des Grands-Jours de Saint-Mihiel, en 1591. Publiés pour la première fois par Jean Cayon. *Nancy, Cayon-Liébault*, 1838, in-4, cart., non rog.

Grande figure lithographiée sur le plat recto. Exemplaire sur grand papier vergé.

271. **Cladel** (Léon). Petits Cahiers, eau-forte de L. Lenain. *Bruxelles, Kistemaeckers*, 1879, in-32 fac-simile, cart. Bradel, tête dor., non rog.

Edition originale, avec la couverture.
Exemplaire tiré sur papier de Hollande.

272. **Claretie** (J.). Voyages d'un Parisien. *Paris, A. Faure*, 1865, in-12, br.

Edition originale, avec la couverture.

273. **Cléder** (Ed.). Notice sur la vie et les ouvrages de P. de Corneille Blessebois. *Paris, Aubry*, 1862, plaq, in-12, pap. vergé, br., couv.

Tiré à 200 exemplaires numérotés (n° 44).

274. **Cleland** (John). Mémoires de Fanny Hill, entièrement traduits de l'anglais pour la première fois, par Isidore Liseux. *Paris, Liseux*, 1887, in-8 écu, pap. de Holl., br., couv.

Tiré à 165 exemplaires numérotés (n° 155).

275. **Clément** (F.). Histoire abrégée des Beaux-Arts, chez tous les peuples et à toutes les époques. Ouvrage illustré de 150 gravures sur bois. *Paris, F.-Didot et Cie*, 1879, gr. in-8, demi-rel. chag. r., pl. toile, tr. dor.

276. **Clément.** Petit Dictionnaire de la cour et de la ville (par J.-M.-B. Clément, de Dijon). *Londres et Paris, chez Briand*, 1788, 2 tom. en 1 vol. in-12, demi-rel. mar. vert, tête dor., non rog.

277. **Clerc** (L.). Manuel de l'amateur d'Huitres, ou l'Art de les pêcher, de les parquer, de les faire verdir, de les préserver des maladies qui peuvent les atteindre, etc., suivi des qualités alimentaires et propriétés médicales de ce mollusque, etc. *Paris, chez l'éditeur*, 1828, in-16, avec une fig. color., cart Bradel, tête dor., non rog.

278. **Cochin** (Ch.-N.). Voyage d'Italie, ou recueil de notes sur les ouvrages de peinture et de sculpture, qu'on voit

dans les principales villes d'Italie, par Cochin, graveur du roi. *Paris, Jombert*, 1758, 3 tom. en 1 vol. in-12, v. marbr., dos orné. (*Rel. anc.*).

279. **COEFFURES** (*sic*). Recueil de 12 planches coloriées de coiffures de Dames. *A Paris, chez Esnauts et Rapilly, s. d.* (1784), in-32, mar. rouge, dos orné, milieux avec corbeille de fleurs et de fruits, tr. dor., pl. mont. sur onglets. (*Rel. anc., remboitage*).

280. **Cohen** (H.). Guide de l'amateur de Livres à vignettes (et à figures) du XVIIIe siècle, 4e édit., revue, corrigée et enrichie de près du double d'articles, de toutes les additions de M. Ch. Mehl, et donnant le texte de la 2e édit. intégralement rétabli. *Paris, P. Rouquette*, 1880, gr. in-8 à 2 col., pap. de Holl., br., couv.

280 *bis*. — *Le même* ouvrage, 5e édition, revue, corrigée et considérablement augmentée, par le baron Roger Portalis. *Paris, P. Rouquette*, 1886, gr. in-8 à 2 col., pap. de Holl., cart. Bradel, tête dor , non rog.

281. **Coligny** (Charles). La Chanson française. Histoire de la Chanson et du Caveau, contenant l'historique des principales sociétés chantantes et des biographies de chansonniers. Ornée de 90 portraits par Pierre Petit, des membres du Caveau et de la Lice Chansonnière. Précédée d'une étude sur Charles Coligny par Alfred Leconte et suivie d'une notice sur les Félibres par Sylvain St-Etienne. *Paris, Michel Lévy*, 1876, in-4, cart. Bradel, dos percaline, tète dor., non rogné.

282. **Collection** de 350 gravures. Dessins de Philippoteaux etc., pour l'Histoire du Consulat et de l'Empire, par A. Thiers. *Paris, Lheureux et Cie*, 1870, gr. in-8, en feuilles dans un carton.

L'un des 50 exemplaires tirés sur papier de Chine volant.

283. **COLLECTION GAY**, 1861-1866, 63 vol. pet. in-12, cart. Bradel, tête jasp., non rog.

La Tragédie de Pasiphaé, par le Sr Théophile. — Aventures de l'abbé de Choisy habillé en femme. — L'Escole de l'interest et l'université d'amour. — Le Lion d'Angélie. — Vie et actes triumphans de Catharine des bas-souhaiz. — Histoire sur les Troubles advenus en la ville de Tolose en l'an 1562. — Le Parangon des nouvelles honnestes et delectables. — Livret de Folastries à Ianot parisien. — Recueil des Chansons du Savoyard. — Le Jardin des Roses de la Vallée des larmes. — Le premier livre du Labyrinthe d'Amour. — La Caribarye des Artisans. — La Récréation et les passetemps des tristes. — Le Livre de Mathéolus, 2 vol — La Fleur de Poésie françoyse. — Le Thrésor des joyeuses inventions du Paragon des poésies. — Grandes et récréatives pronostications, pour ceste présente année 08145000470. — Le Banquet des Muses. — Les neuf Matinées du seigneur de Cholières. — Les Muses gaillardes. — Fragmentum Petronii, texte latin, traduct. française et notes, par Jos. Marchena. — Les Délices ou Discours joyeux et récréatifs, par Verboquet le Généreux. — La Louange des Femmes. — *De la Beauté*, discours divers, par Gabriel de Minut. — Le Désert des Muses. — La Nouvelle d'un Révérend Père en Dieu, comme il ressuscita de mort, à vie. — Les privilèges du Cocuage. — Priapées de Maynard. — Les Fanfares et Corvées abbadesques des Roule-Bontemps. — Chansons folastres et Prologues, des Comédiens françoys, 2 vol. — La Guerre des masles contre les femelles. — Satyre Ménippée, etc., par Th. Sonnet, sieur de Courval. — Les Fantaisies de Bruscambille. — Polissonniana, ou Recueil de Turlupinades. — Le Sandrin, ou Verd galand. — Tragœdie nouvelle, dicte le Petit Razoir des ornemens mondains. — L'Espadon satyrique, par le sieur d'Esternod. — Les nouvelles et plaisantes Imaginations de Bruscambille. — Le Parnasse des Muses, ou Recueil des plus belles Chansons à danser. — Les Touches du seigneur des Accords, 2 vol. — De Tribus Impostoribus. — L'Infortune des Filles de joye. — *L'Heure du Berger, roman de Cl. Le petit.* — La Papesse Jeanne. — Voyage de Piron à Beaune. — Plaidoyer de M. Freydier, contre l'introduction de Cadenas, ou Ceintures de Chasteté. — Le Jeu des Eschecz, traduct. en vers français du poëme latin de Vida de Ludo Scacchorum, par M. D. C. — Le Jeu des Eschecz, trad. en vers français, par Vasquin Philieul. — Le premier acte du Synode nocturne. — Œuvres poétiques de François de Maynard. — Sept petites Nouvelles de Pierre Arétin. — — L'Occasion perdue recouverte, par P. Corneille. — Les Amours folastres et récréatives du Filou et de Robinette — Les Bigarrures du seigneur des Accords, avec les Apophthegmes du Sieur Gaulard et les escraignes dijonnoises, 3 vol. — Le Nouveau Parnasse satyrique. — Le premier livre de la Muse folastre. — Le second tome du Parnasse des Chansons à danser. — Curiosités des Parlements de France d'après leurs registres, par Ch. Desmaze (br.).

284. **Collin de Plancy**. Dictionnaire infernal, ou Bibliothèque universelle, sur les Etres, les Personnages, les Livres, les Faits et les Choses, 2e édit., entièrement refondue, ornée de figures. *Paris, Mongie.* 1825-26, 4 vol. in-8, demi-rel. v. f.

285. **Colonna**. Le Songe de Poliphile, ou Hypnérotomachie de frère Francesco Colonna, littéralement traduit pour la première fois avec une introduction et des notes, par Claudius Popelin, figures sur bois gravées à nouveau par A. Prunaire. *Paris, Liseux*, 1883, 2 vol. in-8, pap. de Holl., br., couv.

Tiré à 410 exemplaires numérotés (n° 410).

286. **COMMINES**. Les Mémoires de messire Philippe de Commines, S^r d'Argenton. Dernière édition. *A Leide, chez les Elzéviers*, 1648, pet. in-12, titre gr., mar. bl., dos orné, fil., dent. int., tr. dor. (*Reymann*).

Willems n° 634. — Haut. 128 mill. 1/2.

287. **Comte** (Aug.) Cours de Philosophie positive, 2e édit., augmentée d'une préface par E. Littré, et d'une Table alphabétique des matières. *Paris, J.-B. Baillière*, 1864-1869, 6 vol. in-8, br. (*Hommage de la Veuve de l'auteur*).

288. **Condé**. Vie politique et privée de Louis-Joseph de Condé, prince du sang. *A Chantilly, et se trouve à Paris, chez tous les marchands de nouveautés*, 1790, in-8, portr., mar. rouge jans., dent. int., tr. dor.

289. **Conférence** agréable de deux Païsans de Saint-Ouen et de Montmorency, sur les affaires du tems. Réduit en sept Discours, dressée exprès pour divertir les esprits mélancoliques. *A Troyes, chez la Veuve Oudot et Jean Oudot*, 1728, in-8, vign. sur le titre, rel. dos de v. f. plats en mar. rouge, 3 fil., dent. int., tr. peig. (*Remboitage aux armes de Marie-Josèphe de Saxe, mère de Louis XVI*)

290. **Congrès** international des Américanistes. Compte-rendu de la première session. Nancy, 1875, *Nancy, Crépin-Leblond*, 1875, 2 vol. in-8, br. n. c., pl.

291. **Congrès** international des Orientalistes. Compte-rendu de la première session. *Paris*, 1873, avec planches et figures intercalées dans le texte. *Paris, Maisonneuve et Cie*, 1874-76, 2 vol. in-8, pap. de Holl., br. et cart., non rog.

292. **Contes** en vers, imités du Moyen de Parvenir, par Autreau, Dorat, Grécourt, La Fontaine, B. de La Monnoye, Plancher de Valcour, Regnier, Vergier, etc., avec les Imitations de M. le Comte de Chevigné et celles d'Epiphane Sidredoulx, pub. par un membre de la Société des Bibliophiles gaulois. *Paris. L. Willem*, 1874, pet. in-8, pap. vergé, vignettes en têtes de page, demi-rel. dos et coins de mar. La Vall., dos orné, fil., tête dor., non rog. (*Belz-Niédrée*).

Tiré à petit nombre aux frais et pour le compte des souscripteurs, n'a pas été mis dans le commerce.

293. **Contes Gaillards** et Nouvelles Parisiennes, illustrations par A. Ferdinandus, Le Natur, Courboin, Rochegrosse, Marius Perret, Jeanniot, R. V. Meunier, Japhet, Henriot et Elzingre. *Paris, Rouveyre et Blond*, 1882-1884, 12 vol. in-12, demi-rel. dos et coins de mar. vert, dos orné mosaïque de mar. rouge, tête dor., non rog., couv. (*Champs*).

Collection complète.
Un des rares exemplaires, tirés sur papier du Japon.

294. ℭ **LES CONTROVERSES** des Se | xes mascvlin et Femenin. | ℭ *Auecq Priuiliege* (sic) *du Roy*. A la fin :

¶ Dedans Tholose : imprime entierement
Est il ce liure : sachez nouuellement
Par Maistre Jacques : Colomies surnomme
Maistre imprimeur : Libraire bien fame
Lequel se tient ; et demeure deuant
Les Saturnines : Nonains deuot conuent
Lan Milccccc. trente et quattre a bon compte
Du Moys Januier. xxx. sans mescompte.

In-4, goth.. fig. sur bois, mar. citron, comp. de mosaïque de mar. rouge, vert, noir et brun, tr. dor., étui. (*E. Niedrée*).

Edition originale.
Le volume comprend 24 ff. prél. pour le titre gravé sur bois, le privilège au v°, l'*épistre de l'autheur à Monsieur Maistre Pierre Du Faur, maistre des requestes*, une épître de *Guillaume de la Perriere Tolosain / a* GRATIAN DU PONT *Escuyer Seigneur de Drusac, Lieutenant laye en la Senechaulcée de Tolose Autheur du present livre*, deux épîtres à l'auteur de *Bernard Destopinhan*, et de *Estienne de Vignalz*, un rondeau de *François*

Cheuallier, la *Table* et la table des *Auteurs par lesquels est conferme le dire de Lautheur*; on trouve dans cette liste : *Bouchet aulx épitaphes des Roys*, *Le Champion des Dames*, *le Romant de la Rose*, *Merlin*, *Célestine*, *Chicheface* (cette mention a servi à M. de Montaiglon, pour appuyer son soupçon de l'existence de *Chicheface*, faisant pendant aux *dictz de Bigorne*, [voir *Poésies françoises*, II. 197]. Ce livret était alors inconnu, un exemplaire unique a été découvert depuis, il fait partie de la bibliothèque de M. le baron James de Rothschild), *les Secretz et loix de mariage* (de Jehan Divry), *les Abus du monde* (de Gringore), *le Debat de l'homme et de la femme* (de frère Guillaume Alexis), *les Sept sages de Romme*, *les quinze Joyes de mariage*, *la Malice des femmes*, *les cent Nouvelles de maistre Jehan Boccace*, *Matheolus*, *Alain Chartier*, *Trop tost marie*.

Les 4 derniers ff. prél. contiennent une *épitre aux lecteurs*, l'*errata*, un rondeau de *Claude de Vesc*, et une *épître aux dames*.

Le *Livre premier*, occupe les ff. 1 à 26, et contient 2 fig. sur bois de la grandeur de la page.

Le *Livre segond*, comprend 1 f. non chiffr. pour une fig. sur bois de la grandeur de la page et les ff. 27 à 128, le f. 33 a été omis dans la pagination: ce livre est illustré de 1 grande fig. et de 16 figures plus petites gravées sur bois.

Le *Livre tiers*, comprend les ff. 129 à 179; il est illustré d'une fig. sur bois (qui se trouve répétée du livre premier). A la fin se trouve un f. séparé dont le r° est blanc et dont le v° contient la marque de *Jacques Colomies* (Brunet, II, 251), et au-dessous la souscription ci-dessus.

Gratien du Pont nous apprend lui-même le double but qu'il s'est proposé dans son ouvrage; le premier de donner aux jeunes gens *qui désirent apprendre de composer*, des modèles, et exemples de toutes sortes de rimes, le second de dévoiler le caractère des mauvaises femmes, leurs tours, les piéges qu'elles tendent, etc.

Pour remplir sa tâche, il entasse ballades de divers genres, lais, rondeaux, et emploie les rimes bizarres anciennes connues sous le nom de batelée, rétrograde, équivoque, etc. Il donne du reste la règle de ces différents genres dans son livre intitulé : *L'art et science de rhétorique*, Toulouse, 1589.

L'auteur suppose, en outre, qu'il a à défendre le sexe masculin contre le sexe féminin, dans le premier livre il s'attaque aux femmes, il va jusqu'à douter qu'elles aient été créées comme l'homme à l'image de Dieu; dans le second, il examine si l'on doit se marier et ne le conseille pas; enfin dans le troisième, il donne l'histoire des célèbres méchantes femmes, et on y trouve un chapitre consacré à l'histoire de la Papesse Jeanne.

La publication de cet ouvrage fit entamer à notre auteur une guerre ouverte avec les femmes, et il s'en plaint au commencement de son second livre.

Gratien du Pont était lieutenant du sénéchal de Toulouse; on parle de lui dans l'ouvrage de Billon, *le Fort inexpugnable de l'honneur du sexe Feminin*, 1555, on lit f. 18 v° « *Et quant à l'autre de noz Capitaines de mespris, c'est un homme Drusac... lequel a compose et mys en vente* (*ô le bel œuure*) *le liure de la Controuerse du sexe masculin et Femenin tout semé de venimeuses ronces et mesdisantes picques Dames, affin que le congnoissiez il étoit de Robbe courte ce lieutenant de sagesse plus courte et d'une peau de malauysé insques aux piedz vetu.* »

Parmi ceux qui prirent la défense de la plus belle moitié du genre humain, contre laquelle Gratien du Pont lançait ses invectives, on doit compter Dolet qui composa contre lui plusieurs épigrammes latines.

Cette belle conduite eut sa récompense, elle attira à Dolet l'attachement des plus belles dames de Toulouse (Voir BOULMIER, *Estienne Dolet*, 55).
Très bel exemplaire, grand de marges, dans une riche reliure, provenant de la bibliothèque de ROB.-S. TURNER (Cat., n° 285). La reliure a figuré à l'exposition de 1855.

295. **Cooper** (F.). Œuvres, traduction française de M. P. Louisy. Dessins de M. Andriolli, gravures de M. J. Huyot. *Paris, F.-Didot et Cie*, 1884-86, 4 vol. gr. in-8, cart. toile r., fers spéciaux. tr. dor. (*Cart. de l'éditeur*).

Le dernier des Mohicans. — Les Pionniers. — La Prairie. — L'espion.

296. **Coppée** (F.). Poésies (1864-1869). Les Reliquaires. — Intimités, — Poêmes modernes. — La Grève des Forgerons. *Paris, Lemerre*, 1870, pet. in-12, pap. teinté, portr. à l'eau-forte par Rajon, demi-rel. mar. bl., dos orné, fil., tête dor., non rog., couv.

297. **Cornazano** (A.). Proverbii di messor Antonio Cornazano in facetie. *Parigi, dai torchi di P. Didot il magg.*, 1812, in-12, demi-rel., dos et coins de mar. bl. à long grain, dos orné. non rog. (*Thouvenin*).

Exemplaire sur papier bleu, provenant de la Bibliothèque de Cicongne avec son *ex-libris*.
Quelques transpositions.

298. **Corneille** (P.). Œuvres, nouv. édit., revue sur les plus anciennes impressions et les autographes, et augmentée de morceaux inédits, de variantes, de notices, de notes, d'un lexique des mots et locutions remarquables, etc., par Ch. Marty-Laveaux. *Paris, Hachette et Cie*, 1862, 12 vol. in-8 et Album, cart. Bradel, tête dor., non rog.

De la Collection des Grands Ecrivains de la France.

299. **Correspondance** historique, philosophique et critique entre Ariste, Lisandre et quelques autres amis, pour servir de réponse aux Lettres juives (par Aubert de La Chenaye-Desbois). *La Haye, Ant. van Dole*, 1737-1738, 3 tom. en 2 vol. in-12, v. f., dos orné, tr. rouge. (*Rel. anc*).

Exemplaire provenant de la bibliothèque de Lavoisier, de l'Académie royale des Sciences avec son *ex-libris*.

300. **CORROZET** (Gilles). *Parisien.* Les Antiquitez, chroniques et singularitez de Paris, ville capitalle du Royaume de France, avec les fondations et bastiments des lieux ; les Sepulchres et Epitaphes des princes, princesses, et autres personnes illustres. *Paris Nic. Bonfons*, 1586. — Les antiquitez et singularitez de Paris, livre second : de la Sépulture des roys et roynes de France, princes, princesses et autres personnes illustres, représentez par figures ainsi qu'ils se voyent encores à presēt es eglises ou ils sōt inhumez, recueillis par Iean Rabel, M. paintre. *Paris, Nic. Bonfons*, 1588. — Ens. 2 part. en 1 vol. pet. in-8, avec fig. sur bois, mar. rouge jans., dent. int., tr. dor. *(Chambolle-Duru)*.

Bel exemplaire d'un ouvrage rare et recherché.

301. **Costumes Suisses**. Recueil de 39 planches coloriées, lith. de Delpech, in-4, en feuilles.

302. **Courier** (P. L.). Œuvres complètes. Nouvelle édition augmentée d'un grand nombre de morceaux inédits, précédée d'un essai sur la vie et les écrits de l'auteur par Armand Carrel. *Paris, Firmin-Didot*, 1874, gr. in-8. portrait, cart. Bradel, tête dor., non rog.

303. **Courrier burlesque** (le) de la guerre de Paris, envoyé à Monseigneur le prince de Condé, pour divertir son Altesse durant sa prison. Ensemble tout ce qui se passa jusques au retour de leurs Majestez. *Jouxte la copie imprimée à Anvers, et se vend à Paris, au Palais*, 1650. 2 part. en 1 vol. in-4, mar. bleu, fil. à fr., dent int., tr. dor. (*Eenahes*).

Dans le même volume : Le Courrier burlesque de la guerre de Bordeaux, 1650, pièce libre. — Le Triomphe du faquinissime cardinal Mazarin, hymne. — Harangue faite à Mgr le premier Président, sur son nom historique, pour le soulagement des Peuples. — La Pénitence du prince de Condé, etc. — L'accueil fait à Son Eminence par les Bordelais, 1650.

304. **Courtisanes** (les) du second Empire. — Marguerite Bellanger. — Ces Dames de l'entourage (la Duchesse

Eglé). *Bruxelles*, 1871, 2 part. en 1 vol. in-8, demi-rel. mar. citron, fil., tête dor., éb.

Edition de luxe avec lettres autographes en fac-simile.

305. **COUSIN** (Ch.). Voyage dans un grenier. Bouquins, faïences, autographes et bibelots, par Charles C... (Cousin). *Paris, D. Morgand et Ch. Fatout*, 1878, in-4, fig., en feuilles.

Exemplaire choisi sur papier Whatman pour Charles Cousin, par ses amis de l'Imprimerie Danel, avec leurs signatures autographes. *Lille*, 1er mai 1878.

306. **Cousin** (Ch.). Voyage dans un Grenier. Bouquins, faïences, autographes et bibelots, par Charles C... *Paris, D. Morgand et Ch. Fatout*, 1878, pet. in-fol., fig., demi-rel., dos et coins de mar. gren., dos orné, fil., tête dor., non rog. (*Bertrand*).

L'un des 50 exemplaires — tirés sur papier fort du Japon (n° 18), avec trois états des eaux-fortes.

307. **COUSIN** (Charles). Racontars illustrés d'un vieux collectionneur. Bouquins, tableaux, dessins, faïences, autographes et bibelots. *Paris, librairie de l'art*, 1887, gr. in-4, demi-rel. maroq. rouge, non rog., couv.

Dessins de Félix Régamey, Chromotypies de David Weber gravées par Charles Manso. Eaux-fortes d'Abot et de Cattelain. Photogravures de Paul Dujardin. Clichés de Fernique. — Exemplaire sur papier du Japon.

308. **Cousin** (Recueil des Œuvres choisies de Jean), peinture, sculpture, vitraux, miniatures, gravures à l'eau-forte et sur bois, reproduites en fac-simile par MM. Adam et St. Pilinski, Aug. Racinet, Lemaire, Durand et Dujardin (41 planches, dont 4 en couleurs), et pub. avec une Introduction, par A.-F.-Didot. *Paris, F.-Didot et Cie*, 1873, in-fol. en carton.

309. **Crébillon** fils. Collection complète des Œuvres de M. de Crébillon le fils. *Londres* (*Francfort, Varrentrapp*), 1779, 7 vol. in-12, v. marb., dos orné, tr. marb. (*Rel. anc.*).

310. **Creissels** (Aug.). Les Tendresses Viriles, Sonnets. *Paris*, *Dentu*, 1876, pét. in-8, cart., dos de mar. La Vall., dos orné, fil., tête dor., non rog.

Édition originale, avec la couverture.

Exemplaire sur papier de Chine, avec envoi autographe signé de l'auteur.

311. **Curel** (L. de). Manuel du Chasseur au Chien d'arrêt, suivi de la Loi sur la Chasse, 3e édit., revue, augmentée et ornée d'une jolie gravure à l'eau-forte. *Paris*, *Dentu*, 1861, in-12, br., couv. illust.

312. **Dance** (*sic*) AUX AVEUGLES (la) (de Pierre Michault), et autres poésies du XVe siècle, extraites de la Bibliothèque des ducs de Bourgogne (par Lambert Douxfils). *Lille*, *A. Jos. Panckoucke*, 1748, in-12, demi-rel. mar. r., tête dor., non rog.

313. **Dante**. L'Enfer, mis en vieux langage françois et en vers, accompagné du texte italien, et contenant des notes et un glossaire, par E. Littré. *Paris*, *Hachette et Cie*, 1879, in-12, mar. brun jans., dent. int., tête dor., non rog., couv.

Exemplaire tiré sur papier de Hollande, réservé et imprimé pour M. Cousin, avec envoi et lettre autographes signés de E. Littré.

314. **Dantier** (Alphonse). Les Femmes dans la Société chrétienne. Ouvrage illustré de 4 photogravures et 200 gravures sur bois d'après les monuments de l'Art. *Paris*, *Firmin-Didot*, 1879, 2 vol. gr. in-8, demi-rel. mar. rouge, plats toile, dos et plats richement ornés, fers spéciaux, tr. dor. (*Rel. de l'éditeur*).

315. **Danton**. Œuvres, recueillies et annotées, par A. Vermorel. *Paris*, *Cournol*, *s. d*, in-12, cart. Bradel, tête jasp., non rog.

316. **Daudet** (A.). La Défense de Tarascon, illustré de 16 aquarelles d'après Draner. *Paris*, *L. Conquet*, 1886, in-16, cart., dos et coins de mar. bl., non rog., couv.

Tiré à 300 exemplaires sur papier du Japon et non mis dans le commerce.

Exemplaire contenant 2 états des illustrations (dont le tirage à part en noir).

317. **Davidis.** Psalterium Davidis, ad exemplar Vaticanum anni 1592. *Lugduni. apud Joh. et Dan. Elzévirios,* 1653, pet. in-12, titre gr., mar. vert foncé, dent. int., tr. dor. (*Bauzonnet-Trautz*).

Willems n° 733. — Haut. 134 mill.
Exemplaire provenant de la Bibliothèque du MARQUIS DE GANAY, avec ses armes au dos et aux angles des plats,(*vendu 560 francs.*)

318. **Décoration** (La) polychrome d'après les étoffes anciennes. Cent planches en couleur,or et argent contenant les plus beaux motifs de tous les styles, art ancien et asiatique, moyen-âge, renaissance, XVII° et XVIII° siècle. Recueil historique et pratique publié sous la direction de Bachelin-Deflorenne, avec des notes explicatives et une introduction générale par Dupont-Auberville. Dessins de Kreutzberger, Régamey, etc. *Paris, s. d.*, in-fol. Cart., dos et coins de percaline rouge, tête dor., non rog. *Cœurdevey-Thouvenin, rel.*).

319. **Delacroix** (Eugène). L'Œuvre complet de Eugène Delacroix, peintures, dessins, gravures, lithographies, catalogué et reproduit par Alfred Robaut, commenté par Ernest Chesneau. Ouvrage publié avec la collaboration de Fernand Calmettes. *Paris, Charavay frères*, 1885, in-4, texte encadré de fil. rouge, demi-rel. maroq. vert, non rog.

2 portraits et nombreuses figures grav. sur bois dans le texte.

320. **Delaroa.** Le Parfait préfet. Silhouette de haute administration. *Haussmanville, Imprimerie des VII*, 1856, in-4, lithographies, cart. en vél. bl., n. rog.

Réimpression fac simile à quelques exemplaires, de l'édition originale.

321. **Delattre** (Aug.). Eau-forte, pointe sèche et vernis mou. Préface de Castagnary, lettre de F. Rops, gravures inédites par F. Rops, H. Somm, A. Point et Delatre. *Paris, Lanier*, 1887, in-4, en feuilles, couv.

Exemplaire sur papier du Japon, avec les planches en différents états. Envoi autographe signé de l'auteur.

322. **Delepierre** (O.). Analyse des travaux de la Société des travaux de la Société des Philobiblon de Londres. *Paris, Hetzel,* 1862, in-12, in-8, pap, vergé cart. dos de bas. olive, tête dor., non rog. (*Cart. anglais*).

323. **Delepierre** (O.). Macaronéana, ou mélanges de littérature macaronique des différents peuples de l'Europe. *Brighton, Gancia,* 1852, in-8, demi-rel. chag. r., tête dor., non rog.

324. **Délices des Césars,** d'après une suite de Pierres gravées sous leur règne. *A Caprées, chez Sabellus, s. d.,* in-4, de 50 pl., cart., dos de mar. br., fil., tête dor., pl., mont. sur onglets.

325. **Delvau** (A.). Dictionnaire ér***** moderne, par un professeur de langue verte (Alfred Delvau). *Freetown, imprimerie de la Bibliomaniac société* (*Bruxelles, J. Gay*), 1874, pet. in-12, pap. de Holl., front. à l'eau-forte de F. Rops, demi-rel. mar. viol., tête dor., non rog.

Tiré à 250 exemplaires numérotés (nº 152).

326. **Delvau** (A.). Le Fumier d'Ennius, avec une eau-forte de Léop. Flameng. *Paris, A. Faure,* 1865, in-12, br.

Édition originale, avec la couverture.

327. **Delvau** (A.). Henry Murger et la Bohème. Eau-forte par G. Staal. *Paris, Bachelin-Deflorenne,* 1866, in-16, pap. vergé, cart. Bradel, tête dor., non rog., couv.

328. **Delvau** (A.). Histoire anecdotique des Barrières de Paris, avec 10 eaux-fortes par Em. Thérond. *Paris, Dentu,* 1865, in-12, cart. Bradel, tête dor., non rog.

Édition originale, avec la couverture.

329. **Delvau** (Alfred). Histoire anecdotique des Cafés et Cabarets de Paris. *Paris, Dentu,* 1862, in-12, demi-rel. maroq. rouge, fil., tête dor., non rog.

Avec dessins et eaux-fortes de Gustave Courbet, Léopold Flameng et Félicien Rops.

330. **Delvau** (A.). Les Livres du Jour. Physionomies Parisiennes. *Paris*, *Dentu*, 1867, in-12, cart. Bradel, tête dor., non rog.

Édition originale, avec la couverture.

331. **Delvau** (A.) Mémoires d'une honnéte fille, avec le portrait de l'auteur par G. Stall. *Paris*, *A. Faure*, 1866, in-12, cart. Bradel, tète jasp., non rog.

332. **DELVAU** (Alfred). Son dernier carnet de poche, in-12, cart., dans un étui de mar. rouge, à son chiffre.

Manuscrit autographe de 28 pages. Notes prises au jour le jour sur divers personnages très connus.

Voir au sujet de ce volume les *Racontars illustrés* et le Catalogue de la Collection Ch. Cousin. 1891, n° 400.

333. **Dehaisnes** (Le Chanoine). Documents et extraits divers concernant l'histoire de l'art dans la Flandre, l'Artois et le Hainaut avant le XVe siècle. *Lille*, *L. Quarré*, 1886, 3 vol. gr. in-4, demi-rel. maroq. La Vallière, têtes d'or. non rog. Couvertures imprimées.

Nombreuses illustrations.
Exemplaire sur papier teinté.

334. **Demmin** (Aug.) Guide de l'Amateur de Faïences et Porcelaines, poteries, terres cuites, peinture sur lave, émaux, pierres précieuses artificielles, vitraux et verreries, 3° édit. accompagnée de 160 reproductions de poteries, de 1800 marques et monogrammes dans le texte et de trois tables, dont deux de monogrammes avec le portrait de l'auteur. *Paris*, *Vve Renouard*, 1867, 2 vol. in-12, cart. perc., non rog. (*Laureaux*).

335. **Demoustier** (C. A.) Lettres à Emilie sur la Mythologie. *Paris*, *Renouard*, *an IX*. — 1801, 6 parties en 3 vol. in-8, fig., v. porph., dos ornés, fil., dent. int., tr, dor. (*Rel. de l'époque*).

1 portrait par Gaucher et 36 figures de Monnet, gravées par Audouin et Gaucher.

336. **Derode** (V.) Histoire de Lille. Chapitres complémen-

taires, suivis de Souvenirs Lillois. *Lille, Leleu*, 1877, in-8, portr., cart. Bradel, tête jasp., non rog., couv.

L'un des 20 exemplaires tirés sur papier vergé, auquel on a joint une lettre autographe de l'éditeur.

337. **Derôme** (L.) Causeries d'un ami des livres. Les Editions originales des Romantiques. *Paris, Rouveyre*, 1886-87, 2 tomes en 12 fasc. in-8, pap. vergé de Holl., br., couv.

338. **Derôme** (L.) Les Editions originales des Romantiques, par L. Derôme. *Paris, Rouveyre, s. d.*, 2 vol. gr. in-8, demi-rel. dos et coins de mar. gren. dos orné, fil., tête dor., n. rog., couv. (*Champs*).

Exemplaire sur papier vergé de Hollande, offert par l'éditeur à M. Champfleury.

339, **Desbarrolles** (Ad.) Les Mystères de la Main révélés et expliqués, etc., 6e édit., revue, corrigée et augmentée d'explications physiologiques. *Paris, s. d.*, in-12, fig. dans le texte, cart. perc., non rog. (*Behrends*).

Exemplaire avec envoi autographe de l'auteur.

340. **Descartes**. Œuvres philosophiques, publiés d'après les textes originaux, avec notices, sommaires et éclaircissemens, par Ad. Garnier. *Paris, Hachette*, 1835, 4 vol. in-8, demi-rel. chag. bl., dos orné, non rog.

341. **Descaves** (L.) Une vieille Rate, portrait en taille douce, par A. Descaves. *Bruxelles, Kistemaeckers*, 1883, in-32, cart. Bradel, tête dor., non rog.

Edition originale, avec la couverture.
Exemplaire tiré sur papier de Hollande.

342. **Dessins et Modèles.** Les Arts du feu (Céramique — Verrerie — Emaillerie). Notice par M. T. de Wyzewa. Album comprenant 223 gravures. *Paris, Rouam, s. d.*, gr. in-8, cart. (*Cart. de l'éditeur*).

343. **Deyeux**. Le Vieux Chasseur, dessins par H. Sharles, grav. par Baulant (*Paris, impr. Plon*) *s. d.*. in-16, demi-rel. dos et coins de chag. r., non rog.

344. **Diane** (Le Livre d'Or de la Comtesse), préface de Gaston Bergeret. *Paris, Ollendorff*, 1889, in-16 carré, titre r. et n., texte encadré de fil. r., mar. orange jans., dent. int., tête dor. non rog., couv.

L'un des 30 exemplaires tirés sur papier de Hollande, auquel on a ajouté deux lettres autographes de l'auteur.

345. **Diane** (Comtesse). Maximes de la vie, préface par Sully-Prud'homme. *Paris, Ollendorf* 1883, in-32, pap. vél., titre r. et n., texte encadré de fil. r., mar. rose jans., doublé et gardes moire blanche, mors de mar. grenat, tr. dor.

Exemplaire auquel on a joint une lettre autographe de l'auteur.

346. **Dibdin** (Rev. Th. Frognall). Voyage bibliographique, archéologique et pittoresque en France, trad. de l'anglais, avec des notes, par Théod. Licquet. *Paris, Crapelet*, 1825, 4 vol. in-8, carte, fig. et fac-simile, demi-rel. v. vert, dos orné.

347. **Dictionnaire** de la Conversation et de la lecture, inventaire raisonné des notions générales les plus indispensables à tous, par une Société de Savants et de Gens de lettres, sous la direction de M. W. Duckett, 2e édit., entièrement refondue, etc. *Paris, F.-Didot et Cie*, 1872-1882, 21 vol. y compris le Supplément, gr. in-8 à 2 col., br. (*Broch. fatiguée*).

348. **Dictionnaire** géographique et administratif de la France et de ses colonies, avec gravures, plans et cartes dans le texte, et la carte de chaque département tirée en couleurs hors texte. Publié sous la direction de Paul Joanne. (Livrais. 1 à 80). *Paris, Hachette et Cie*, 1888-1894, in-4 à 3 col.

349. **Diderot.** Le Neveu de Rameau, dialogue. Ouvrage posthume et inédit. *Paris, Delaunay*, 1821, in-8, portr., br.

Edition originale.

350. **Didot** (A.-F.) Alde Manuce et l'Hellénisme à Venise,

orné de 4 portraits et d'un fac-simile. *Paris*, *F.-Didot*, 1875, in-8, cart. Bradel, tête dor., non rog.

Exemplaire avec envoi autographe signé de l'auteur.

351. **Didot** (A.-F.). Essai typographique et bibliographique sur l'histoire de la gravure sur bois, pour faire suite aux costumes anciens et modernes de César Vecellio. *Paris*, *F.-Didot*, 1863, in-8 à 2 col. demi-rel. mar. La Vall., tête dor., non rog., couv.

352. **Didot** (A.-F.). Essai typographique et bibliographique sur l'histoire de la Gravure sur bois, servant d'introduction aux Costumes anciens et modernes de César Vecellio. *Paris*, *F. Didot*, 1863, in-8 à 2 col., cart. toile, non rog. (*Behrends.*)

Envoi autographe signé de l'auteur.

353. **Didot** (A.-F.). Etudes sur la vie et les travaux de Jean sire de Joinville, première partie, ornée de 6 gravures en taille-douce, accompagnée d'une notice sur le mss. du sire de Joinville, par Paulin Paris.— Credo de Joinville, fac-similé d'un manuscrit unique, précédé d'une dissertation par A.-F. Didot, et suivi d'une traduction en français moderne, par le chevalier Artaud de Montor (seconde partie des études sur Joinville). *Paris*, *F.-Didot*, 1870, 2 vol. pet. in-8, fig., demi-rel. mar. r., fil., tête dor., non rog., couv.

Tirés à 500 exemplaires, dont 200 seulement destinés au commerce.

354. **Didot** (A.-F.). Etude sur Jean Cousin, suivie de notices sur Jean Leclerc et Pierre Woeiriot, orné d'un portrait inédit de Jean Cousin, de la reproduction photographique des cinq portraits peints par lui et du portrait de P. Woeiriot. *Paris*, *F.-Didot*, 1872, gr. in-8, br., couv.

Exemplaire avec envoi autographe signe de l'auteur.

355. **Didot** (A.-F.). Les Drevet (Pierre, Pierre-Imbert et Claude). Catalogue raisonné de leur œuvre, précédé d'une introduction, orné du portrait inédit de P. Drevet, d'après

H. Rigaud, gravé à l'eau-forte par P. Le Rat. *Paris, F.-Didot et Cie*, 1876, cart. Bradel, tête dor., non rog.

L'un des 60 exemplaires tirés sur papier Whatman (nº 59), avec double épreuve du portrait, avec la lettre et avant la lettre sur Chine volant.

356. **DIGHTON**. Recueil de 38 portraits charges d'Hommes politiques anglais du commencement du siècle, gravés à l'eau-forte de 1817 à 1822, par Richard Dighton, et coloriés à la main, in-fol. de 38 pl., demi-rel. bas.

Epreuves originales très rares. Recueil amusant (une figure rognée sur la marge de droite).

357. **Donnadieu** (F.). Les Précurseurs des Félibres (1800-1855). Illustrations de Paul Maurou. *Paris, Quantin*, 1888, gr. in-8, br., couv. illust.

Tiré à 500 exemplaires numérotés. Exemplaire nº 350, auquel on a joint 2 lettres autographes signées de F. Donnadieu et P Maurou.

358. **DORAT**. Fables nouvelles. *A La Haye, et se trouve à Paris, chez Delalain*, 1773, 2 tomes en 1 vol. gr in-8, fig., mar. bleu, dos orné, fil., doublé de mar. bleu, clair, fil., large dent. à petits fers avec attributs, mors de mar. bleu, doubles gardes, tête dor., non rogné (*Lortic*.)

2 frontispices portant : *Fables*, par M. Dorat, par Marillier, gravés par de Ghendt ; 1 figure de Marillier, gravée per Delaunay, qui se place dans chacun des volumes ; 1 fleuron, 99 vignettes et 99 culs-de-lampe de Marillier, gravés par Arrivet, Baquoy, Delaunay, Duflos, de Ghendt, Le Gouaz, Lebeau, Leveau, Lingée, de Longueil, Louis Legrand, Le Roy, Masquelier, Née, Ponce, Me Ponce et Simonet.

SUPERBE EXEMPLAIRE EN GRAND PAPIER entièrement non rogné.

359. **Dorat**. Lettres d'une chanoinesse de Lisbonne à Melcour, officier françois, suivies de l'Epitre intitulée : Ma Philosophie, et de quelques poésies fugitives, seconde édition. *La Haye et Paris, Delalain*, 1771, pet. in-8, front., fig., vign. et culs-de-lampe, par Eisen et Marillier, grav. par Massard et de Ghendt, v. porph., dos orné, 3 fil., tr. dor. (*Rel. anc.*)

360. **Droz** (G.). Monsieur, Madame et Bébé. Edition illustrée par Edmond Morin, et ornée d'un portrait de l'auteur en

frontispice, gravé par Léop. Flameng. *Paris, V. Havard*, 1878, gr. in-8, pap. vél., cart. dos de mar. gren., dos orné, fil., tête dor., non rog., couv.

Exemplaire de premier tirage.

361. **Drujon** (F.). Les Livres à Clef, étude de bibliographie critique et analytique pour servir à l'histoire littéraire. *Paris, Rouveyre*, 1888, 2 vol. gr. in-8, à col., demi-rel. mar. r., tête dor., non rog., couv.

362. **DUBUISSON** (P. P.). Armorial des principales Maisons et familles du Royaume, particulièrement de celles de Paris et de l'Isle de France... Ouvrage enrichi de près de quatre mille Ecussons gravés en taille-douce. *A Paris, aux dépens de l'auteur, chez Guérin et Delatour, Laurent Durand et la veuve Le Gras*, 1757, 2 vol. in-12, mar. rouge, dos fleurdelisé, fil., dent. int., tr. dor. (*Thibaron.*)

Bel exemplaire provenant de la bibliothèque Bancel.

363. **Du Camp** (Maxime). En Hollande, lettres à un ami, suivies des Catalogues des Musées, de Rotterdam, La Haye et Amsterdam. *Paris, Poulet-Malassis*, 1859, in-12, br.

Edition originale, avec la couverture.

364. **Du Cerceau** (Théâtre du Père), à l'usage des Collèges, précédé d'une notice sur cet auteur (par J.-F. Adry). *Paris, Duprat-Duverger*, 1807, 2 tom. en 1 vol. in-12, demi-rel. dos et coins de mar. bl., fil., non rogné.

Exemplaire en grand papier.

365. **Duclos**. Les Confessions du comte de ****, par M. Duclos, de l'Académie française ; 8e édition, ornée de belles gravures par les meilleurs maîtres, et augmentée de la vie de l'auteur. *Londres et Paris, Costard*, 1776, 2 part. en 1 vol. gr. in-8, maroq. bleu, dos orné à petits fers, fil., dent. intér., tr. dor.

7 figures par Desrais, grav. par Delaunay, Trière, Voysard et Mme Jeanne Deny, Lingée et Ponce. Les figures sont originales et quelques unes fort jolies.

Notes manuscrites sur le faux-titre au recto et au verso.

5

366. **Du Four.** Instruction morale d'un père à son fils qui part pour un long voyage, ou manière aisée de former un jeune homme à toutes sortes de vertus, par Sylvestre Du Four, nouvelle édition reveuë et augmentée. *Suivant la copie, à Amsterdam, chez Abrah. Wolfgang*, 1685, pet. in-12, front. gr., v. ant.

Willems nº 1930. — Haut. 132 mill.

367. **Du Laurens** (abbé H.-J.). Le Compère Mathieu, ou les Bigarrures de l'esprit humain. *Londres, aux dépens de la compagnie*, 1772, 3 vol. pet. in-8, v. marb (*Rel. anc.*)

368. **Du Lorens** (Jacq.). Satires, édition de 1646, contenant vingt-six satires, pub. par D. Jouaust, et précédée d'une notice littéraire par E. Villemin. *Paris, Jouaust*, 1869, in-16, pap. vergé, portr., demi-rel. mar. bl., tête dor., non rog., couv.

369. **Dumas fils** (Alexandre). La Dame aux Camélias. Préface de Jules Janin et nouvelle préface inédite de l'auteur. Illustrations de A. Lynch. *Paris, Quantin, s. d.*, in-4, demi-rel. dos et coins de vélin blanc, dos et coins ornés, tête dor., non rog.

Nombreuses illustrations de A. Lynch.
Exemplaire sur papier vélin.

370. **Dumas fils** (Alex.). Le Fils naturel, comédie en cinq actes dont un prologue. *Paris, Charlieu*, 1858, in-12, br.

Edition originale, avec la couverture.

371. **Dumas** (Alex.). Catalogue de tableaux anciens et modernes, aquarelles, dessins et pastels formant la collection de M. Alexandre Dumas. Vente des 12 et 13 mai 1892. *Paris*, 1892, gr. in-4, br., non rog. Couverture.

15 figures gravées à l'eau-forte.

372. **Dupont** (Pierre). L'Agiotage, satire. *Paris, chez tous les libraires. Octobre* 1845, plaq. in-8, cart. perc., non rog. (*Laureaux.*)

Edition originale avec la couverture.
Exemplaire avec envoi et lettre autographes signés de l'auteur.

373. **Dupont** (Pierre). Chants et Chansons (poésie et musique), ornés de gravures sur acier, d'après les dessins de T. Johannot, Andrieux, C. Nanteuil, Gavarni, etc. *Paris, chez l'éditeur et chez A. Houssiaux*, 1851-1854, 4 vol. pet. in-8, portr. et fig. demi-rel. mar. bl., tête dor., non rog.

374. **Duquet** (A.) Guerre de 1870-71. Paris le quatre septembre et Chatillon, 2 septembre-19 septembre. Paris, Chevilly et Bagneux, 20 septembre-20 octobre.— Paris, la Malmaison, le Bourget et le Trente et un octobre, 21 octobre-1er novembre. *Paris, Charpentier*, 1890-1893, 3 vol. in-12, avec cartes, plan et fac-similé, br., couv.

L'un des 25 exemplaires tirés sur papier de Hollande.

375. **Durer** (Alberto). Passio Christi ab Alberto Durer. Nurenburgensi effigiata. *I.A. Colom Exc. AB. Waesbergen. Excudit.*, in-4, v. f., dos orné (*Rel. anc.*)

Un titre et 33 planches.

Copie de la petite Passion d'Alb. Durer, sans lieu d'impression et sans date (vers 1680), avec le monogramme d'Albert Durer à chaque planche.

376. **Durier** (Ch.) Le Mont-Blanc, illustré de 15 gravures hors texte et de 2 cartes. *Paris, Sandoz et Fischbacher*, 1877, gr. in-8, br., couv.

377. **Dutuit** (Eug.). Manuel de l'Amateur d'Estampes.... Ouvrage enrichi de fac-similés des estampes les plus rares reproduites par l'héliogravure. *Paris, A. Lévy*, 1881-1884, 3 vol. gr. in-8 et Atlas, cart. non rog.

Tome I. Introduction générale (1re partie).— Tom. IV et V. Ecoles flamande et hollandaise. —Planches xylographiques, reproduites par le procédé A. Pilinski et fils (en feuilles dans un carton).

L'un des 100 exemplaires tirés sur papier de Hollande avec double épreuve des planches sur papier vergé et sur papier de Chine volant.

378. **Dutuit** (Auguste). Collection Auguste Dutuit, médailles et monnaies, objets divers exposés au Palais du Trocadéro en 1878. *Paris, A. Lévy*, 1879, gr. in-4, demi-rel., dos et coins de mar. bleu, dos orné, fil., tête dor., non rog.

Nombreuses figures. Envoi de l'éditeur. — Exemplaire sur grand papier de Hollande.

379. **Du Vair** (Guill.). Recueil des Harangues et Traictez du S[r] Du Vair, Pr. Pr. au parl. de Pr. *Paris, Abel L'Angelier*, 1606. — De l'Eloquence françoise, et des raisons pourquoi elle est demeurée si basse, par le Sr D. V. *Paris, Abel L'Angelier*, 1606. — Arrests sur quelques questions notables prononcez en robbe rouge au parlement de Prouence, par le Sr D. *Paris, Abel L'Angelier*, 1606, Ens. trois ouvrages en 1 vol. in-8, vél. ant. (*Qq. piqures de vers*).

380. **Duval** (Fr.). Nouveau choix de pièces de poésies (qui ont paru depuis vingt ans, fait par Fr. Duval). *A Nancy et se trouve à Paris chez Pierre Witte*, 1715, 2 part. en 1 vol. in-12, mar. bleu jans., dent. int., tr. dor. (*Hardy*).

381. **Duval** (Jacques). Traité des Hermaphrodits, parties génitales, accouchements des femmes, etc. Réimprimé sur l'édition unique (Rouen, 1612). *Paris, Liseux*, 1880, pet. in-8, pap. vergé de Holl,, cart. Bradel, tête jasp., non rog., couv.

Tiré à 400 exemplaires numérotés (n° 39).

382. **Ebers** (Georges). L'Egypte, Alexandrie et le Caire. Traduction de Gaston Maspero. *Paris, Firmin Didot*, 1880, gr. in-4, demi-rel. maroq. rouge, dos orné, plats toiles, riches ornements dorés, fers spéciaux, tr. dor. (*Engel, rel. — Reliure de l'éditeur.*)

Nombreuses et belles figures grav. sur bois.

383. **EMAUX** (les) de Petitot du Musée impérial du Louvre. Portraits de personnages historiques et de femmes célèbres du siècle de Louis XIV, gravés au burin par M. L. Céroni. *Paris, Blaisot*, 1862-1864, 2 vol. in-4, cart. toile, non rog.

Exemplaire sur papier vélin. Epreuves sur Chine avant la lettre.

384. **Emblèmes** ou Devises chrétiennes, ouvrage mêlé de prose et de vers, et enrichi de figures. *Paris, Matth. Chavance*, 1717, in-12, front. gravé et 100 fig., v. gr. ant.

385. **Encyclopédie de Famille**. Répertoire général des connaissances usuelles, publié par MM. Firmin Didot frères, avec le concours de savants, d'artistes et de gens de lettres. *Paris, F. Didot et Cie*, 1868-69, 12 vol. pet. in-8 à 2 col., br.

386. **Encyclopédie récréative** (Petite). *Paris, Pessart*, 1848-1852. 4 vol in-32, demi-rel. mar. La Vall., tête dor., non rog. (*Bousquet*).

Un Million de plaisanteries, calembours, naïvetés, jeux de mots, etc., etc. recueillis par Hilaire Le Gai. — Un Million de bêtises et de traits d'esprit, bons contes, etc., etc., recueillis par Hilaire Le Gai. — La Fleur des Proverbes français, recueillis et annotés par G. Duplessis — Petite Encyclopédie des Proverbes français, recueillis, annotés et publiés par Hilaire Le Gai.

387. **Enfant** (l'.) du B..... *A Paris*, 1800, 2 vol. in-18, fig., mar. rouge jans., dent. int., tête dor., non rog.

Ouvrage attribué à Pigault-Lebrun.
Exemplaire auquel on a ajouté un portrait de Mirabeau.

388. **Enseignement secondaire** (de l'.) en Angleterre et en Ecosse. Rapport adressé à M. le Ministre de l'Instruction publique, par MM. J. Desnogeot et H. Montucci. *Paris, imprimerie impériale*, 1868, 1 fort vol. gr. in-8, br., couv.

389. **Erasme**. Eloge de la Folie, nouvellement traduit du latin, par M. de la Veaux, avec les figures de J. Holbein, gravées d'après les dessins originaux. *Basle, Thurneysen* 1780, in-8, demi-rel. mar. bl., dos orné, fil., tête dor., non rog.

390. **Erasme**. L'Eloge de la Folie, traduction nouvelle du latin par M. Barrett. ornée de 12 figures. *Paris, Defer de Maisonneuve*, 1789, in-12, v. f., dos orné, tr. r. (*Rel. anc.*)

1 frontispice et 11 figures non signées.

391. **Erasme**. Moriae Encomium, sive stultitiae laus des. Erasmi roterodami declamatis, cum commentariis Gerardi Listrii, ineditis Oswaldi Molitoris, et figuris Johan. Hol-

benii : denuo typis mandavit Guil. Gottl. Beckerus. *Basilae*, 1780, in-8, fig., demi-rel. chag. r., tête jasp., non rog.

392. **Estienne** (Henri). Conformité du langage françois avec le grec, nouv. édit., accompagnée de notes et précédée d'un essai sur la vie et les ouvrages de cet auteur, par L. Feugère. *Paris*, *Delalain*, 1853, in-12, cart. Bradel, tête jasp., non rog.

393. **Estienne** (Henri). Deux Dialogues du nouveau langage françois italianizé, et aultrement desguizé, principalement entre les courtisans de ce temps. Réimprimé sur l'édition originale et unique de l'auteur (1578). *Paris*, *Liseux*, 1883, 2 vol. pet. in-8, pap. de Holl., br., couv.

Tiré à 350 exemplaires numérotés (n° 263).

394. **Estienne** (Henri). La Précellence du langage françois, nouv. édit., accompagnée d'une étude sur Henri Estienne, et de notes philologiques et littéraires, par Léon Feugère. *Paris*, *Delalain*, 1850, in-12, cart. Bradel, tête jasp., non rog.

395. **Été à la campagne** (Un). Correspondance de deux jeunes Parisiennes, recueillie par un Auteur à la mode. *S. l.*, 1868, in-16, pap. de Holl., front. sur Chine volant, de F. Rops, mar. rouge, dos orné, large dent. à petits fers sur les pl., dent. int., tête dor., non rog. (*Petit-Simier*).

Exemplaire provenant de la Bibliothèque de Le Barbier de Tinan, avec son *ex-libris*.

396. **Ethica Naturalis** seu documenta moralia e Variis rerum Naturalium proprietatib Virtutum Vitiorumq symbolicis imaginibus collecta. A Christophoro Weigelio. *Norinbergae*, *s. d.*, in-4, mar. La Vall., dos orné, dent., tr. dor.

Belles épreuves des cent figures la plupart remarquables. Les légendes paraissent avoir été rédigées par un janséniste qui aurait eu à se plaindre du beau sexe. (Ch. C.).

397. **Etrennes** aux amis du dix-huit, ou Almanach pour l'an de grâce 1798. *A Paris*, *de l'imprimerie des Theophilan-*

tropes, à l'enseigne de Polichinel, an VII de la Rép., in-18, front. gr., cart. perc., non rog.

398. **Eudel** (Paul). Champfleury, sa vie son œuvre, ses collections. *Paris*, *Léon Sapin*, 1891, gr.in-8, portrait, br. non rog. Couverture.

Envoi autographe de l'auteur signé.
L'un des 100 exemplaires sur papier teinté (n° 17).

399. **Eudel** (P.) Constantinople, Smyrne et Athènes, journal de Voyage. Illustrations de F. Régamey et A. Giraldon. *Paris, Dentu*, 1885, in-8, pap. vél., br. couv. impr. en couleur.

L'un des 10 exemplaires tirés de format in-8. Exemplaire (n° 3) avec envoi autographe signé de l'auteur.

400. **Eudel** (Paul). L'Hôtel Drouot et la Curiosité, en 1881-1888, avec préfaces par MM. J. Claretie, A. Silvestre, Ch. Monselet, Champfleury, O. Uzanne et E. Bonnaffé. *Paris*, *Charpentier et Cie*, 1882-1889, 8 vol. in-12, portr., fig. et fac-simile, br., couv.

Exemplaire sur papier de Hollande, avec envoi autographe signé de l'auteur. — On y joint : Paul Eudel par Leon Séché. *Laval*, 1887, in-12, exemplaire sur papier du Japon.

401. **Eudel** (Paul). Les Ombres chinoises de mon père. *Paris*, *Ed. Rouveyre*, *s. d.*, gr. in-4, br. non rog. couverture illustrée.

Nombreuses figures. L'un des 20 exemplaires sur papier du Japon. (n° 15.) — Envoi d'auteur signé.

402. **Evangelia** quæ consueto more dominicis et aliis festis diebus in Ecclesia leguntur, Hervico carmine a Georgio Aemilio M. reddita, adiectis breuibus argumentis et imaginibus artificiose sculptis, etc. *Coloniae*, *anno Domini*, 1554, pet. in-8, nomb. vign. sur bois, mar. La Vall. foncé jans. dent. int., tr. dor. (*Canape-Belz*).

403. **Evangiles** (Les) de N.-S. Jésus-Christ, selon S. Mathieu, S. Marc, S. Luc, S. Jean, traduction de Le Maistre de Sacy.

Paris, J.-J. Dubochet, 1837, gr. in-8, v. bleu, ornem. à fr. et dor. sur le dos et les pl., tr. dor. (*Muller*).

Beau spécimen de reliure à la Cathédrale.
Ouvrage illustré de vignettes de Th. Fragonard, et bordures à toutes les pages, grav. sur bois
Frontispice et fig. en couleur.

404. **Eymery** (Alexis). Dictionnaire des Girouettes, ou nos Contemporains peints d'après eux-mêmes... par une Société de girouettes, 2e édit., revue, corrigée et considérablement augmentée. Ornée d'une gravure allégorique. *Paris, A. Eymery*, 1815, in-8, demi-rel. v. f,

405. **Fabii Columnæ** Lyncei minus cognitarum rariorum que nostro cœlo orientium stirpium « *ecphrosis* », etc.,etc., Item de aquatilibus aliis que nonnullis animalibus libellus, etc. A la suite : 1° Traité spécial sur la pourpre issue du coquillage : 2e La seconde partie du premier traité ; 3° Un traité des fossiles de Francisco Imperato. Le tout en langue latine. Le dernier traité a été imprimé à *Naples* en 1610, pour *Roncrioli* ; les autres, à *Rome*, pour *Mascardo*, In-4, nombreuses figures, maroq. rouge, fil., dos orné, tr. dor. (*Rel. anc.*)

Livre superbe dédié par l'auteur au Chef de sa famille, le Duc Colonna. La première partie est ornée d'un beau frontispice à ses armes (parlantes) et d'un portrait de l'auteur à l'âge de 38 ans. Les gravures représentant les plantes décrites sont d'une rare finesse. Les deux parties suivantes sont dédiées à deux Cardinaux : la seconde au Cardinal Farnèse avec frontispice à ses armes (*Ch. C*).

406. **Faivre** (B.). Une Révolution au XVIe siècle. Chroniques Messines. *Paris, Pougin*, 1835, in-8, cart. Bradel, tête jasp., non rog., couv.

407. **Farce** (La) des Quiolards, tirée d'un proverbe normand, avec introduction et dix eaux-fortes par Jules Adeline. *Rouen, E. Augé*, 1881, in-4, en feuilles dans un carton.

Texte encadré de filets et ornements rouges et noirs. L'un des 20 exemplaires sur grand papier de Hollande (n° 3), renfermant une double série d'épreuves des eaux-fortes, l'une en noir sur papier vergé, l'autre en bistre sur papier Whatman. Envoi autographe signé de J. Adeline.

408. **Favre** (de). Les Quatre Heures de la toilette des Dames, poème érotique dédié à son Altesse sérénissime Madame la princesse de Lamballe, etc., par M. de Favre, de la Société littéraire de Metz. *A Paris, chez J.-F. Bastien*, 1779, gr. in-8, fig., mar. bleu, dos orné, fil., dent. int., tr. dor. (*Chambolle-Duru*).

1 frontispice, 1 vignette, 4 figures et 4 culs-de-lampes par Leclerc, gravés par Arrivet, Halbou, Legrand, Leroy et Patas.

Bel exemplaire, relié sur brochure avec nombreux témoins, auquel on a ajouté une charmante vignette par Queverdo, *remontée*.

409. **FÉNÉLON.** Les Aventures de Télémaque, fils d'Ulysse, par feu messire François de Salignac de la Motte Fenelon, première édition conforme au manuscrit original. *A Paris, chez Florentin Delaulne*, 1717, 2 vol. in-12, fig., mar. rouge jans., doublés de mar. bleu, fil. et milieux mosaïque de mar. rouge, dent., mors de mar. rouge, doubles gardes, tr. dor. (*Chambolle-Duru*).

Edition originale, en gros caractères.

1 frontispice portrait par Bailleul, gravé par Duflos ; 1 frontispice (pour le tome II), 1 vignette et 24 figures par Bonnart, gravés par Giffard, ou non signés, et une carte géographique.

Edition donnée par le marquis de Fénelon et recherchée. C'est la première conforme au manuscrit original.

Bel exemplaire, grand de marges. Haut. 167 millim.

410. **Fénélon.** Lettre de Fénélon à Louis XIV, in-12 de 24 pp., demi-rel., dos et coins de mar. rouge, dos orné à petits fers, fil., non rog. (*Capé*).

Tirage spécial sur PEAU DE VÉLIN.

411. **Fertiault** (F.). Les Amoureux du Livre, sonnets d'un bibliophile, fantaisies, commandements du bibliophile, bibliophiliana, notes et anecdotes, préface du bibliophile Jacob (Paul Lacroix), 16 eaux-fortes de J. Chevrier. *Paris, A. Claudin*, 1877, in-8, mar. vert jans., dent. int., tr. dor. sur brochure (*Reymann*).

L'un des 20 exemplaires tirés sur papier de Chine (n° 10), avec 2 suites des eaux-fortes avant la lettre, en *noir* et en *bistre*.

412. **Feuillet** (O.). La Veuve, le Voyageur. *Paris, Calmann Lévy*, 1884, in-12, br., couv.

L'un des 50 exemplaires tirés sur papier de Hollande. — Exemplaire (nº 1) avec envoi autographe signé de l'auteur.

413. **Feuillets glanés**, poésies inédites. *Paris, Librairie de l'Art, s. d.*, in-4, figures à chaque page, cart. de l'éditeur en percaline, avec illustrations, tr. dor.

Papier impérial du Japon (nº 3 sur 10). Publication très élégante. — Poésies de Jean Aicard. — Paul Bourget. — C. Mendès. — J. Soulary. — Sully-Prudhomme, etc., etc. — *Eaux-fortes* de : A. Lalauze. — Boilvin. — Ed. Hedouin. — J. Jacquemard, etc., etc.

414. **FIELDING.** Histoire de Tom Jones, ou l'Enfant trouvé, traduction de l'anglais de M. Fielding, par M. D. L. P. (de La Place). *A Londres, chez Jean Nourse*, 1750, 4 vol. in-12, fig., mar. citron, dos orné, 3 fil., tr. dor. (*Rel. anc.*).

Edition originale. Bel exemplaire.

1 frontispice et 15 figures par Gravelot, gravées par Aveline, Cherdel, Fessard et Pasquier.

Déchirure à l'angle du bas de la page 207 du tome 3.

415. **FIÉVÉE** (J.). La Dot de Suzette, avec notice biographique inédite. Illustrations par V. Foulquier. *Paris, imprimé pour les Amis des livres, par Chamerot et Renouard*, 1892, pet. in-8, pap. vél. à la cuve, cart., dos de mar. mauve, dos orné mosaïque de mar. de diverses couleurs, tête dor., non rog., couv. (*Ruban*).

Edition tirée à 115 exemplaires (nº 3), avec le tirage à part des illustrations en deux états.

416. **Fille Elisa** (la), scène d'atelier en un acte, par un auteur bien connu, avec illustrations d'un artiste aussi renommé qu'original. *A Rome, au Temple de Vénus, s. d.*, in-12, br., couv.

Tiré à très petit nombre sur papier vergé pour les amateurs.

417. **FLAUBERT** (G.). Madame Bovary, mœurs de province. *Paris, Lemerre*, 1874, 2 vol. pet. in-12, pap. teinté, mar. rouge, fil., dent. int., tr. dor. (*Marius-Michel*).

Bel exemplaire contenant la suite des 7 eaux-fortes composées et gravées par Boilvin, en double état, dont l'*avant lettre* sur Chine volant, avec la planche de remarque.

418. **Flaubert** (G.). Salammbo. Suite de 1 portrait de Flaubert et de 4 figures dessinées et gravées à l'eau-forte par Paul Avril, in-4, en feuilles.

Epreuves tirées sur papier du Japon, non mises dans le commerce.

419. **Fléchier** (Mémoires de) sur les Grands-Jours d'Auvergne, en 1665, annotés et augmentés d'un appendice par M. Chéruel, et précédés d'une notice par Sainte-Beuve. *Paris, Hachette et Cie*, 1856, in-8, fig., cart. Bradel, tête jasp., non rog.

420. **Flitner** (Joan.). Nebulo nebulonum, hoc est joco-seria modernae nequitiae censura ; qua hominum sceleratorum fraudes, doli ac versutiae aeri, aërique exponuntur publice , carmine iambico dimetro adornata a Joanne Flitnero. *Francofurti*, 1644, pet. in-8, fig., vélin ant.

Dans le même volume : Epitaphia Ioco-Seria. Catina, gallica, italica, hispanica, lusitanica, belliga. Franciscus Swertius, antuerp. posteritati et urbanitati collegit. *Coloniae*, 1645. — Poggi Florentini Facetiarum liber, accessit lucii philosophi syri comædia lepidissima, quae Asinus intitulatur, ab ipso e Graeco in latinum traducta. *Cracoviae*, 1597. — Florilegii variorum epigrammatum liber unus. Mart. Opitius ex vetustis ac recentionibus Poëtis. *Lipsiae* 1639 — Erasmi Sartori, Belligerasmus, id est Historia belli exorti regno musico.. *Hamburgi*, 1622. — Henno Comoediola rusticoludiera, a Joanne Capnione Phorcense, U. J. D. ante centum annos scripta, et nuuc iterum publicata, Gelasimus Sticho, act. 2, scen I, v. 68 Logos ridiculos vendo, agite licemini. *Magdaeburgi*, 1614. Qq. racc. et piq. de vers.

421. **Florus.** L. Annaei Flori epitome rerum romanarum, cum integris Salmasii, Freinshemii, Graevii, et selectis aliorum animadversionibus recensuit, suasque adnotationes addidit Carolus Andreas Dukerus. *Lugduni Batavorum, Sam. Luchtmans*, 1744, gr. in-8, front. gr. par Bleswyk, d'après van der My, mar. bleu, fil., dent. int., non rogné (*Thouvenin*).

Bonne édition : à la fin du volume se trouve *Ampelius*, 39 pp.

422. **Fontaine de Resbecq** (A. de). Voyages littéraires sur les Quais de Paris, lettres à un Bibliophile de Province. *Paris, A. Durand*, 1857, in-16, pap. vél., titr. r. et n., demi-rel. chag. vert, tête dor., non rog.

423. **Fontane** (Marius). Histoire Universelle. *Paris, Lemerre*, 1881-1885, 4 vol. in-8, cartes et plans, br., couv.

Tome I. Inde Védique (de 1800 à 800 avant J.-C.) — T. II. Les Iraniens. Zoroastre (de 2500 à 800 av. J.-C.). — T. III. Les Egyptes (de 5000 à 715 av. J.-C.). — T. V. La Gréce (de 1300 à 480 av. J.-C.).

424. **Fontane** (Marius). Voyage pittoresque à l'Isthme de Suez, illustré de 25 grandes aquarelles d'après nature, par Riou, lithographiées en couleur par Eug. Ciceri. *Paris, P. Dupont et E. Lachaud (impr. Claye), s. d.*, (1870), gr. in-fol . cart. perc., fers spéciaux. (*Cart. de l'éditeur*).

Exemplaire auquel on a joint une lettre et un billet autographes de l'auteur.

425. **Fontenelle**. Nouveaux Dialogues des Morts. *Paris, Gabriel Quinet*, 1683, in-12, v. f., dos orné, fil., dent. int., tr. dor. (*Petit-Simier*)

Edition originale.

426. **Forain** (J.-L.). La Comédie Parisienne, deux cent cinquante dessins, par J.-L. Forain. *Paris, Charpentier et Fasquelle*, 1892, in-8 écu, cart. cuir japonais, tête dor., non rog., couv. (*Ruban*).

L'un des 100 exemplaires tirés sur papier de Chine (n° 83).

427. **Forain**. Nous, Vous, Eux. *Paris, Favart, s. d.*, gr. in-4, br., non rog., couv. illustrée.

L'un des 75 exemplaires sur papier de Chine (n° 27).

428. **Forain** (J.-L.). Les Temps difficiles (Panama). *Paris, G. Charpentier et E. Fasquelle*, 1893, gr. in-4, br., couv. illust. en couleurs.

L'un des 100 exemplaires sur papier de Chine n° 69.

429. **Forestié** (Ed.). Les Anciennes Faïenceries de Montauban, Ardus, Négrepelisse, Auvillar, Bressol, Beaumont, etc. (Tarn-et-Garonne). Edition revue et augmentée. *Montauban, Forestié*, 1876, in-8, pap. vergé teinté, pl., br., couv. (*Envoi autographe de l'auteur*).

430. **Fournel** (V.). Les Rues du Vieux Paris. Galerie populaire et pittoresque. Ouvrage illustré de 165 gravures sur bois. *Paris, F.-Didot et Cie*, 1879, in-8, demi-rel. chag. r., dos orné, pl. toile, tr. dor.

431. **Fournier** (Ed.). Paris, démoli, 2e édit., revue et augmentée, avec une préface par Th. Gautier. *Paris, Aubry*, 1855, demi-rel., v. f. (*Taches de rousseur*).

432. **Fourier** (Ch.). Théorie de l'Unité universelle. *Paris*, 1841-43, 2 vol. in-8, cart. Bradel, tête jasp., non rog. (*Notes marginales au crayon*).

433. **Fraipont** (G.). L'Art de composer et de peindre l'Eventail, l'Ecran, le Paravent. *Paris, H. Laurens, s. d.*, in-4, br,. non rog., couverture illustrée en couleurs.

Ouvrage orné de 16 aquarelles et 112 dessins de l'auteur.
Exemplaire sur papier vélin, contenant sur le faux-titre une CHARMANTE AQUARELLE ORIGINALE et un envoi autog. de G. FRAIPONT.

434. **Fraipont** (G.). L'Art de peindre les Marines — les Paysages – Les Fleurs — Les Natures mortes — Les Animaux — Les Figures. *Paris, H. Laurens, s. d.*, 6 fasc. in-8, avec 300 dessins inédits de l'auteur et de 6 fac-similé d'aquarelles, br., couv.

Exemplaire tiré sur papier du Japon, orné d'un DESSIN ORIGINAL au crayon de G. FRAIPONT et d'un envoi autographe, signé du même.

435. **Franciosi** (de). Trente jours par delà les Monts Pyrénéens. Feuillets de voyage. *Lille, imprimerie Danel*, 1880, in-4, pap. vergé, fig., br., couv.

Exemplaire avec envoi signé de l'auteur.

436. **Franc-Maçonnerie.** Acta Latamorum, ou Chronologie de l'Histoire de la Franche-Maçonnerie française et étrangère, etc. *Paris, Dufart*, 1815, 2 vol. in-8, front., demi-rel. bas. verte.

437. **Franc-Maçonnerie.** Collection de Rituels Maçonniques en 16 cahiers, par J.-M. Ragon. *Paris, Collignon et Teissier, s. d.*, 16 vol. et broch. in-8, br.

438. **Franc-Maçonnerie.** Histoire des Trois Grandes Loges de Francs-Maçons en France. Le Gr∴ Orient — Le Sup∴ Conseil — La Gr∴ Loge nationale, etc., par Emile Rebold. *Paris*, *Collignon*, 1864, in-8, cart. perc., non rog. (*Laureaux*).

Exemplaire avec envoi et lettre autographes du F∴ Hubert.

439. **Franc-Maçonnerie**. Histoire populaire de la Franc-Maçonnerie depuis les temps les plus reculés jusqu'à nos jours, par J. Goffin. *Spa*, 1862. pet. in-8, cart. dos de perc., non rog. (*Envoi autogr. de l'auteur*). — Histoire du Grand-Orient de France (par le F∴ Jouaust, Avocat à Rennes). *Rennes*, 1865, in-12, pl. et fac-similés d'autographes, demi-rel. — Ens. 2 vol.

440. **Franc-Maçonnerie**. Manuel général de Maçonnerie, comprenant les Sept Grades du Rit français, les trente-trois degrés du rit écossais, et les trois grades de la Maçonnerie d'adoption. Orné de planches. — Documents Maçonniques recueillis et annotés, par F. Favre. *Paris*, Teissier, 1865-66. — Ens. 2 vol. in-8, br.

441. **Franc-Maçonnerie.** The Ancient and accepted Scottish Rite. Illustrations of the Emblems of the Thirty-Three Degrees; with a short description of each as worked under the Supreme Councils of the World, by, J. T. Loth. *London*, 1879, in-4, pl. color., br. (*Envoi autographe de l'auteur*). — Manual of Freemasonry, etc., with an Explanatory Introduction to the Science, and a free translation of some of the sacred scripture names, by Richard Carlile. *London*, *s. d.*, in-12, cart., Ensemble 2 vol.

442. **Franc-Maçonnerie.** Environ 30 vol. et broch., in-4, in-8, in-12 et in-32, rel. et br.

443. **Franklin.** The Works of Dr Benjamin Franklin. *London*, Suttaby, 1809, in-16, fig. et titre grav. par Smith d'après Stothard, cart., non rog.

Exemplaire contenant un joli portrait de Franklin en 2 états, avant la lettre et avant le cadre.

444. **Fromageot.** Anecdotes de la bienfaisance, ou Annales du règne de Marie-Thérèse, impératrice douairière, reine de Hongrie et de Bohême, etc., etc. *Paris, Nyon et Laporte*, 1777, in-8, fig., v. porph., dos orné, 3 fil., tr. marb. (*Rel. anc.*)

1 portrait de Marie-Thérèse gravé par Cathelin, d'après Ducreux, 2 portraits en médaillon gravés d'après Moreau par Gaucher en tête de la Dédicace, et 4 figures par Moreau, gravées par Duclos, de Launay, Prévost et Simonet.

445. **Gallet** (L.). Patria, memento de l'année 1870-1871. Nouvelle édition avec des notes et des souvenirs inédits. *Paris, Calmann Lévy*, 1888, in-32, demi-rel. mar. vert, dos orné, fil., tête dor., non rog., couv.

Exemplaire avec envoi et lettre autographes de l'auteur, et une note manuscrite de la main de M. Ch. Cousin.

446. **Garibaldi** (G.) Les Mille. *Paris, Silvain*, 1875, in-8, br.

Edition originale, avec la couverture.
Exemplaire avec envoi et lettre autographes signés de l'auteur

447. **Garnier** (Ch.) Chanson dite au Dîner des Cinquante, le 8 février 1869. *Paris, Jouaust*, 1869, plaq. gr. in-8, pap. Whatmann, portr. à l'eau-forte par Gaucherel, cart. Bradel, tête dor., non rog.

Tiré à 300 exemplaires numérotés (n° 3).

448. **Garnier** (Rob.) Les Tragédies de Robert Garnier, conseiller du Roy... reeuës, augmentées et réimprimées de nouveau. *Saumur, Th. Porteau*, 1602, in-12, mar. rouge, dos orné, compart. de fil. avec coins dor., dent. int., tr. dor. (*Chambolle-Duru*).

449. **Garzoni** (Thomaso). L'Hospital des Fols incurables, ou sont déduites de poinct en poinct toutes les folies et les maladies d'esprit, tant des hommes que des femmes, tiré de l'italien et mis en nostre langue françoise, par François de Clarier, sieur de Longval. *Paris, François Julliot*, 1620, in-8, vél. (*Rel. anc.*)

450. **Gaudrioles** (les) du XIXe siècle. Chansons joyeuses. *Bâle, impr. de Bertal*, 1866, pet. in-12, demi-rel. dos et coins de chag. r. poli, dos orné, fil., tête dor. non rog.

Tiré à 125 exemplaires numérotés sur papier de Hollande (n° 37).

451. **Gautier** (Théo.) Celle-ci et Celle-la. Nouvelle édition. *Lucerne*, 1864, in-16. pap. de Holl., demi-rel. mar. cit., fil., tête dor. non rog.

Tiré à 200 exemplaires numérotés (n° 55).

452. **Gautier** (Théo.) Honoré de Balzac, édition revue et augmentée, avec un portrait gravé à l'eau-forte par E. Hédouin. *Paris, Poulet-Malassis*, 1859, in-12, cart. Bradel, non rog.

Exemplaire auquel on a ajouté un frontispice à l'eau-forte par Théroncl, et 2 fac-simile de lettres autographes de H. de Balzac.

453. **Gautier** (Théo.) Partie carrée. *Paris, Charpentier*, 1889 in-12, br., couv.

L'un des 15 exemplaires tirés sur papier de Hollande (n° 3).

454. **Gautier** (Théo.) Un Trio de Romans — Les Roués innocents — Militona — Jean et Jeannette. *Paris, Charpentier*, 1888, in-12, br., couv. (*Broch. fatiguée*).

L'un des 25 exemplaires tirés sur papier de Hollande (n° 18).

455. **Gautier** Le Tombeau de Théophile Gautier. *Paris. Lemerre*, 1873, pet. in-4, portrait-médaillon gravé à l'eau-forte, br., couv.

456. **Gavarni**. Masques et Visages. *Paris, A. Delahays*, 1860, pet. in-8, cart. perc., non rog. (*Behrends*).

457. **Gay** (J.) Analectes du Bibliophile. Directeur, M. Jules Gay. *Turin, J. Gay*, 1876, 3 parties en 1 vol. in-12, demi-rel. dos et coins de mar. r., dos orné, tête dor., non rog. (*Féchoz*)

Recueil trimestriel contenant: 1° Diverses pièces curieuses anciennes et modernes; 2° Des analyses critiques et des extraits de diverses publications intéressantes anciennes et modernes; — 3° Une correspondance, des mélanges philosophiques et littéraires, des anecdotes, etc.
Exemplaire tiré sur papier de Chine.

458. **Gay** (J.) Bibliographie des principaux ouvrages relatifs à l'Amour, aux Femmes, au Mariage, indiquant les auteurs de ces ouvrages, leurs éditions, leur valeur et les prohibitions ou condamnations dont certains d'entre eux ont été l'objet, par M. le C. d'I***. *Paris, J. Gay*, 1861, gr. in-8, à 2 col., cart. perc., non rog. (*Behrends*).

459. **Gay** (J.) Bibliographie des ouvrages relatifs à l'Amour, aux Femmes, au Mariage, et des livres facétieux, pantagruéliques, scatologiques, satyriques, etc... par M. le C. d'I*** (Jules Gay), 3e édit. entièrement refondue et considérablement augmentée. Ordre alphabétique par noms d'Auteurs et titres d'Ouvrages. *Turin, J. Gay et fils*, 1871-1873, 6 vol. in-12, tirés pet. in-4, cart. perc., non rog., couv.

L'un des 100 exemplaires tirés sur grand papier (n° 79).

460. **Gazette des Beaux-Arts.** Courrier Européen de l'Art et de la Curiosité (Années 1839-1890). *Paris*, 1889-1890, gr. in-8, fig., en liv.

Manque : dans l'année 1889, Janvier et Novembre.

461. **Gellii** (Auli) luculentissimi scriptoris. Noctes atticae. *Lugduni, apud Seb. Gryphium*, 1555, in-8, v. br., encadrem. de fil. à fr., milieux et coins dor. (*Rel. anc.*)

462. **Génin** (F.). Maistre Pierre Patelin, texte revu sur les manuscrits et les plus anciennes éditions, avec une introduction et des notes. *Paris, Chamerot*, 1854, in-8, fig. sur bois, cart. toile, tête dor. non rog. (*Cart. de l'éditeur*).

Exemplaire sur papier vélin (n° 243).

463. **Genlis** (Mme de). Dictionnaire critique et raisonné des Etiquettes de la Cour, des usages du monde, des amusements, des modes, des mœurs, etc., des Francois, depuis la mort de Louis XIII jusqu'à nos jours... ou l'Esprit des étiquettes et des usages anciens, comparés aux modernes. *Paris, Mongie*, 1818, 2 vol. in-8, cart. Bradel, non rog.

464. **Geoffroy** (L.) Napoléon apocryphe. Histoire de la conquête du monde et de la monarchie universelle (1812-1832). *Paris, Paulin*, 1841, in-8, cart. Bradel, tête jasp., non rog.

465. **GÉRARD DE NERVAL.** Sylvie, souvenirs du Valois, préface par Lud. Halévy, 42 compositions dessinées et gravées à l'eau-forte par Ed. Rudaux. *Paris, L. Conquet*, 1886, in-16, pap. vél. du Marais, mar. rouge, comp. de fil. avec coins, dor. sur les pl. et le dos, doublé de mar. La Vall. avec feuillages et fleurs mosaïqués de mar. de diverses couleurs, mors de mar. rouge, doubles gardes, tr. dor. (*Ruban*).

Superbe exemplaire relié sur brochure avec la couverture, et enrichi de HUIT JOLIES AQUARELLES ORIGINALES par BOURDIN, sur le faux-titre et les faux-titres de chapitre.

466. **Giélée** (Jacquemars). Renart-le-Nouvel, roman satirique composé au XIIIe siècle par Jacquemars Giélée de Lille, précédé d'une introduction historique et illustré d'un fac-similé d'après le manuscrit La Vallière de la Bibliothèque nationale, par Jules Houdoy. *Paris, Lille et Bruxelles*, 1874, gr. in-8, demi-rel. maroq. grenat, fil., tête dor., non rog. Couverture.

Exemplaire sur papier de Hollande.

467. **Gill** (And.). Vingt portraits contemporains. Notice par Jean Richepin. *Paris, Magnier*, 1886, gr. in-4, en feuilles dans un carton, dos et coins de chagr. rouge, plats moire noire, dent. int. Etui.

L'un des 50 exemplaires sur papier du Japon (nº 40).

468. **Girard de Propiac**. Dictionnaire d'Amour. *Paris, Chaumerot*, 1808, in-12, avec une jolie figure en couleur, cart., non rog. (*Cart. de l'époque*).

469. **Giraud** (J.-B.). Les Industries d'art, à Lyon ; Meubles, Décorations, Tentures, Dentelles, Soieries, etc., etc., par J.-B. Giraud, conservateur des Musées archéologiques de la

ville de Lyon. *Lyon*, 1890, gr. in-8, cart. Bradel, dos percaline, non rog. Couverture.

Ouvrage orné de 30 planches.
Envoi autographe de l'auteur signé.

470. **Glatigny** (A.). Le Jour de l'an d'un vagabond. *Paris, Lemerre,* 1870, pet. in-12, eau-forte de Gill, cart. Bradel, tête dor., non rog.

Edition originale.

471. **Godin**. Solutions sociales. *Paris, Le Chevalier et Guillaumin*, 1871, in-8, fig., cart. Bradel, tête jasp., non rog.

Exemplaire avec envoi autographe signé de l'auteur.

472. **Goëthe**. Le Faust de Goëthe, traduction revue et complète, précédée d'un Essai sur Goëthe par Henri Blaze. Edition illustrée par Tony Johannot. *Paris, Michel Lévy frères et Dutertre,* 1847, gr. in-8, demi-rel., dos et coins de maroq. bleu, tête dor., non rog. (*Durvand-Thivet*).

Portrait de Gœthe gravé par Langlois d'après Carle Mayer et 9 eaux-fortes grav. par Langlois et Lévy, et tirées sur papier de Chine. — Bel exemplaire.

473. **Goguettes** (les) du bon vieux temps, ou Recueil choisi de Chansons joyeuses, de Vaudevilles, cantiques, Rondes et Pots-Pourris gaillards, publiés dans le cours des XVe, XVIe, XVIIe et XVIIIe siècles, rédigé par un vieil amateur. *A Paphos, et se trouve à Paris, chez les vieux marchands de nouveautés*, 1810, in-18, fig., cart. Bradel, non rogné.

474. **Goncourt** (E. et J. de). L'Amour au XVIIIe siècle. *Paris, Dentu*, 1875, in-12 carré, texte encadré, front. gr. et vign. à l'eau-forte, demi-rel. mar. rose, fil., tête dor.. non rog., couv.

475. **Goncourt** (E. et J. de). L'Art du dix-huitième siècle. *Paris, Quantin*, 1880-1882. 2 vol. in-4, demi-rel. maroq. grenat, tête dor., non rog. Couvertures.

3e édition revue et augmentée et illustrée de 70 planches hors texte.
Exemplaire sur papier de Hollande.

476. **Goncourt** (E. de). La Faustin. *Paris, Charpentier*, 1882, in-12, demi-rel., dos et coins de mar. r,, tête dor., non rog. (*Champs*).

Edition originale, avec la couverture,
Exemplaire tiré sur papier de Hollande.

477. **Goncourt** (E. et J. de). La Femme au XVIIIe siècle. *Paris, F.-Didot et Cie*, 1862, in-8, cart. Bradel, tête dor., non rog.

Edition originale, avec la couverture.

478. **Goncourt** (E. de). **LA FILLE ELISA**. *Paris, Charpentier*, 1877, in-12, cart., dos de mar. bl , non rog. *(Lemardelay)*.

Edition originale, avec la couverture.
L'un des 75 exemplaires tirés sur papier de Hollande. Exemplaire (n° 34), auquel on a joint : La Fille Elisa, scène d'atelier, en un acte, par Un auteur bien connu, avec illustrations d'un artiste aussi renommé qu'original. *A Rome, au Temple de Vénus, s. d.*, in-12, pap. vergé, br., couv. *(Tiré à très petit nombre pour les amateurs.)* Exemplaires auxquels on a joint une lettre autographe signée de M. Eugène Paillet.

479. **Goncourt** (E. et J. de). Gavarni, l'homme et l'œuvre. Ouvrage enrichi du portrait de Gavarni, gravé à l'eau-forte par Flameng, d'après un dessin de l'artiste, et d'un fac-simile d'autographe. *Paris, Plon*, 1873, gr. in-8, cart., dos et coins de mar. bl., non rog.

Edition originale, avec la couverture.

480. **Goncourt** (E. et J. de). Madame de Pompadour. Nouvelle édition, revue et augmentée de lettres et documents inédits tirés du Dépôt de la guerre, de la Bibliothèque de l'Arsenal, des Archives nationales et de collections particulières. Illustrée de 55 reproductions sur cuivre par Dujardin, et de 2 planches en couleur, par Quinsac, d'après des originaux de l'époque. *Paris, Firmin Didot*, 1888, in-4, demi-rel. maroq. orange, dos orné, fil., tête dor., non rog. Couverture imprimée.

Exemplaire sur papier du Japon (n° 40), avec les figures avant la lettre.

481. **Goncourt** (E. et J. de). Portraits intimes du XVIIIe

siècle. Etudes nouvelles d'après les lettres autographes et les documents inédits. *Paris*, *Dentu*, 1857-58, 2 vol. in-16, br., couv.

Tiré à 100 exemplaires sur papier vergé.

482. **Goncourt** (E. et J. de). Préfaces et Manifestes littéraires. *Paris*, *Charpentier et Cie*, 1888, in-12, cart. Bradel, tête jasp., non rog.

Edition originale.

483. **Goncourt** (E. et J. de). Sophie Arnould d'après sa correspondance et ses mémoires inédits. *Paris*, *Dentu*, 1877, pet. in-4, cart., dos de mar. cit., dos orné, fil., tête dor., non rog., couv.

Portrait gravé à l'eau-forte par F. Flameng. Texte encadré de riches bordures, gravé sur bois par Méaulle.
Exemplaire sur papier vélin.

484. **Goncourt** (E. de). Outamaro, le Peintre des maisons vertes. *Paris*, *Charpentier*, 1891, in-12, br.

Edition originale, avec la couverture.
L'un des 30 exemplaires tirés sur papier du Japon (n° 13).

485. **Goncourt** (Edm. de). La Saint-Huberty, d'après sa correspondance et ses papiers de famille. *Paris*, *Dentu*, 1882, in-12 carré, texte avec encadrements, front. à l'eau-forte par Lalauze, cart., dos de mar. br., non rog., couv.

486. **Goudelin** (Las Obros de P.), augmentados noubélo-ment de forço péssos, ambé le Dictiounari de la lengo Moundino, Ount es mes per ajustié la listo de toutos las éditions de sas Obros, sa Bido, le Trinfle Moundi, damb'un manadet de bérses truats demest las obros de Gantié é d'autres Poüétos de Toulouso. *Toulouso*, *A. Abadie*, 1862, in-32, pap. vergé, demi-rel. mar. bl., dos orné, fil., tête dor., non rog., couv.

Tiré à quarante exemplaires numérotés (n° 31).

487. **Gouellain** (G.) Céramique révolutionnaire. L'Assiette dite à la Guillotine, avec une planche en couleur. *Paris*, *Jouaust*, 1872, pet. in-4, cart. non rog.

L'un des 50 exemplaires imprimés en rouge, sur papier vergé.

488. **Goujet** (Abbé). De l'Etat des Sciences en France, depuis la mort de Charlemagne, jusqu'à celle du roi Robert. *Paris*, 1737, in-12, v. f., dos orné, fil., tr. dor. (*Simier*).

Bel exemplaire, auquel on a ajouté une lettre autographe de l'auteur.

489. **Graaf** (Regnier de). L'Instrument de Molière, traduction du Traité de Clysteribus de Regnier de Graaf (1668) (avec une notice sur l'auteur, des notes et commentaires, par Em. Boysse et le docteur Cusco). *Paris, D. Morgand, et C. Fatout*, 1878, in-8, portr. d'après Edelinck reproduit par l'héliogravure A. Durand et vign. dans le texte, demi-rel. mar. citron, fil., tête dor., non rog., couv.

Exemplaire sur papier de Chine, avec envoi autographe des Editeurs.

490. **Grad** (M. Ch.) A travers l'Alsace et la Lorraine, 1884. Texte et dessins inédits. *Paris, Hachette, s. d.*, in-4, cart. toile rouge, tr. dor. (*Rel. de l'éditeur*).

Nombreuses figures gravées sur bois.

491. **Graham** (A.) et H. S. **Ashbee**. Travels in Tunisia, with a Glossary, a Map, a Bibliography, and fifty illustrations, by Alexander Graham and H. S. Ashbee. *London, Dulau et C°*, 1887, gr. in-8, fig., cart. toile, tête dor. (*Cart. de l'éditeur*).

Exemplaire avec envoi autographe de M. H. S. Ashbee.

492. **Grand-Carteret** (John). Bismarck en caricatures, avec 140 reproductions de caricatures allemandes, autrichiennes, françaises, italiennes, anglaises, suisses, américaines, dont 2 coloriées. Dessins originaux de J. Blass, Moloch, F. Régamey, de Sta, etc. *Paris, Perrin et Cie*, 1890, in-12, br., couv. illust.

L'un des 10 exemplaires tirés sur papier du Japon (n° 10).

493. **Grand-Carteret** (John). Crispi, Bismarck et la Triple-Alliance en Caricatures, avec 140 reproductions de caricatures italiennes, françaises et autres, dont 2 coloriées. Dessins originaux de J. Blass, Moloch, de Sta, Tiret-

Bognet, Pilotelle. *Paris*, *Delagrave*, 1891, in-12, br., couv. illust.

L'un des 20 exemplaires tirés sur papier de Chine (n° 16).

494. **Grand-Carteret** (John). XIXe siècle (en France). Classes, Mœurs, Usages, Costumes, Inventions. *Paris, Firmin-Didot,* 1893, gr. in-8, demi-rel. dos et coins de maroq. rouge, dos orné, fil., tête dor., non rog. (*Ritter*).

Ouvrage illustré d'un frontispice chromotypographique, de 16 planches coloriées aux patrons, de 36 en-tête et lettres ornées et de 487 gravures dont 21 tirées hors texte,

495. **Grand-Carteret** (John). Les Mœurs et la Caricature en France. *Paris*, *Librairie illustrée*, 1888, gr. in-8, cart. Bradel, dos percaline, tête dor., non rog. Couverture illustrée.

8 planches en couleur, 45 planches hors texte, 490 illustrations dans le texte. (Reproduction d'œuvres anciennes et œuvres originales des artistes). — Envoi autographe de l'auteur signé.

496. **Grande-Revue** (la). Paris et St-Pétersbourg, Directeur: Arsène Houssaye, Sous-Directeur : Armand Silvestre (10 octobre 1889 au 25 septembre 1890). *Paris*, 1889-1890, 24 liv. gr. in-8, br.

Exemplaire tiré sur papier de Hollande, spécialement pour M. Charles Cousin.

497. **Grandidier** (Ernest). La Céramique chinoise. Porcelaine orientale: date de sa découverte, explication des sujets de décor. Les usages divers. Classification. Héliogravures par Dujardin reproduisant 124 pièces de la collection de l'auteur. *Paris*, *Firmin Didot*, 1894, gr. in-4, demi-rel. dos et coins de maroq. vert, tête dor., non rog.

42 planches reproduisant 124 pièces.

498. **Grandval**. Le Vice puni, ou Cartouche, poème, nouvelle édition, avec des figures convenables à chaque chant, dont les dessins ont été faits sur les lieux où Cartouche s'est le

plus signalé. *A Paris, et se vend à La Haye, chez G. de Merville*, 1728, in-8, parch. (*Rel. anc.*)

1 frontispice et 16 figures par Bonnard, gravés par Scotin.

499. **Grandville**. Album de 120 sujets, tirés des Fables de La Fontaine. *Paris, Garnier frères, s. d.*, gr. in-8, cart. Bradel, tête dor., non rog., couv. (*Racc. à 1 gravure et à la couverture.*)

500. **Gratian**. L'Homme détrompé, ou le Criticon de Balthazan Gracian, traduit de l'espagnol (quant au premier volume seulement, par Guill.de Maunory). *La Haye, Pierre Gosse*, 1725, 3 tom. en 1 vol. in-12, front. gr., v. f. (*Rel, anc. fatiguée*).

Exemplaire aux armes de la comtesse de Verrue.

501. **Graveurs de portraits** (les) en France. Catalogue raisonné de la collection des portraits de l'École française, appartenant à Ambroise Firmin-Didot, précédé d'une introduction, ouvrage posthume. *Paris, F.-Didot et Cie*, 1875-1877, 2 vol. gr. in-8, cart. Bradel, tête dor., non rog.

Tiré à 150 exemplaires sur papier vergé (n° 27).

502. **GRINGORE** (Pierre). **Le Chasteau de labour** Nouuellement imprime, hystorie, comente et curieusemēt emende. *On les vend a Lyon sur le Rosne en la maison Claude Nourry : dit le Prince, demourant pres Nostre-Dame de Confort*, 1526, pet. in-8, goth., fig. sur bois, mar. rouge, comp. de fil. avec coins dor., doublé de mar. olive, dent., mors de mar. rouge, tr. dor. (*Kœhler.*)

Edition rare et recherchée. — Exemplaire provenant des bibliothèques de Charles Nodier et Yemeniz.

503. **Gruel** (Léon). Manuel historique et bibliographique de l'amateur de reliures par Léon Gruel, relieur. *Paris, Gruel et Engelmann*, 1887, gr. in-4, demi-rel. dos et coins de maroq. rouge, tête dor., non rog. (*Gruel.*)

Nombreuses figures. Exemplaire sur papier des Vosges à la forme (n° 60).

504. **Gruyer** (F.-A.). Voyage autour du Salon carré, au Musée du Louvre. Ouvrage illustré de quarante héliogravures, exécutées d'après les tableaux originaux, par Braun. *Paris, Firmin Didot*, 1891, gr. in-4, demi-rel. dos et coins de maroq. gris, tête dor., non rog. Couverture avec fil. et ornements dorés.

40 héliogravures par Braun.

505. **Guarini**. Il Pastor fido., tragicom. pastor. del cav. Guarini. *S. l. n. d.* (*Paris, Cazin*), in-18, front. gr., mar. rouge, dos orné, 3 fil., dent. int., tr. dor. (*Rel. anc.*)

506. **GUEVARA** (Ant. de). Le Favory de court, contenant plusieurs advertissements et bonnes doctrines, pour les favoris des Princes et autres seigneurs et gentilshommes qui hantent la court : Nouvellement traduict d'espaignol (d'Ant. de Guevara) en françoys, par maistre Jacques de Rochemore, lieutenant particulier en la seneschaucée et siège presidial de Beaucaire et Nismes en Languedoc. *A Lyon, par Guillaume Roville*, 1556, in-8, veau brun ant. à comp., dor. et en mosaïque, tr. dor. (*Rel. anc.*)

Reliure lyonnaise du XVIe siècle, à compart. de couleurs. – Restaurée.

507. **Guevara** (Ant. de). Les Epistres dorées et discours salutaires, de Don Antoine de Guevare, traduites d'espagnol en françois par le seigneur de Guterry. Ensemble la Révolte que les Espagnols firent contre leur jeune prince, l'an 1520, et l'yssue d'icelle. Avec un Traicté des travaux et privilèges des Galères, le tout du mesme autheur, trad. d'italien en françois. *Paris, Seb. Nivelle*, 1573, pet. in-8, demi-rel. v. br.

508. **Guigard** (J.). Nouvel Armorial du Bibliophile, guide de l'amateur des livres armoriés. *Paris, E. Rondeau*, 1890, 2 vol. gr. in-8 à 2 col., pap. vél., blasons, demi-rel. mar. r., dos orné, fil., tête dor., non rog., couv.

509. **Guignol** (Théâtre Lyonnais de), nouvelle édition, revue, corrigée et annotée par l'auteur. Illustrée de dessins et

culs-de-lampe, par Enas d'Orly. *Lyon, Vve Monavon*, 1890, gr. in-8, br., couv. illust.

Tiré à 200 exemplaires sur papier du Japon (n° 116) avec le tirage à par des dessins en *sanguine* et en *vert*.

510. **Guigues** (E.). Séchot et Poulard, fantaisie alpestre. Dessins et texte par Emile Guigues d'Embrun. *Grenoble, Baratier*, 1886, gr. in-8, cart. Bradel, tête dor., non rog., couv.

L'un des 25 exemplaires tirés sur papier du Japon (n° 17).

511. **Guillebert de Metz**. Description de la Ville de Paris au XVe siècle, publiée pour la première fois d'après le Mss. unique. *Paris, Aubry*, 1855, in-12, pap. vergé, cart. Bradel, tête dor., non rog.

Tiré à 250 exemplaires.

512. **Guimet** (Emile). Promenades Japonaises. Texte par Emile Guimet. Dessins d'après nature par Félix Régamey. *Paris, G. Charpentier*, 1878-1880, 2 vol. gr. in-8, demi-rel. maroq. bleu, fil., tête dor., non rog., couvertures illustrées.

Exemplaire sur papier de Hollande avec les figures en double état.

513. **Halévy** (Lud.). L'Invasion, souvenirs et récits. *Paris, M. Lévy frères*, 1872, in-12, br.

Edition originale, avec la couverture.

514. **Halévy** (Lud.). Karikari, illustré de 16 aquarelles d'après Henriot. *Paris, L. Conquet*, 1887, in-16, cart. cuir japonais, tête dor., non rog , couv. impr. en couleurs (*Ruban*)

Tiré à 300 exemplaires sur papier du Japon et non mis dans le commerce.

515. **HAMILTON** (C. Antoine). Mémoires du comte de Grammont. Edition ornée de 72 portraits, gravés d'après les tableaux originaux. *Londres, Edwards* (*vers* 1794), in-4, papier vélin, maroq. rouge, plats ornés, fil. int., tr. dor. (*Rel. anc.*)

Les dessinateurs sont Harding et Voet, et les graveurs : Bartolozzi, Birrell, Barker, Claessens, Clamp, Gardinet, Harding jeune. Knight, Legoux, Nogent, etc., etc. — Bien que le titre indique 72 portraits il s'en trouve 78 et une vue de Somerhill.

516. **Hand-Atlas** der Erde und des Himmels, in siebzig blattern. Zweiundvierzigste auflage. Bearbeitet von Dr H. Kiepert, C. Grâf, A. Grât, und Dr C. Bruhns. *Weimar, Geographisches Institut, s. d.*, gr. in-fol. de 70 cartes, demi-rel., cartes mont. sur onglets.

517. **HARAUCOURT** (Edm.). L'Effort — La Madone — L'Antechrist — L'Immortalité — La Fin du Monde. *A Paris, publié par les Sociétaires de l'Académie des beaux Livres, Bibliophiles contemporains*, 1894, in-4, br., couv.

Illustrations de : MM Alex. Lunois, Eug. Courboin, Carlos Schwabe, Alex. Séon.
Edition tirée à 160 exemplaires non mis dans le commerce.

518. **Harrington** (J.). Aphorismes politiques, traduits de l'anglois ; précédés d'une notice sur la vie et les ouvrages de l'auteur. *Paris, Imprimerie de Didot le jeune, an III*, in-12, portrait, demi-rel. dos et coins de maroq. rouge, tête dor., non rog.

519. **Hatin** (Eug.). Bibliographie historique et critique de la Presse périodique française, etc., précédé d'un Essai historique et statistique sur la naissance et les progrès de la Presse périodique dans les deux mondes. *Paris, F.-Didot et Cie*, 1866, gr. in-8 à 2 col., portr. de Th. Renaudot, cart. perc., non rog. (*Laureaux.*)

520. **Havard** (Henry). Histoire de la faïence de Delft. Ouvrage enrichi de 25 planches hors texte et de plus de 400 dessins, fac-similés, chiffres, etc., dans le texte par Léopold Flameng et Charles Goutzwiller. Chromolithographies par Lemercier. *Paris, Plon*, 1878, 2 vol. gr. in-8, demi-rel. maroq. rouge, dos orné, fil., têtes dor., non rog., couvertures.

Exemplaire sur papier de Hollande (nº 10) avec les planches hors texte en double état.

521. **Hélie** (Aug.). Discours sur l'Histoire moderne des deux mondes. *Paris, Pagnerre*, 1854, 2 vol. in-8, br., n. c., couv.

522. **Henriot**. L'Année Parisienne, texte et dessins par Henriot. *Paris, L. Conquet*, 1894, in-16, pap. vél., br., couv. impr. en couleurs.

Tiré à 300 exemplaires non mis dans le commerce.

523. **Héros** (Les) de la Ligue, ou la Procession monacale conduite par Louis XIV, pour la conversion des Protestans de son royaume. *A Paris, chez Père Peters, à l'enseigne de Louis le Grand*, 1691, in-4, vél. (*Rel. anc.*)

Ce volume publié en Hollande, se compose de 24 figures gravées en manière noire, dans lesquelles on a travesti d'une manière grotesque différents personnages qualifiés du royaume, qui jouèrent les premiers rôles dans l'affaire de la Révocation.
Exemplaire de premier tirage des figures.

524. **Hervilly** (E. d'). Aventures d'un Petit garçon préhistorique en France ; dessins de Félix Régamey. *Paris, Librairie mondaine, s. d.* (1887), in-4, cart., non rog., couv.

525. **Hervilly** (E. d'). Les Bêtes à Paris, 36 sonnets par Ernest d'Hervilly, illustrés par G. Fraipont. *Paris, H. Launette, s. d.*, in-4, demi-rel. dos et coins de maroq. vert, non rog., couverture illustrée.

Illustrations à toutes les pages. — Exemplaire sur papier du Japon.

526. **Heures de Paphos** (les), contes moraux par un Sacrificateur de Vénus. 1787, in-8, fig., mar. bleu, dos orné, fil. dor. et dent. à fr. sur les pl., dent. int., tr. dor.

Texte gravé, 1 frontispice gravé, 4 culs-de-lampe et 12 jolies figures ér....., non signées, dans le style de Devrais.

527. **Heuzé** (G.). La France agricole. *Paris, imprimerie Nationale*, 1875, in-fol., demi-rel., chag. vert.

Atlas contenant : Une Notice sur les Régions agricoles, 4 tableaux de statistique générale, et 46 cartes géographiques et statistiques, concernant les plantes agricoles, les animaux domestiques, l'enseignement agricole et vétérinaire, et les associations agricoles et horticoles.

528. **Heylli** (G. d'.).. Régnier, Sociétaire de la Comédie Française (1831-1872), portrait à l'eau-forte par Martial.

Paris, librairie générale, 1872, in-16, cart. de mar. r., lie de vin, dos orné, fil., tête dor., non rog., couv.

L'un des 20 exemplaires tirés sur papier Whatman (nº 4), auquel on a joint un billet autographe de Régnier.

529. **Hyppocratis** coi medicorum omnium longe principis, Opera quae apud nos extant omnia, per Ianum Cornarium medicum physicum, latina lingua conscripta. Accessit Hippocratis de Hominis structura liber, Nicolao Petreio Corcyraeo interprete, antea non excusus. *Lugduni, apud Antonium Vincentium*, 1562, in-8, v. f., encadrem. à fr., avec milieux et coins dor. (*Rel. anc. fatiguée*).

On lit sur les plats de la reliure Filbert Bretin Aussonois, 1570.

530. **Histoire de Mademoiselle Brion,** dite Comtesse de Launay. *Imprimée aux dépens des Filles du bon ton*, 1754, pet. in-8, fig., cart., dos et coins de perc., tr. r.

531. **Histoire de Malte** avec les Statuts et les Ordonnances de l'Ordre, de la traduction de J. Baudoin. *Paris, Michel Soly*, 1629. — Sommaire des Privilèges octroyez a l'Ordre de S. Jean, par les Papes, Empereurs, Roys et Princes, tant en Hierusalem, Margat, Ptolemaïde, Cypre, Rhodes, qu'à Malte du vivant de tous les Grands Maistres, avec leurs portraits et planches des dites Citez. Dediez à la Royne, par Frere Anne de Naberat, 1629. — Ensemble 6 parties en 1 vol. in-fol. avec titres dess. et grav. par C. de Pas et Joan. Blanchin, fig., v. gr., dos orné, tr. marb. (*Rel. anc.*).

532. **HISTOIRE DU CLERGÉ** séculier et régulier des Congrégations de Chanoines et de Clercs, et des Ordres religieux de l'un et de l'autre sexe, qui ont été établis jusques à présent... avec des figures qui représentent les différents habillements de ces Ordres et Congrégations. Nouvelle édition tirée du R. P. P. Bonanni, Herman, de Scoonbeck, du R. P. Helyot, et d'autres qui ont écrit sur ce sujet, etc. *Amsterdam, Pierre Brunel*, 1716, 4 vol.

in-12, fig., mar. rouge, dos orné, 3 fil., dent. int., tr. dor. (*Rel. anc.*).

180 figures de Bernard Picart, Schoonebeck.

533. **Histoire** et Concorde des quatre Évangélistes, contenant selon l'ordre des temps, la vie et les instructions de N. S. Jésus-Christ. *Paris, Guill. Desprez*, 1712, in-12, front. gr., fig. et carte, mar. rouge, dos orné à petits fers, fil., dent. int., gardes dorées, tr. dor. (*Rel. anc.*).

Ant. Arnauld a rédigé cet ouvrage d'après les Concordes de C. Jansenius et Jean du Buisson. « Barbier. *Dict. des Anonymes*, t. 2., col. 801 f ».

534. **Histoire philosophique,** anecdotique et critique de la Cravate et du Col, précédée d'une notice sur la Barbe, par Gr. de M. *Paris, M. Lévy frères*, 1854, in-16, br., couv.

535. **Histoire** véritable de ce qui s'est passé à Thoulouze, à la fin du mois d'octobre 1632, en la mort de M. de Montmorency, précédée d'une notice sur le duc et la duchesse de Montmorency. *Toulouse, Abadie*, 1859. — La Montmorenciade, contenant les exploits héroïques de Mgr le duc de Montmorency, en ces dernières guerres, tant par mer que par terre. *Toulouse, Abadie*, 1862. Ens. 2 plaq. en 1 vol. in-12, pap. vergé, portr., demi-rel. mar. r., dos orné à petits fers, tête dor., non rog. (*Abadie*).

Tiré à 300 exemplaires.

536. **Hobbes** (Th.). Elemens philosophiques. Traicté politique où les fondemens de la Société civile sont découverts, par Th. Hobbes, et traduicts en françois par un de ses amis (Sam. Sorbière). *Amsterdam, de l'imprimerie de Jean Blaeu*, 1649, petit in-8 de 24 ff. liminaires, y compris le front. gr., 448 pp. et à la fin du vol. un *avertissement du traducteur, ajouté après la publication de cet ouvrage*, pièce de 15 pp., vélin (*Rel. anc.*).

537. **Holbein** (Hans.). L'Alphabet de la mort, entouré de bordures du XVIe siècle, et suivi d'anciens poëmes français

sur le sujet des trois mors et des trois vis, publiés d'après les manuscrits, par A. de Montaiglon. *Paris, Tross*, 1856, in-8, cart. toile, non rog.

538. **Hollanaenders** (L.). Moschek, mœurs polonaises. *Paris, Poulet-Malassis*, 1859, in-12, br.

Édition originale avec la couverture. — Envoi autographe signé de l'auteur.

539. **Hollerii** (Jacobi) Stempani Medici Parisiensis celeberberrimi, in Aphorismos Hippocratis commentarii septem. Illustrati Scholiis doctissimis per Joan. Liebautium Medicum Parisiensem. Et nunc primum impensis Heinrici Osthaussii Lipsensis, in Germania, correctius editi. *Cum Privilegio Caesareo*, 1597, in-8 de 4 ff. prélim., 854 pp. et 16 ff de table., rel. peau de truie.

Reliure ancienne estampée d'une plaque aux armes de Charles-Quint. Sur cette plaque, dont le portrait de l'Empereur occupe le centre, figure au bas des colonnes le millésime 1588. Au dessous du portrait cette légende : « Carole. » Mortales. dubitant homo sis Deus ve. Sunt tua Sceptra Homenis (*sic*,. • Sed tua acta Dei. » (Ch. C.).

540. **Homère.** Iliade, Odyssée, Hymnes, Epigrammes. Batra-khomyomakie. Traduction nouvelle par Leconte de Lisle. *Paris, A. Lemerre*, 1867-1868, 2 vol. in-8, demi-rel mar. bleu, dos ornés, fil., têtes dor., non rog., couv.

541. **Hone** (William). Facetiae and Miscellanies, with one hundred and ementy engravings, drawn by George Crukshank., second edition. *London, published for W. Hone*, 1827, in-8, nomb. fig. en noir et color., cart. perc., tête éb., non rog.

542. **HORACE.** Œuvres d'Horace, en latin, traduites en françois par M. Dacier et le P. Sanadon, avec les remarques critiques, historiques et géographiques, de l'un et de l'autre. *Amsterdam, Wetstein et Smith*, 1735, 8 vol. in-12, front. par B. Picart, mar. bleu à long grain, dos ornés, encad. de fil. dor. et dent. à fr. sur les pl., doublés et gardes en moire rouge, dent., tr. dor. (*Bozérian*).

Édition fort belle, correcte et recherchée.
Bel exemplaire aux armes de la DUCHESSE DE BERRY.

543. **HORAE**. In-8 goth. de 104 ff. à 19 lign. par page, les 6 feuillets lim. contiennent l'almanach et le calendrier, mar. brun, ornem. à froid de sujets et de fleurs de lis sur les plats et le dos, doublé et gardes de moire verte, dent., mors de mar. brun, tr. dor. (*Capé*).

Manuscrit du XVe siècle sur peau de vélin, orné de 12 grandes miniatures, représentant les sujets habituels aux Livres d'heures. *L'Annonciation. — La Naissance de J. C. — La Fuite en Egypte. — L'Adoration des Mages. — La Descente du Saint-Esprit. — La Résurrection de Lazare.* — etc., etc. A la fin du volume se trouvent des prières en français.

544. **HORDAL** (Joanne). Heroinae nobilissimae Joannae Darc Lotharingae vulga Aurelianensis Puellae historia... ejusdem mavortiae virginis innocentia à calumniis vindicata. *Ponti-Mussi, apud Melchiorem Bernardum*, 1612, pet. in-4, titre et portraits grav. par Léonard Gaultier, mar. bleu jans., dent. int., tr. dor. (*Hardy*).

545. **Houdoy** (Jules) La Beauté des femmes dans la littérature et dans l'art du XIIe au XVIe siècle. Analyse du livre de A. Niphus : Du Beau et de l'Amour. *Paris et Lille*, 1876, gr. in-8, demi rel., maroq. grenat, fil., tête dor., non rog., couv.

Exemplaire sur papier de Hollande.

546. **Houdoy** (Jules). Etudes artistiques.— Artistes inconnus des XIVe, XVe et XVIe siècles. Académie des Arts de Lille. — Charles-Louis Corbet, sculpteur. *Paris, Aubry et Detaille*, 1877, gr. in-8, demi-rel. maroq. grenat, fil., tête dor., non rog., couverture.

Exemplaire sur papier de Hollande.

547. **Houdoy** (Jules). La Halle échevinale de la ville de Lille, 1235-1664. Notice historique, Comptes et Documents inédits concernant l'ancienne Maison-Commune. Avec Planches. *Lille et Paris*, 1870, gr. in-8, demi-rel. maroq. grenat, fil., tête dor., non rog., couverture.

Exemplaire sur papier de Hollande.

548. **Houdoy** (Jules). Histoire artistique de la Cathédrale de Cambrai, ancienne Eglise métropolitaine Notre-Dame.

Comptes, Inventaires et Documents inédits. Avec une vue et un plan de l'ancienne cathédrale. *Paris, Morgand et Fatout*, 1880, gr. in-8, demi-rel. maroq. grenat, fil., tête dor., non rog., couverture.

Envoi autographe signé de l'auteur. — Exemplaire sur papier de Hollande (n° 6).

549. **Houdoy** (Jules). Histoire de la céramique lilloise, précédée de documents inédits constatant la fabrication de carreaux peints et émaillés en Flandre et en Artois au XIVe siècle. *Paris, Aubry*, 1869, gr. in-8, demi-rel. maroq. grenat, fil., tête dor., non rog., couverture.

Edition nouvelle avec planches en couleurs. Exemplaire sur papier de Hollande.

550. **Houdoy** (Jules). L'Impôt sur le revenu au XVIe siècle, Les Etats de Lille et le duc d'Albe. *Lille, imprimerie Danel*, 1872, gr. in-8, demi-rel. maroq. grenat, fil., tête dor., non rog., couverture.

Exemplaire sur beau papier vélin.

551. **Houdoy** (Jules). Les Imprimeurs Lillois. Bibliographie des impressions lilloises, 1595-1700. *Paris, Morgand et Fatout*, 1879, gr. in-8, demi-rel. maroq. grenat, fil., tête dor., non rog., couverture.

Exemplaire sur papier de Hollande auquel on a ajouté trois lettres autographes de l'auteur à Ch. Cousin.

552. **Houdoy** (Jules). Joyeuse entrée d'Albert et d'Isabelle. Lille au XVIe siècle d'après des documents inédits. *Lille, imprim. L. Danel*, 1873, gr. in-8, demi-rel. maroq. grenat, fil., tête dor., non rog., couverture.

Tiré à 200 exemplaires sur papier de Hollande (n° 148.)

553. **Houdoy** (Jules). Les Tapisseries de Haute-Lisse. Histoire de la fabrication lilloise du XIVe au XVIIIe siècle et Documents inédits concernant l'histoire des tapisseries de de Flandre. *Lille et Paris*, 1871, gr, in-8, demi-rel. maroq. grenat, fil., tête dor., non rog., couverture.

Exemplaire snr papier de Hollande.

554. **Houdoy** (Jules) Tapisseries représentant la Conqueste du Royaulme de Thunes par l'Empereur Charles-Quint. Histoire et documents inédits. *Lille, imprimerie L. Danel*, 1873, gr. in-8, demi-rel. maroq. grenat, fil., tête dor., non rog. couverture.

Tiré à 210 exempl. sur papier de Hollande. (n° 81.)

555. **Houdoy** (Jules). Verreries à la façon de Venise. La fabrication flamande d'après des documents inédits. *Paris, Lille et Bruxelles*, 1873, gr. in-8, demi-rel. maroq. grenat, fil., tête dor., non rog., couverture.

Tiré à 200 exemplaires sur papier de Hollande.

556. **Houssaye** (A.) Les Grandes Dames, 4 vol. — Les Courtisanes du monde, 4 vol. *Paris, Dentu*, 1870-1871. — Ens. 8 vol. in-8, portraits à la sanguine, demi-rel. dos et coins de mar. r., fil., tête dor., non rog. (*Courmont*).

557. **Houssaye** (H.) Les Hommes et les Idées. *Paris, Calmann-Lévy*, 1886, iu-12, demi-rel. mar. gren., fil., tête dor., non rog.

Edition originale. — Exemplaire avec envoi autographe signé de l'auteur.

558. **Houssaye** (H.) Le premier Siège de Paris, An 52 avant l'ère chrétienne, avec une carte gravée. *Paris, H. Vaton*, 1876, in-16, pap. de Holl., demi-rel. mar. gren., fil., tête dor., non rog., couv.

Tiré à 367 exemplaires numérotés. Exemplaire (n° 236), avec envoi autographe signé de l'auteur.

559. **Houssaye** (H.) 1814. *Paris, Perrin et Cie*, 1888, in-8, pap. vél., carte, demi-rel. mar. La Vall., tête dor., non rog.

Edition originale, avec la couverture — Exemplaire, avec envoi autographe signé de l'auteur.

560. **Hübner** (Baron de), Promenade autour du Monde, 1871. *Paris, Hachette et Cie*, 1872, 2 vol. in-12, demi-rel. chag. vert, pl. toile.

561. **Hugo** (V.) L'Année terrible. *Paris, M. Lévy, frères*, 1882, gr. in-8, demi-rel. mar. bleu, fil., tête dor., non rog.

Edition originale avec la couverture. — L'un des 150 exemplaires tirés sur papier de Hollande (n° 21).

562. **Hugo** (V.). La Légende des siècles. Edition nationale. *Paris, Emile Testard*, 1886, 4 vol. in-4, br. non rog. en fascicules, couvertures.

L'un des 50 exemplaires sur papier du Japon, n° 8. — Avec une double suite des gravures hors texte.

563. **Hugo** (V.) Les Misérables. *Paris, Pagnerre*, 1862, 10 vol. in-8, br., couv.

564. **Hugo** (V). Notre-Dame de Paris. Edition illustrée d'après les dessins de MM. E. de Beaumont, L. Boulanger, Daubigny, T. Johannot, de Lemud, Meissonier, C. Roqueplan, de Rudder, Steinheil, gravés par les artistes les plus distingués. *Paris, Perrotin, Garnier frères*, 1844, gr. in-8, cart. dos et coins de mar. La Vall., non rog.

565. **Hugo** (V.) Nouvelles Odes, par Victor-M. Hugo. *Paris, Ladvocat*, 1824, pet. in-12, front. de Devéria, demi-rel. veau, tr. jaune (*Rel. de l'époque, fatiguée*).

Edition originale.

566. **Husson** (A.). Etude sur les Hôpitaux considérés sous le rapport de leur construction, de la distribution de leurs batiments, de l'ameublement, de l'hygiène et du service des salles de malades. *Paris, P. Dupont*, 1862, in-4, fig. dans le texte et pl. hors texte, br., couv.

L'un des 25 exemplaires tirés sur papier vergé de Hollande.

567. **Husson**. Le simple crayon utile et curieux de la Noblesse des duchés de Lorraine et de Bar et des eveschés de Metz, Toul et Verdun, par le sieur Mathieu Husson l'Ecossois, conseiller du Roy au siège présidial de Verdun, cy devant commis de Mrs les conseillers, secrétaires et in-

tendants des Chartes de Sa Majesté, 1674. (*Réimpression*). *Nancy*, *Cayon-Liebault*, 1857, in-4, cart., non rog.

Planches de blasons, numérotées, tirées sur Chine et collées sur papier vergé fort; doubles tables par ordre de numéros et par ordre alphabétique.

568. **Hypotyposes** orbium cœlestium, quas appellant theoricas planetarum; congruentes cum tabulis Alphonsinis et Copernici, seu etiam tabulis Prutenicis; in usum Scholarum publicatae... *Argentorati*, *excudebat Theodosius Rihelius*, *s. d.*, in-8, fig. sur bois, mar. vert olive, fil., tr. dor. (*Rel. anc.*).

Exemplaire aux armes et chiffres de Louis-Charles de Valois, comte d'Auvergne et duc d'Angoulême, fils naturel de Charles IX.

569. **Ibrahim Bassa de Bude.** Nouvelle galante. *A Cologne* (*à la sphère*). *Chez Pierre Marteau*, 1686, pet. in-12 maroq. vert., fil. à fr., tr. dor. (*H. Duru*).

570. **IMITATION DE JESUS-CHRIST** (traduction de Michel de Marillac). *Paris*, *L. Curmer*, 1856-1858, 2 vol. in-4, fig., mar. rouge, plats ornés d'une croix, doublés et gardes de moire verte, larges dent., mors de mar. rouge, tr. dor., texte et pl. mont. sur onglets (*Capé*).

Superbe édition ornée de nombreuses miniatures, encadrements de pages en couleur.

Le volume d'*Appendice* renferme des notices de J. Janin, de l'abbé Delaunay et de M. F. Denis sur l'*Imitation de J.-C.*, sur les *Auteurs de l'Imitation* et sur l'*Ornementation des manuscrits*.

571. — *Le même* ouvrage, 2 vol. gr. in-8, cart. sur vélin blanc, non rognés.

572. **IMITATION DE JÉSUS-CHRIST**, traduction de l'abbé F. de Lamennais, avec historique de l'ornementation des manuscrits et explication des planches, par H. Michelant. *Paris*, *Gruel et Engelmann*, *s. d.*, in-fol., mar. La Vall. foncé, encadrem. de fil. et ornem. à froid couvrant entièrement les plats, doublé et gardes de tabis, 5 fil., mors de mar. La Vall., tr. dor., texte et pl. mont. sur onglets, étui. (*Gruel*).

SUPERBE EXEMPLAIRE tiré sur PEAU DE VÉLIN.

Magnifique volume, composé de 102 encadrements variés et de 4 grands sujets en miniature.

573. **Imitation de Jésus-Christ.** Suite de 10 compositions de J. P. Laurens, gravées à l'eau-forte par Flameng. *Paris, Quantin*, in-4, en feuilles.

Epreuves sur Japon avant la lettre.

574. **Inconsolée** (l') avec une préface par Alex. Dumas fils. *Paris, Calmann Lévy*, 1879, in-12, pap. vergé de Holl., cart. Bradel, tête dor., non rog.

575. **INSTITUTIONES ORDINUM GARTERII** in Angl. et B. Michaelis in Gallia, in-4, mar. noir, dos orné, encadrem. de fil., tr. dor. (*Rel. anc.*).

C'est le titre que porte la reliure d'un *Manuscrit superbe* en français, contenant les statuts des Ordres Royaux de *la Jarretière* et de *St-Michel*. Deux parties : 1° Institutio ordinis Garterii in Anglia, 18 feuillets non chiffrés. Trois grands blasons de l'ordre de la Jarretière avec la devise *Hony soit qui mal y pense* ; grande lettre coloriée à la première page et, pour chaque chapitre, lettres ornées en or et en couleurs; Institutio Beati Michaelis in Gallià, 45 feuillets pour les statuts ; blason de l'ordre de St-Michel et grande lettre ornée à la première page ; nombreuses lettres analogues dans le corps du manuscrit. Suivent 4 feuillets blancs, puis 6 feuillets contenant la table des chapitres et, enfin, un feuillet blanc; ensemble 74 feuillets du plus beau vélin. Le tout réglé à deux filets rouges, texte français d'une très belle écriture. Conservation inouïe.

Reliure du XVIe siècle, dos orné de losanges. Au centre du plat recto, cette inscription dans un cercle composé de deux filets d'or : *D. Philippo, Hispaniarum et Angliae Regi. Anno* MCLVI.

576. **Isographie** des hommes célèbres ou Collection de fac-simile de lettres autographes et de signatures. *Paris, Alexandre Mesnier*, 1828-1830, 3 vol. gr. in-4, demi-rel. maroq. rouge, dos ornés, non rog.

577. **Jacquemart** (A.). Histoire de la Céramique ; étude descriptive et raisonnée des poteries de tous les temps et de tous les peuples. *Paris, Hachette et Cie*, 1873, gr. in-8, demi-rel. mar. r., dos orné, fil., tête dor., non rog., couv.

Ouvrage contenant 200 figures sur bois par H. Catenacci et J. Jacquemart, 12 planches gravées à l'eau-forte par J. Jacquemart, et 1,000 marques et monogrammes.

Exemplaire de premier tirage.

578. **Jacquemart** (A.). Les Merveilles de la Céramique, ou l'art de façonner et décorer les vases en terre cuite, faïen-

ces, grès et porcelaine depuis les temps antiques jusqu'à nos jours. *Paris, Hachette et Cie*, 1874, 3 vol. in-12, nombr. fig. dans le texte, br., couv.

579. **Jacquemont** (V.). Correspondance avec sa famille et plusieurs de ses amis, pendant son voyage dans l'Inde (1828-1832). *Paris, Fournier*, 1833, 2 vol. in-8, cart., demi-rel. v., br., tr. marb.

580. **Janin** (Jules). L'Ane mort et la Femme guillotinée. *Paris, Baudouin*, 1829, 2 tomes en 1 vol. in-12, vign. de Devéria sur les titres, veau brun, dos orné, fil. dor. et dent. à fr. sur les pl., tr. dor. (*Rel. de l'epoque*).

Edition originale. — Exemplaire auquel on a ajouté une figure par Couché fils, épreuve avant la lettre.

581. **Janin** (J.). Le Livre. *Paris, Plon*, 1870, in-8, br., couv.

582. **Jardin** (Le) des Plantes. Description complète, historique et pittoresque du Muséum d'histoire naturelle, de la ménagerie, des serres, des galeries de minéralogie et d'anatomie (Mœurs et instincts des animaux, botanique anatomie comparée, minéralogie, géologie, zoologie), par P. Bernard, L. Couailhac, Gervais et Emm. Lemaout (Oiseaux, reptiles, poissons, insectes et crustacés), par Emm. Lemaout. *Paris, Curmer*, 1842-1843, 2 vol gr. in-8, demi-rel. maroq. rouge, têtes dor., non rog.

1re édition illustrée d'une quantité considérable de vignettes dans le texte et de planches hors texte d'après Harvey, Gavarni, Jacque, etc., etc.

583. **Joanne** (Adolphe). Atlas de la France, contenant 95 cartes tirées en quatre couleurs et 94 notices géographiques et statistiques. 2e édition. *Paris, Hachette*, 1872, gr. in-4, cart. toile (*Reliure de l'éditeur.*)

584. **Joinville** (Prince de). Encore un mot sur Sadowa. *Bruxelles, Muquart*, 1868, plaq. in-12, cart. perc , non rog. (*Behrends*)

Exemplaire auquel on a joint une lettre autographe de l'auteur.

585. **Joinville**. Jean sire de Joinville. Histoire de Saint Louis, Credo et lettre à Louis X. Texte original, accompagné d'une traduction par Natalis de Wailly. 2e édition. *Paris*, *Firmin-Didot*, 1874, gr. in-8, demi-rel. dos et coins de maroq. rouge, dos orné, fil., tête dor., non rog.

Ouvrage orné d'un frontispice en chromolithographie et de figures hors texte et dans le texte.

586. **Joyeusetés** (les) du R. P. La Cayorne (poésies), avec un frontispice de H. Somm. *Paris*, *J. Lemonnyer*, 1882, pet. in-8, br., couv.

L'un des 100 exemplaires tirés sur papier du Japon (non mis dans le commerce).

587. **Juillerat** (Paul). Soirs d'Octobre (Poésies). *Paris*, *Dentu* (*impr. de L. Perrin*), 1861, in-12, demi-rel. mar. viol., tête dor., non rog.

Edition originale, avec la couverture. — Exemplaire tiré sur papier vergé teinté (no 101).

588. **Junquières**. Caquet-Bonbec, la Poule à ma tante, poëme en sept chants. Nouvelle édition. *Paris*, *Renard*, 1802, pet. in-8, titre gravé, mar. vert, dos orné, fil., dent. int., tr., dor. (*Allô.*)

Bel exemplaire relié sur brochure.

589. **Juvenal** (Les Satires de) en vers françois, avec un Discours de la Satire et quelque autre poésie, par Denys Challine. *Paris*, *Edme Pepingué*, 1653, pet. in-12, mar. gren., dos orné, fil., coins dor., doublé et gardes de moire rouge, mors de mar. gren., dent., tête dor., non rogné.

Titre doublé et déchirure à l'angle du bas.

590. **Knight** (Richard Payne). Le Culte de Priape et ses rapports avec la Théologie mystique des anciens, suivi d'un Essai sur le culte des pouvoirs générateurs durant le moyen âge, traduits de l'anglais, par E. W. (Mme Gay, mère). *Luxembourg*, *imprimerie particulière*, 1866, 2 vol. pet. in-4, dont un de planches, pap. de Holl., br.

Tiré à 110 exemplaires numérotés (no 98).

591. **Laborde** (M. de). Choix de chansons mises en musique par M. de Laborde, gouverneur du Louvre, ornées d'estampes en taille-douce. *Rouen, J. Lemonnyer*, 1881, 4 vol. gr. in-8, br., non rog., couvertures illustrées. Emboîtages de l'éditeur.

Exemplaire sur papier du Japon, n° 30, avec les figures en triple état

592. **La Bruyère**. Les Caractères de Theophraste, traduits du grec, avec les Caractères ou les mœurs de ce siècle, huitième édition, reveuë, corrigée et augmentée. *Paris, Est. Michallet*, 1691, in-12, cart. Bradel.

593. **La Bruyère**. Les Caractères de Theophraste, traduits du grec, avec les Caractères ou les mœurs de ce siècle, neuvième édition, revue et corrigée. *Paris, Et. Michallet*, 1696, in-12, v. rac., tr. marb. (*Rel. anc.*)

Dernière édition donnée du vivant de l'auteur.

594. **LA BRUYERRE** (L.). Les Ruses du Braconage, mises à découvert, ou Mémoires et instructions sur la chasse et le braconnage, avec quelques figures en taille de bois. *Paris, Lottin*, 1771, in-12, mar. rouge, dos et coins fleurdelisés, tr. dor. (*Rel. anc.*)

Exemplaire aux armes de Louis de Bourbon-Condé, comte de Clermont.

595. **Labyrinthe de Versailles** (avec l'explication en prose par Ch. Perrault, et 39 fables en vers par Benserade). *Paris, Imprimerie royale*, 1679, in-8, fig., mar. rouge, dos orné, compart. de fil., dent. int., tr. dor.

Volume recherché à cause des gravures de Sébast. Le Clerc, dont il est orné.
Exemplaire aux armes du Roi Louis XIV. — Reliure restaurée.

596. **La Chabeaussière**. Catéchisme français, ou principes de philosophie, de morale et de politique républicaine, à l'usage des écoles primaires. *Paris, Fournier*, 1846, plaq. in-8, pap. vél., demi-rel. dos et coins de mar. r., dos orné à petits fers, fil., tête dor., non rog. (*Allô.*)

597. **Lacour** (Louis). Grand monde et Salons politiques de Paris, après la Terreur ; Fragments précédés d'une Etude sur la Société avant 1789. *Paris, A. Claudin et E. Meugnot*, 1860, in-16, titre rouge, br.

Edition originale, avec la couverture. — L'un des 30 exemplaires tirés sur papier de Hollande (nº 24).

598. **Lacroix** (Paul). Les Arts au Moyen-Age et à l'époque de la Renaissance. Ouvrage illustré de 19 planches chromolithographiques exécutées par F. Kellerhoven et de 400 gravures sur bois. 2e édition. *Paris, Firmin Didot*, 1869, gr. in-8, demi-rel. maroq. chag. rouge, plats toile, dos et plats richement ornés, fers spéciaux, tr. dor. (*Magnier, rel. de l'éditeur.*)

599. **Lacroix** (Paul). Mœurs, usages et costumes au Moyen-Age et à l'époque de la Renaissance. Ouvrage illustré de 15 planches chromolithographiques exécutées par F. Kellerhoven et de 440 gravures. *Paris, Firmin Didot*, 1871, gr. in-8, demi-rel. maroq. chag. rouge, plats toile, dos et plats richement ornés, fers spéciaux, tr. dor. (*Magnier, rel. de l'éditeur.*)

600. **Lacroix** (Paul). Sciences et Lettres au Moyen-Age et à l'époque de la Renaissance. Ouvrage illustré de 13 chromolithographies exécutées par Compère, Daumont, Pralon et Werner et de 400 gravures sur bois. 2e édition. *Paris, Firmin Didot*, 1877, gr. in-8, demi-rel. dos et coins de maroq. chagr. rouge, dos orné, fil., tête dor., non rog.

601. **Lacroix** (Paul). Vie militaire et religieuse au Moyen âge et à l'époque de la Renaissance. Ouvrage illustré de 14 chromolithographies exécutées par F. Kellerhoven, Régamey et L. Allard, et de 410 figures sur bois gravées par Huyot père et fils. 2e édition. *Paris, Firmin-Didot*, 1873, gr. in-8, demi-rel. mar. rouge, plats toile, dos et plats richement ornés, fers spéciaux, tr. dor. (*Engel. Rel. de l'éditeur.*)

602. **Lacroix** (Paul). XVIIe siècle. Institutions, Usages et Costumes. France, 1590-1700. Ouvrage illustré de 16 chromolithographies et de 300 gravures sur bois (dont 20 tirées hors texte) d'après les monuments de l'art de l'époque. *Paris, Firmin Didot*, 1880, gr. in-8, demi-rel. mar. chagr. rouge, plats toile, dos et plats richement ornés, fers spéciaux, tr. dor. (*Engel. Rel. de l'éditeur*).

603. **Lacroix** (Paul). XVIIIe siècle. Institutions, Usages et Costumes. France, 1700-1789. Ouvrage illustré de 21 chromolithographies et de 350 gravures sur bois d'après Watteau, Vanloo, Rigaud, Boucher, Lancret, J. Vernet, Chardin, etc., 2e édition. *Paris, Firmin Didot*, 1875, gr. in-8, demi-rel. mar. chag. rouge, dos et plats richement ornés, fers spéciaux, tr. dor. (*Rel. de l'éditeur*).

604. **Lacroix** (Paul). Curiosités de l'histoire du Vieux Paris, par P. L. Jacob, bibliophile. — Ruelles, Salons et Cabarets, histoire anecdotique de la littérature française, par Em. Colombey. *Paris, A. Delahays*, 1858. — Ens. 2 vol. in-16, cart. perc. (*Cart. de l'éditeur*).

605. **Lacroix** (P.). Ed. **Fournier** et P. **Seré**. Histoire de l'Imprimerie et des arts et professions qui se rattachent à la Typographie, etc., comprenant l'histoire des anciennes corporations et confréries... depuis leur fondation jusqu'à leur suppression en 1789. *Paris, A. Delahays, s.d.*, gr. in-8, fig. dans le texte et pl. hors texte en noir et en couleurs, cart. Bradel, tête dor., non rog , couv.

606. **La Fayette** (Mme de) Mémoires de Hollande, histoire particulière en forme de roman, 4e édit., revue sur l'édit. originale, par J. P. A. Parison, et pub. avec des notes, par A. T. Barbier. *Paris, J. Techener*, 1856, in-16, pap. vergé, portr., demi-rel., tête dor., non rog.

607. **La Ferrière-Percy** (H. de). Marguerite d'Angoulême (sœur de François Ier), son livre de dépenses (1540-1549), Étude sur ses dernières années. *Paris, Aubry*, 1862, in-12,

pap. vergé de Holl., portr. et fig., demi-rel. mar. bl. clair, tête dor., non rog., couv.

608. **La Fizelière** (A. de). Histoire de la Crinoline au temps passé, suivie de la Satire sur les cerceaux, paniers, etc., par le Chevalier de Nisard, et de l'indignité et de l'extravagance des paniers, par un Prédicateur. *Paris, Aubry*, 1859, in-16, demi-rel. dos et coins de mar. br., dos orné, fil., tête dor., non rog., couv. illust. (*Capé*).

609. **La Fizelière** (A. de). Vins à la Mode et Cabarets au XVII° siècle, Frontispice à l'eau-forte de Maxime Lalanne. *Paris, Pincebourde*, 1866, in-16, pap. vergé, cart. Bradel, tête dor., non rog.

610. **La Folie** (De). Le Philosophe sans prétention, ou l'Homme rare ; ouvrage physique, chimique, politique et moral, dédié aux savants, par N. D. L. F. *Paris, Clousier*, 1775, in-8, fig., tr. r. (*Rel. anc.*).

Fleuron sur le titre, figure et vignette en-tête signés L. S. et gravés par Boisset.

Dans le même volume : Errotika Biblion. *Rome, imprimerie du Vatican*, 1783, in-8.

611. **La Fontaine.** Œuvres ; nouvelle édition, revue, mise en ordre, et accompagnée de notes, par C. Walckenaer. *Paris, Lefèvre, (impr. de P. Didot l'aîné)*, 1822, 6 vol. in-8, portr. gr. par Dequevauviller et fig. d'après Moreau, demi-rel., dos et coins de v. br., dos orné, non rog. (*Rel. de l'époque*).

612. **La Fontaine.** Les Amours de Psyché et de Cupidon, avec le Poème d'Adonis. Edition ornée de figures dessinées par Moreau le Jeune, et gravées sous sa direction. *Paris, Saugrain et Didot an V*, 1797, 2 vol. in-12, mar. rouge, dos ornés à pet. fers, fil., dent. int., tr. dor. (*Chambolle-Duru*).

1 portrait d'après Rigaud, gravé par Audouin et 8 figures de Moreau grav. par Dambrun, Duhamel, Dupréel, de Ghendt, Halbon, Petit et Simonet. — Exemplaire sur papier vélin avec la double suite des figures avec la lettre et AVANT LA LETTRE.

613. **LA FONTAINE**. Contes et Nouvelles en vers, par M. de La Fontaine. *Amsterdam* (*Paris*, *Barbou*), 1762, 2 vol. in-8, portr. par Ficquet, fig. par Eisen, fleurons par Choffard, mar. vert olive, dos ornés, large dent. à petits fers sur les pl., dent. int., gardes de pap. dor., tr. dor. (*Padeloup*.)

Édition publiée aux frais des fermiers-généraux, avec une notice sur La Fontaine par Diderot.

Magnifique exemplaire dans une belle et riche reliure de *Padeloup* avec son étiquette. Les figures sont superbes d'épreuves ; celles du *Cas de Conscience* et du *Diable de Papefiguière* sont en double état, *couvertes* et *découvertes*; on y a ajouté les *figures refusées* pour *Le Tableau* et pour *La Clochette*.

614. **La Fontaine.** Contes et Nouvelles de Jean de La Fontaine, ornées d'estampes d'Honoré Fragonard, Monnet, Touzé et Milius, gravées d'après les dessins originaux par Le Rat, Milius, Mongin et R. de Los Rios. Edition revue et augmentée d'une notice par Anatole de Montaiglon. *Paris*, *Rouquette*, 1883, 2 vol. in-8, demi-rel. mar. bleu, dos ornés, fil., têtes dor., non rog. couv.

Exemplaire sur papier vélin à la Cuve avec un double état de la suite des grandes eaux-fortes avec la lettre et avant la lettre.

615. **La Fontaine.** Fables choisies, mises en vers, par J. de La Fontaine ; nouvelle édition, gravée en taille-douce, les figures par le sieur Fessard, le texte par le sieur Montulay, dédiée aux Enfants de France. *A Paris*, *chez l'auteur*, 1765-1775, 6 vol. in-8, fig., mar. rouge, dos orné, 3 fil., dent. int., tr. dor. (*Rel. anc.*).

1 frontispice, un écusson au tome Ier, 244 figures, 243 vignettes et 229 culs-de-lampe, en tout 718 pièces, par Bardin, Bidault, Caresme, Desrais, Houël, Huet, Kobell, Leclère, Leprince, Loutherbourg, Meyer et Monnet (texte gravé par Montulay et Drouët).

Bel exemplaire dans une jolie reliure ancienne, bien conservée.

616. **La Fontaine**. Fables gravées en caractères sténographiques. *Paris*, *T. P. Bertin* (an IV), in-18, portr. ajouté, gravé par Scriven, vign., v. porph., dos orné, fil. (*Rel. de l'époque*).

617. **La Fontaine**. Fables, suivies d'Adonis, poëme. Edition stéréotype. *Paris*, *P. Didot l'aîné*, an VII, 2 tomes

en 1 vol. in-12, mar. rouge à long grain, dos orné, fil. et dent. sur les pl., dent. int., mors de mar. rouge, tr. dor. (*Bradel*).

Bel exemplaire en grand papier vélin, auquel on a ajouté un portrait de La Fontaine, gravé par Ficquet d'après Rigault, avec la fable du Loup et l'Agneau (remargé), dans une jolie reliure de Bradel l'aîné avec son étiquette.

618. **La Fontaine**. (Quelques Fables choisies de), mises en vers patois Limousin, par J. Foucaud, avec le texte français à côté. *Limoges*, *Bargeas*, 1809, 2 vol. in-12, br., non rog., couv.

619. **La Fontaine**. Fables choisies de La Fontaine, ornées de figures lithographiques de MM. Carle Vernet, Horace Vernet et Hipolyte (*sic*) Lecomte. *De l'imprimerie de Pain, Paris, à la lithographie d'Engelmann*, 1818, 2 vol. in-fol. oblong, demi-rel. veau brun, dos ornés, non rognés. (*Hering*).

Manque le titre du tome second ; tache d'encre dans la marge.

620. **La Fontaine.** Fables, illustrées par Grandville. *Paris*, *Furne et Cie*, 1842-1843, 2 vol. gr. in-8, demi-rel. chag. vert. (*Mouillures*).

621. **La Fontaine.** Les Œuvres postumes (*sic*) de M. de La Fontaine (publiées par Mme Ulrich). *A Paris*, *chez Guill. de Luyne*, 1696, in-12, mar. rouge, dos orné, fil., dent. int., tr. dor. (*Brany*).

Ce volume renferme *sept nouvelles fables*, le conte du *Quiproquo*, et autres pièces alors inédites.

622. **La Fontaine**. Pièces de théâtre de Monsieur de La Fontaine. *La Haye*, *Adrien Moetjens*, 1702, pet. in-12, mar. vert, fil. à fr., dent. int., tr. dor.

Edition originale collective.

623. **La Fontaine**. Poëme du Quinquina et autres ouvrages en vers de M. de La Fontaine. *Paris*, *Denis Thierry et*

Claude Barbin, 1682, in-12, mar. rouge, dos orné, fil., dent. int., tr. dor. (*Brany*).

Ce recueil renferme, indépendamment de ce poëme, la *Matrone d'Ephèse*, *Belphégor*, et les deux opéras *Galathée* et *Daphné*, le tout imprimé pour la première fois.

624. **La Grange-Chancel.** Les Philippiques. Odes, avec des notes historiques et littéraires. *Paris, an VI de la Liberté*, 1795, in-12, pap. vél., mar. vert à long grain, dos orné, encad. de fil.,dent., tr. dor. (*Bozérian*).

625. **Lalauze** (A.). Le Petit Monde. Collection de 10 eaux-fortes, par Ad. Lalauze (avec une préface par E. Montrosier). *Paris, Cadart, s. d.* (1874), in-4, sur Holl., en feuilles, couv.

626. **Lallemand** (Ch.). Les Paysans Badois ; esquisse de mœurs et de coutumes, texte et dessins par Charles Lallemand. *Strasbourg, Salomon, s. d.*, in-4, fig. dans le texte et 16 pl. hors texte color., en feuilles, couv.

627. **Lamartine** (A. de). Chant du Sacre, ou la Veille des Armes. *Paris, Baudouin et U. Canel*, 1825, gr. in-8, cart., non rog.

Dans ce même volume : Le Sacre de Charles dix. *Paris, Ladvocat, s. d.* - La Vision, par Mlle Delphine Gay. *Trente mai* 1825. — Sainte Geneviève. Ode sur le Baptême de S. A. R. Monseigneur le duc de Bordeaux, par J. V. Périès. *Paris, impr. de Didot l'aîné, s. d.* — Elégies savoyardes, par Alex. Guiraud, dédiées à Mme la comtesse Baraguey d'Hilliers. *Paris, Trouvé*, 1823.

Editions originales. — *Ex-libris* de Viollet Leduc.

628. **LAMARTINE** (A. de). O Brasil à Alphonse de Lamartine 1856. Souscripteurs au Cours familier de Littérature, in-fol., dos de mar. La Vall., plats en bois des Iles, avec incrustations en nacre et en couleurs, doublé et gardes en moire blanche, dent., mors de mar. La Vall., tr. dor., avec boîte en bois des iles, doublée de satin blanc. Aux armes du Brésil.

Album Amicorum, contenant nombreuses signatures autographes de souscripteurs brésiliens, au Cours familier de Littérature, parmi lesquelles on remarque celles de D. Pedro et de Thérèse Marie Christine de Bourbon. Plus les portraits de l'empereur du Brésil, et de Alph. de Lamartine.

629. **La Martinière** (de). Tombeau de la Folie, dans lequel se void les plus fortes raisons que l'on puisse apporter pour faire connoître la réalité et la possibilité de la pierre philosophale, et d'autres raisons et expériences qui en font voir l'abus et l'impossibilité, par le S[r] de La Martinière, médecin et opérateur ordin. du Roy. *A Paris, chez l'Auteur, s. d.* (vers 1670), pet. in-8, portr., v. gr. ant.

630. **Lamennais**. Paroles d'un Croyant. *Paris, E Renduel*, 1834, in-8, demi-rel. v. f., dos orné, tr. marbr. (*Rel. de l'époque*).

Edition originale.

631. **Lamotte-Valois** (de). Affaire du Collier. Mémoires inédits du comte de Lamotte-Valois, sur sa vie et son époque (1754-1830), pub. d'après le Mss. autographe, avec une histoire préliminaire, des pièces justificatives et des notes par L. Lacour. *Paris, Poulet-Malassis*, 1858, in-12, pap. vergé de Holl., demi-rel. chag. r. poli, tête dor., non rog.

632. **La Nature**. Revue des Sciences et de leurs applications aux arts et à l'industrie. Journal hebdomadaire illustré. *Paris*, 1876-1883, 10 vol. gr. in-8 ; les 8 premiers br. non rog., couvertures, et les 2 derniers, cart. toile, dos et plats ornés, fers spéciaux, tr. dor. (*Rel. de l'éditeur*).

1876, 1er et 2e semestres ; 1877, 1er et 2e semestres ; 1878, 1er semestre ; 1879, 2e semestre ; 1880, 1er et 2e semestres ; 1883, 1er et 2e semestres.

633. **Lando** (Ortensio). Paradossi, Cive, Sententie fuori del commun parere, nouellamente uenute in luce. Opra non men dotta che piaceuole, e in due parti separata. *In Vinegia*, 1544, in-8, caractères ronds, v. f., dos orné, fil., tr. peig.

634. **Langlois** (E.-H.). Essai sur les Enervés de Jumièges, et sur quelques décorations singulières des églises de cette Abbaye ; suivi du Miracle de Sainte Bauteuch. *Rouen, Frère*, 1838, in-8, fig., br., couv.

635. **La Perrière de Roiffé** (de). Extrait du nouveau système général de Physique et d'Astronomie, ou du système électrique de l'univers... *Paris, Debure l'aîné,* 1761, in-12, mar. rouge, dos orné, 3 fil. avec coins dor., tr. dor. (*Rel. anc.*).

Exemplaire de l'auteur, annoté et corrigé de sa main.

636. **La Popelinière** (Le Riche de). Tableaux des mœurs du temps, dans les différents âges de la vie. Notice de Ch. Monselet. *Paris, imprimerie des ci-devant fermiers généraux*, 1867, 2 vol. pet. in-8, pap. de Holl., front. et culs-de-lampe à l'eau-forte, cart. perc., non rog., couv.

637. **La Porte** (Abbé de). La France littéraire, ou les Beaux-Arts, contenant les noms et les ouvrages des gens de lettres, des savants et des artistes célèbres qui vivent actuellement en France; augmenté du Catalogue des Académies établies tant à Paris, que dans les différentes villes du royaume. *Paris, Duchesne*, 1756, in-16, v. marb. ant.

638. **Larcher** (L.-J.). La Femme jugée par les grands écrivains des deux sexes, ou la femme devant Dieu, devant la nature, devant la loi et devant la société, nouvelle édition entièrement refondue et considérablement augmentée. *Paris, Garnier frères*, 1854, gr. in-8, fig. sur acier, cart. toile, fers spéciaux, tr. dor. (*Cart. de l'éditeur*).

639. **Larchey** (Lorédan). Dictionnaire historique d'Argot, 7e édition des Excentricités du langage, considérablement augmentée et mise à la hauteur des révolutions du jour. *Paris, Dentu*, 1878, in-12, cart. Bradel, tête jasp., non rog., couv.

640. **Larchey** (Lorédan). Mémorial illustré des deux sièges de Paris, 1870-1871, texte de Lorédan Larchey. 320 illustrations de Bocourt, Chifflart, Clerjet, Darjon, Deroy, Gustave Doré, Godefroy Durand, Ferat, Grandsire, Janet, etc., etc. *Paris*, 1872, gr. in-4, cart. toile, ornem. sur les plats, tr. dor. (*Rel. de l'éditeur*).

641. **Larive et Fleury**. Dictionnaire français illustré des Mots et des Choses, ou Dictionnaire encyclopédique des écoles, des métiers et de la vie pratique ; orné de plus de 4000 gravures, de 150 cartes géographiques en deux teintes et de 12 cartes hors texte en plusieurs couleurs dressées spécialement par un Géographe, à l'usage des maîtres, des familles et des gens du monde. *Paris, G. Chamerot*, 1884-1890, 3 tom. en 180 liv. in-4, à 3 col.

642. **La Rochefoucauld**. Œuvres ; nouv. édit., revue sur les plus anciennes impressions et les autographes, et augmentée de morceaux inédits, de variantes, de notices, de notes, d'un Lexique des mots et locutions remarquables, etc. par D. L. Gilbert et J. Gourdault, *Paris, Hachette et Cie*, 1868-1883, 3 tom. en 4 vol. in-8 et Album. — Œuvres inédites, pub. d'après les mss. conservés par la famille, et précédées de l'histoire de sa vie, par Ed. de Barthélemy. *Paris, Hachette et Cie*, 1863, in-8. — Ens. 5 vol. in-8, et Album cart. Bradel, tête dor., non rog,

De la Collection des Grands Ecrivains de la France.

643. **La Rochefoucauld**. Maximes ; premier texte imprimé à La Haye en 1664. Collationné sur le Ms. autographe et sur les éditions de 1665 et 1678, précédé d'une préface par Alph. Pauly. *Paris, D. Morgand*, 1883, in-8, pap. de Holl., br., couv.

Exemplaire avec envoi autographe de l'éditeur.

644. **La Rochefoucauld**. Mémoires de M. D. L. R. (de La Rochefoucauld) sur les Brigues à la mort de Louis XIII. Les Guerres de Paris et de Guyenne, et la Prison des Princes. Apologie pour Monsieur de Beaufort. Mémoires de Monsieur de la Chastre. Articles dont sont convenus Son Altesse Royalle et Monsieur le Prince pour l'expulsion du Cardinal Mazarin. Lettre de ce Cardinal à Monsieur de Brienne. *A Cologne, chez Pierre Van Dyck, (à la Sphère)* 1662. Pet. in-12, papier fort, dans sa première reliure en vélin blanc à recouvrements,

645. **Lasalle** (A. de). L'Hôtel des Haricots, maison d'arrêt de la Garde nationale de Paris, 70 dessins par Edm. Morin. *Paris, Dentu, s. d.*, pet. in-8, carré, demi-rel. mar. orange, fil., tête dor., non rog., *couv. fatiguée.*

Premier tirage.

646. **Latour** (Tenant de). Mémoires d'un Bibliophile. *Paris, Dentu*, 1861, in-12, demi-rel. mar. La Vall., tête dor., non rog.

647. **Laurent de l'Ardèche** (P.-M.) Histoire de l'Empereur Napoléon, illustrée par Horace Vernet. *Paris, J.-J. Dubochet.* 1839, gr. in-8, demi-rel. v. bleu, tr. jasp. (*Rel. de l'époque).*

Exemplaire de premier tirage.

648. **Lauzun.** Mémoires du Duc de Lauzun (1747-1783), publiés entièrement conformes au manuscrit avec une étude sur la vie de l'auteur, 2e édition, sans suppressions et augmentée d'une préface et de notes nouvelles, par Louis Lacour. *Paris, Poulet-Malassis et de Broise,* 1858, in-12, demi-rel. maroq. grenat, fil., tête dor., non rog., couverture imprimée.

649. **Lebeuf** (Abbé). Histoire de la ville et de tout le diocèse de Paris (Tomes I à V.) *Paris, Féchoz et Letouzey*, 1883, 5 vol. gr. in-8, br., couv.

650. **Le Brun** (R. P. Pierre). Discours sur la Comédie, ou Traité historique et dogmatique des Jeux de Théâtre et des autres divertissements comiques soufferts ou condamnés depuis le premier siècle de l'Eglise jusqu'à présent. Avec un Discours sur les Pièces de Théâtre, tirées de l'Ecriture Sainte. Seconde édition, augmentée de plus de la moitié. *Paris, Vve Delaulne*, 1731, in-12, demi-rel. dos et coins de mar. bl., fil., tête dor., non rog.

651. **Leconte de Lisle.** Poèmes antiques, *Paris, Marc Ducloux*, 1852, in-12, br.

Edition originale, avec la couverture.

652. **Leconte de Lisle**. Poésies Barbares. *Paris*, *Poulet-Malassis*, 1862, in-12, pap. vél., cart. dos et coins de mar. r.

Edition originale, avec la couverture.
Bel exemplaire lavé et encollé, et entièrement non rogné.

653. **Le Digne** (Nic.) Recueil des premières œuvres chrestiennes de N. Le Digne, sieur de l'Espine-Fontenay, rassemblées par A. de La Forest, sieur du Plessis. *Paris*, *Périer*, 1600.— Le Tombeau de Jean Lois de La Rochefoucault, comte de Randan, baron du Luguet et de Marton, etc. (avec autres poésies). *Paris*, *Périer*, 1600. — Description du médaillon d'or antique d'Alexandre-le-Grand, présenté au Roy, pris du latin du sieur de Rimon, par N. Le Digne. *Paris*, *Périer*, 1601. — Ensemble 3 vol. pet. in-12, mar. rouge, dos orné, comp. de fil. avec coins dor., dent. int., tr. dor. (*Capé*)

654. **Legay** (Marcel). Rondes du Valet de Carreau. Vers autographes de François Coppée. Texte de George Auriol. Illustrations de Steinlen. *Paris*, *Brandus et Marpon* 1887, in-4, cart. illustré en couleurs, dos percaline nou rogné.

Musique de Marcel Legay.
Exemplaire sur papier vélin teinté.

655. **Légende Joyeuse** (La) ou les Cent une leçons de Lampsaque. *A Londres*, *chez Pynne*, 1749, in-18, front. et vign., mar. olive, dos orné, dent. à petits fers sur les pl., tr. dor. (*Rel. anc.*)

Recueil de 101 contes grivois, dont le *texte* est entièrement *gravé*. Bel exemplaire dans une reliure ancienne bien conservée.

656. **Legué** (Gabriel). Urbain Grandier et les possédées de Loudun, documents inédits. *Paris*, *Ludovic Baschet*, 1880, gr. in-8, br., couvert. parch.

Portrait, figures sur Chine et fac similés. — L'un des 10 exemplaires tirés sur papier Whatman.
Envoi autographe de l'auteur signé.

657. **Lemercier de Neuville**. Soirées Parisiennes. I Pupazzi, texte et images par Lemercier de Neuville. *Paris, Dentu*, 1866.— Paris-Pantin ; deuxième série des Pupazzi, édition illustrée de trente dessins. *Paris, A. Lacroix et Cie*, 1868 ; Ensemble 2 vol. in-12, cart. perc., non rog. couv. (*Laureaux*).

Sur la feuille de garde du 1er volume, une dédicace autographe amusante.
« *A mon ami Ch. Monselet.* »
« *Imitation d'une chanson connue.* »
« *Les critiques paresseuses*
« *Qu'on dévore le Lundi*
« *N'ont pas osé, les peureuses,*
« *Parler de mes Pupp.. Ah ! Di...*
« *... avolo ! Je t'en supplie*
« *Ma victime, ô Monselet !*
« *En déplorant ma folie,*
« *Vois tout beau, même le laid.*
« *Lemercier de Neuville.* »

658. **Lemerre** (A.) Le Livre du Bibliophile. *Paris, Lemerre*, 1874, pet. in-12, pap. vergé, mar. rouge jans., dent. int., tr. dor. (*Allô*),

Exemplaire avec envoi autographe signé de l'auteur, à M. Allô.

659. **Lemonnier** (Cam.) Le Mort ; portrait de Lenain. *Bruxelles, Kistemaeckers*, 1882, in-32, cart. Bradel, tête dor., non rog.

Edition originale, avec la couverture.
Exemplaire tiré sur papier de Hollande.

660. **Lémontey** (P.-E.) Histoire de la Régence et de la minorité de Louis XV, jusqu'au ministère du Cardinal de Fleury, *Paris, Paulin*, 1832, 2 vol. in-8, cart., non rog.

661. **Le Moyne** (le P. Pierre). Saint Louys ou la sainte couronne reconquise, poëme héroïque. *Paris, Aug. Courbé*, 1658, in-12, front. et fig. de Chauveau, vél. ant. (*Mouillures*).

Poëme en XVIII livres, contenant 17.764 vers, dans le nombre desquels il s'en trouve de fort beaux ; il est précédé d'un *Traité du poëme héroïque.*

662. **Le Noble** (Alex.) La Rapinéide, ou l'Atelier, poème burlesco-comico-tragique en 7 chants, par un ancien rapin

des ateliers Gros et Girodet. *Paris*, *Barraud*, 1870, pet. in-8, pap. vergé, fig. sur bois et eaux-fortes, cart. Bradel, tête dor. non rog., couv.

663. **Le Petit** (Jules). Bibliographie des principales éditions originales d'écrivains français des XVe au XVIIIe siècle. *Paris*, *Quantin*, 1888, gr. in-8, br. non rog., couverture avec ornements dorés.

Ouvrage contenant environ 300 fac-similés de titres des livres décrits. — Exemplaire sur papier de Hollande.

664. **Le Roux** (Hugues) Calendrier parisien (1892), 13 lithographies par Dillon. *Paris*, *L. Conquet*, 1892, in-16, titre r. et n., texte encadré de fil. r., br., couv.

Exemplaire tiré sur papier vélin, avec double épreuve des gravures : avec la lettre sur Japon et avant la lettre sur Chine volant (non mis dans le commerce).

665. **Leroux** (P.-J.) Dictionnaire comique, satyrique, critique, burlesque, libre et proverbial. Nouvelle édition, revue, corrigée et considérablement augmentée. *Pampelune* (*Paris*), 1786, 2 vol. in-8, bas. gr., tr. marb.

Transposition de l'*Avertissement*, qui se trouve placé après la page 16 du tome I.

666. **Leroy** (Ch.). Les Aventures du major Van-Trouspet, medecin du colonel Ramollot, illustré par Ch. Clerice. *Paris*, *Kolb*, *s. d.*, in-12, demi-rel. mar. r., dos orné, fil., tête dor., couv.

Exemplaire tiré sur papier du Japon. — Exemplaire (n° 6), avec envoi autographe signé de l'auteur.

667. **Leroy** (Ch.). La Boite à Musique ; roman comique, préface par A. Silvestre. *Paris*, *Frinzine et Cie*, 1885, in-12, demi-rel. mar. r., dos orné, fil., tête dor., non rog.

Edition originale, avec la couverture.
L'un des 35 exemplaires tirés sur papier de Hollande. — Exemplaire (n° 3), avec envoi autographe signé de l'auteur.

668. **Leroy** (Ch.). Le Colonel Ramollot. Recueil de récits militaires, suivi de Fantaisies civiles, avec une préface de Et. Carjat. *Paris*, *Marpon et Flammarion*, 1883, in-12,

avec illustrations de A. Bertrand, de Sta, Ed. Morin, Ferdinandus, F. Régamey, J. Hanriot, etc., cart., dos de mar. r., non rog., couv. (*Lemardeley.*)

L'un des 50 exemplaires tirés sur papier de Hollande. Exemplaire (n° 9) avec envoi autographe signé de l'auteur.

669. **Leroy** (Ch.). Nouveaux Exploits du colonel Ramollot, illustrations de A. Bertrand, Draner, Ferdinandus, Fraipont, Henriot, Kaufmann, etc. *Paris, Marpon et Flammarion, s. d.*, in-12, cart. dos de mar. r., non rog., couv. (*Lemardeley.*)

Exemplaire sur papier de Hollande, avec double épreuve du frontispice, et avec Envoi autographe signé de l'auteur.

670. **Leroy** (Ch.). Faits et Gestes du Sergent Roupoil, le souffre-douleur du Colonel Ramollot. *Paris, Librairie illustrée, s. d.*, in-12, nombr. illustrations, demi-rel. mar. r., dos orné, fil., tête dor., non rog., couv.

L'un des 10 exemplaires tirés sur papier du Japon. — Exemplaire (n° 4) avec envoi autographe signé de l'auteur.

671. **Leroy** (Ch.). Les Fredaines du Commandant Vermoulu, illustrations par Draner. *Paris, Kolb, s. d.*, in-12, br., couv. avec aquarelle.

L'un des 10 exemplaires tirés sur papier du Japon. Exemplaire (n° 3), avec envoi autographe signé de l'auteur.

672. **Leroy** (Ch.). Guibollard et Ramollot, illustrations d'Uzès. *Paris, Marpon et Flammarion, s. d.*, in-12, demi-rel. mar. r., dos orné, fil., tête dor., non rog., couv.

L'un des 100 exemplaires tirés sur papier de Hollande. — Exemplaire (n° 96) avec envoi autographe signé de l'auteur.

673. **Leroy** (Ch.). Le Lieutenant Bernard. *Paris, Librairie illustrée, s. d.*, in-12, nombr. illustrations; demi-rel. mar. r., dos orné, fil., tête dor., non rog., couv.

Exemplaire tiré sur papier du Japon (n° 10).

674. **Leroy** (Ch.). Madame Flercadet, cantinière au Régiment de Ramollot, illustré par Ch. Clerice. *Paris, Kolb, s. d.*,

in-12, demi-rel. mar. r., dos orné, fil., tête dor., non rog., couv.

L'un des 10 exemplaires tirés sur papier du Japon.

675. **Leroy** (Charles). La Musique, illustrations par Ch. Clérice. *S. l. n. d.*, plaq. gr. in-8, br., couv.

Exemplaire tiré sur papier du Japon, avec envoi autographe signé de l'auteur.

676. **Le Sage.** Le Diable boiteux ; nouvelle édition, corrigée et augmentée d'une Journée des Parques, du même auteur, avec les Entretiens sérieux et comiques des Cheminées de Madrid et des Béquilles du Diable boiteux, par M*** (Bordelon), enrichie de Figures en taille-douce. *Paris, Damonneville*, 1756, 3 tomes en 2 vol. pet. in-12, v. marb., dos orné, tr. marb. (*Rel. anc.*)

10 jolies figures non signées.

677. **Le Sage.** Histoire de Gil Blas de Santillane. *Paris, P. Didot l'aîné*, 1819, 3 vol. in-8, demi-rel. dos et coins de mar. La Vall. ; fil., tête dor., non rog.

Exemplaire sur papier vélin, auquel on a ajouté la suite des 9 figures in-8 de Desenne, sur blanc avant la lettre.

On sait que l'étude signée François de Neufchâteau, qui se trouve en tête du premier volume, est de Victor Hugo.

678. **Lescure** (de). Eux et Elles, histoire d'un scandale ; seconde édition, revue et augmentée d'une préface. *Paris, Poulet-Malassis*, 1860, in-12, titre r. et n., texte encadré de fil. noir, cart., non rog.

679. **Lesné.** La Reliure, poème didactique en six chants, par Lesné, relieur à Paris ; seconde édition, dédiée aux amateurs de la reliure. *Paris, chez l'auteur*, 1827, gr. in-8, mar. rouge, comp. de fil., tr. dor. (*Bauzonnet.*)

Edition tirée à 125 exemplaires, tous sur grand raisin vélin et numérotés (nº 121).

680. **Lessing** (G.-E.). Du Laocoon, ou des limites respectives de la poésie et de la peinture, traduit de l'allemand, par Ch. Vanderbourg. *Paris, Renouard, an X.* — 1802,

in-8, fig. gr. par A. St-Aubin, d'après Salvage, mar. vert à long grain, dos orné à petits fers, encad. de fil., dent., doublé et gardes de moire gren., mors de mar. vert, tr. dor. (*Bozérian.*)

Exemplaire unique tiré sur papier rose, provenant de la Bibliothèque de A.-A. Renouard, avec une lettre autographe du traducteur, Ch. Vanderbourg, adressée à M. Renouard,

681. **Lettres portugaises**, avec les réponses. — Lettres de Mlle Aïssé, suivies de celles de Montesquieu et de Mme Du Deffand, au chevalier d'Aydie, etc. Revues avec le plus grand soin sur les éditions originales, accompagnées de nombreuses notes, suivies d'un index, et précédées de deux notices biographiques et littéraires, par Eug. Asse. *Paris, Charpentier*, 1873, in-12, cart. Bradel, non rog.

Edition ornée d'un portrait de Mlle Aïssé, fac-simile d'une gravure du temps. — Exemplaire sur papier de Hollande (nº 15).

682. **Leturcq** (J.-F.). Notice sur Jacques Guay, graveur sur pierres fines du Roi Louis XV. Documents inédits émanant de Guay et Notes sur les œuvres de gravure en taille-douce et en pierres fines de la marquise de Pompadour. *Paris, J. Baur*, 1873, gr. in-8, demi-rel. dos et coins de maroq. rouge, dos orné, fil., tête dor., non rog.

Exemplaire sur papier de Hollande.

683. **Levasseur** (E.). Histoire des Classes ouvrières en France, depuis 1789 jusqu'à nos jours. *Paris, Hachette et Cie*, 1867, 2 vol. in-8, br., couv.

684. **Liberge**. Le Siège de Poitiers, suivi de la bataille de Moncontour, et du siège de Saint-Jean-d'Angély ; nouv. édit. annotée par H. Beauchet-Filleau. *Poitiers, Létang*, 1846, in-8, demi-rel. dos et coins de mar. vert, tête dor., non rog. (*Mouillures.*)

685. **Lièvre** (Ed.). Musée Graphique pour l'étude de l'Art dans toutes ses applications. *Paris, s. d.*, 2 vol. gr. in-fol., avec pl., la plupart en couleurs, en portefeuilles.

686. **Littré** (E.). Auguste Comte et la Philosophie positive. *Paris, Hachette et Cie,* 1864, in-8, cart. perc., non rog. (*Laureaux.*)

Exemplaire, avec envoi et lettre autographes de Mme veuve A. Comte.

687. **Littre** (E.). Conservation, Révolution et Positivisme ; 2e édit. augmentée de remarques courantes. *Paris*, 1879, in-12, br., couv. (*Envoi de l'auteur.*)

688. **Littré** (E.). De l'établissement de la troisième République. *Paris*, 1880, in-8, br., couv.

689. **Littré** (E.). Etudes et Glanures, pour faire suite à l'histoire de la langue française. *Paris, Didier*, 1880, in-8, demi-rel. mar. r., fil., tête dor., non rog., couv.

690. **Littré** (E.). Fragments de Philosophie positive et de sociologie contemporaine. *Paris*, 1876, gr. in-8, cart. Bradel, tête dor., non rog. (*Envoi de l'auteur.*)

691. **Littré** (E.). Littérature et Histoire. *Paris, Didier*, 1875, in-8, cart. Bradel, tête dor., non rog.

Exemplaire avec envoi autographe signé de l'auteur.

692. **Livre** (le) et l'**Image**. Revue documentaire illustrée mensuelle. Directeur littéraire : J. Grand-Carteret. Directeur-gérant : E. Rondeau (de l'origine, mars 1893 à mai 1894). *Paris, E. Rondeau*, 1893-94, 15 livrais., pet. in-4 avec nombr. illustrations dans le texte et hors texte, en noir et en couleurs, et compositions originales de MM. Crafty, F. Fau, Robida, Henriot, Adeline, H. Pille, F. Régamey, etc., etc., br., couv.

L'un des 10 exemplaires tirés sur papier du Japon (no 4) avec double épreuve des planches hors texte.
Manque les livraisons 11 et 12.

693. **Livre Jaune** (le), contenant quelques conversations sur les Logomachies, c'est-à-dire sur les Disputes de mots, abus des termes, contradictions, double-entente, faux sens, que l'on emploie dans les discours et dans les écrits.

A Bâle, 1748, in-8, pap. jaune, demi-rel., dos et coins de mar. citron, non rog. (*Thouvenin*).

Curiosité typographique (attribuée à Gros de Boze), et tirée à quelques exemplaires seulement.

Exemplaire provenant de la bibliothèque de Cicongne.

694. **Locke**. Abrégé de l'Essai sur l'entendement humain, trad. de l'Anglois, par M. Bosset, nouv. édit. *Genève*, 1738, in-8, v. marb., dos orné, tr. r. (*Rel. anc.*).

Exemplaire aux armes de Perrinet, seigneur du Jars du Peneau.

695. **LONGUS.** Les Amours pastorales de Daphnis et de Chloé (traduites du grec par Amyot), avec figures. *S. l.*, 1718, pet. in-8, fig., mar. rouge, dos orné, large dent. à petits fers sur les pl., doublé et gardes de tabis bleu, tr. dor., étui. (*Derome*).

1 frontispice par Coypel, 28 figures par Philippe d'Orléans (le Régent), gravées par B. Audran.

Superbe exemplaire dans une jolie *reliure de Derome*, avec son étiquette.

696. **Lorraine** (La) illustrée. *Paris*, *Berger-Levrault*, 1886, gr. in-4, cart. Bradel, dos percaline, tête dor., non rog., couvert. imprimée.

Nombreuses figures gravées sur bois.

697. **Louis XI.** Les Cent Nouvelles nouvelles. *Londres*, 1744, 2 vol. in-18, fleurons et vign., bas. ant.

698. **Louis XI**. Les dix dizaines des Cent Nouvelles nouvelles, avec notice, notes et glossaire, par P. Lacroix, dessins gravés de J. Garnier. *Paris*, *Librairie des bibliophiles*, 1874, 4 tomes en 5 vol. in-16, demi-rel. mar. orange, tête dor., non rog., couv..

Exemplaire contenant les figures en 2 états, en héliogravure et à l'eau-forte, par Lalauze.

699. **Louvet de Couvray**, Les Aventures du chevalier de Faublas. Précédée d'une notice sur l'auteur par V. Philipon de la Madelaine. *Paris*, *J. Mallet*, 1842, 2 vol. gr. in-8, demi-rel. veau rouge, fil.

Édition illustrée de 300 dessins, par Baron, François et C. Nanteuil. Texte encadré de filets.

700. **Lubbock** (John). L'Homme avant l'Histoire, étude d'après les Monuments et les Costumes retrouvés dans les différents pays de l'Europe, suivi d'une description comparée des mœurs des sauvages modernes, trad. de l'anglais par Ed. Barbier, avec 156 fig. interc. dans le texte. *Paris, Germer Baillière*, 1867, gr. in-8, demi-rel. chag. gren.

701. **Lucrèce**. De la Nature des choses, trad. par La Grange. *Paris, Bleuet, imp. de Didot le Jeune*, an II de la République. 2 vol. in-4, demi-rel., dos et coins de maroq. rouge, ébarbé, tête dor.

Exemplaire en grand papier vélin orné de 4 suites de figures · 1° suite de Monnet gravée par de Ghendt, avec les cadres, en noir ; 2° même suite en bistre avant la lettre; 3° même suite en noir avant lettre et cadre ; 4° suite de Gravelot, gravée par Binet.

702. **Ludovico Magno,** Theses ex uniuersa philosophia dicat et consecrat Ludovicus a Turre-Aruerniae Princeps Turennius. *Propugnabit in aula colleg. Claromontani Societ. Iesu. die Augusti. Anno* 1679, in-fol. de 8 feuillets y compris le titre, non rel., étui moderne en carton laqué verni aux armes de Louis XV.

Texte gravé entouré d'ornements gravés par Cossin et Michault, d'après Sevin.

703. **Lully** (de). Le Carnaval, mascarade mise en musique par M. de Lully, conseiller secrétaire du Roy... Représentée par l'Académie royale de musique, en l'année 1675. *Paris, de l'imprimerie de J.-B. Christophe Ballard*, 1720, in-fol., portr. ajouté de Lully, gravé par A. de St-Aubin d'après Cochin, mar. rouge, dos orné, 3 fil., dent. int.

Exemplaire aux armes du Roi Louis XV.
Cette mascarade est un composé de différents divertissements françois, espagnols, italiens et turcs. Partition générale imprimée pour la première fois.

704. **Ly'onell** (Emile Daclin). L'Art de relever sa robe. *Paris, P.-Malassis*, 1862, in-16, pap. vél., cart. perc., non rog. (*Behrends*).

705. **Maindron** (E.). Le Champ de Mars (1751-1889). Ouvrage illustré de 70 lettres ornées par J. Adeline et de 114 reproductions d'après les documents originaux. *Lille et Paris*, 1889, gr. in-8, demi-rel. mar. La Vall., tête dor., non rog., couv.

706. **Maizeroy** (René). L'Amour qui saigne; portrait en héliogravure. *Bruxelles, Kistemaeckers*, 1882, in-32, cart. Bradel, tête dor., non rog.

Edition originale, avec la couverture.
Exemplaire tiré sur papier de Hollande.

707. **Malherbe.** Les Œuvres Mre François de Malherbe, gentilhomme ordinaire de la chambre du Roy. Troisième édition. *Paris, chez Antoine de Sommaville*, 1638, in-4 maroq, vert, fil., dos orné à petits fers, fil. et dent intér., doublé de vieux brocart, tr. dor.

Incomplet de la fin.

708. **Malherbe.** Œuvres, recueillies et annotées par L. Lalanne, nouv. édit., revue sur les autographes, les copies les plus authentiques et les plus anciennes impressions, et augmentée de notices, de variantes, de notes, d'un lexique des mots et locutions remarquables, etc. *Paris, Hachette et Cie*, 1862-1869, 5 vol. in-8, et album, cart. Bradel, tête dor., non rog.

De la Collection des Grands Ecrivains de la France.

709. **Mallarmé** (Stéphane). Pages. Avec un frontispice à l'eau-forte par Renoir. *Bruxelles, Edmond Deman*, 1891, in-4, demi-rel., dos et coins de maroq. vert, tête dor., non rog. Couverture. (*Alló*).

Envoi autographe de l'éditeur.
L'un des 50 exemplaires sur papier du Japon (n° 3) avec le frontispice en double état.

710. **Malo** (Ch.). Livre Mignard ou la Fleur des Fabliaux. *Paris, L. Janet, s. d.* (1826), in-12, front. et fig., mar. citron., dos orné, fil., tête dor., non rog. (*Chambolle-Duru*).

Bel exemplaire sur papier vélin avec les figures coloriées.

711. **Maltote** (la) des Cuisinières, ou la manière de bien ferrer la Mule. Dialogue entre une vieille Cuisinière et une jeune Servante. *Rouen, Behourt, s. d.*, plaq. in-8, cart. Bradel, tête dor., non rog.

Réimpression non mise dans le commerce et tirée à 32 exemplaires, publiée Gustave Véricel. *Lyon, L Perrin*, 1863. — L'un des 25 exemplaires tirés sur papier vergé teinté, avec envoi et lettres autographes signés de l'auteur.

712. **Maréchal** (Sylvain). Bibliothèque des Amans. *A Gnide. Paris, Vve Duchesne, s. d.*, in-18, titre gravé, v. marb., dos orné, 3 fil., tr. dor. (*Rel. anc.*)

713. **Marguerite de Navarre**. Les Sept journées de la reine de Navarre, suivies de la huitième (Edition de Claude Gruget, 1559) ; notice et notes par P. Lacroix, index et glossaire, planches à l'eau-forte par Flameng. *Paris, Librairie des bibliophiles*, 1872, 4 vol. in-16, pap. de Holl., demi-rel. mar. bl., tête dor., non rog., couv.

714. **Marius Michel**. Essai sur la Décoration extérieure des Livres. *Paris, Morgand et Fatout*, 1878, plaq. gr. in-8, pap. de Holl., fig. dans le texte, br., couv. (*Envoi autographe des éditeurs*).

715. **Marius Michel**. La Reliure Française depuis l'invention de l'imprimerie jusqu'à la fin du XVIIIe siècle. — La Reliure Française commerciale et industrielle depuis l'invention de l'imprimerie jusqu'à nos jours. *Paris, Morgand et Fatout*, 1880-1881, 2 vol. gr. in-8, br. non rog., couvertures.

Le 1er ouvrage est orné de 22 planches hors texte et de figures dans le texte, avec une photographie ajoutée.— Le second est orné de 23 planches hors texte et de figures dans le texte. — Exemplaires sur beau papier vélin, avec envoi autog. des Editeurs.

716. **Marot** (Clément). Œuvres .. avec les Ouvrages de Marot son père, ceux de Michel Marot son fils, et les pièces du différend de Clément avec Francois Sagon; accompagnées d'une préface historique et d'observations critiques (par Lenglet du Fresnoy). *La Haye, P. Gosse et*

J. Neaulme, 1731, 6 vol. in-12, portr., v. marb., dos ornés, tr. r. (*Rel. anc.*)

717. **Marot** (Clément). Œuvres, augmentées d'un grand nombre de ses compositions nouvelles par ci-devant non imprimées. Le tout mieux ordonné comme l'on voirra ci-après et soigneusement reveu, par Georges Guiffrey. *Paris, Morgand et Fatout, (imprimerie Claye)*, 1875-1881 (Tom. II et III), 2 forts vol. in-8, pap. de Holl., fig. sur bois dans le texte, br., couv.

718. **Marteau** (Amédée) Satires, avec un frontispice dessiné et gravé par Bracquemond. *Paris, P.-Malassis*, 1861, in-8, pap. vél., titre r. et n., texte encadré de fil. n., br., couv.

Exemplaire avec envoi autographe signé de l'auteur.

719. **Martial de Paris,** dit d'Auvergne. Aresta amorum, cum erudita Benedicti Curtii Symphoriani explanatione. *Lgduni, apud Seb. Gryphium*, 1538, pet. in-4, demi-rel. v. f., dos orné. tr. peig. (*Petit-Simier*).

720. **Martial** (Val.) Epigrammes, traduct. nouv. et complète, par feu E. T. Simon, avec le texte latin en regard ; des notes et les meilleures imitations en vers français, depuis Cl. Marot jusqu'à nos jours, pub. par le général baron Simon, son fils, et P. R. Auguis. *Paris, Guitel*, 1819, 3 vol. in-8, demi-rel. v. f., tr. peig. (*Bousquet*).

721. **Martial** (Toutes les Epigrammes de), en latin et en français, distribuées dans un nouvel ordre, avec notes, éclaircissements et commentaires; publiées par M. B*** (Beau). *Paris, Gié-Boullay*, 1842-43, 3 vol. in-8, demi-rel. v. f., tr. peig. (*Bousquet*).

722. **Martin** (Alexis). Le Bibliophile Amoureux ; pochade en un acte en vers, représentée le 13 avril 1866, chez Aglaüs Bouvenne, sur un Théâtre de Guignol, illustré par

Edmond Morin, J. Jacquemart et K. Fichot fils. *Paris, MVIIILXVI* (1866), gr. in-8 de 17 pp. lithogr., br., couv.

Tiré à 30 exemplaires numérotés. Exemplaire n° 14 avec le nom de *M. Félix Régamey* et avec envoi autographe de l'auteur à *M. Aglaüs Bouvenne.*

723. **Maucroix.** Œuvres diverses, publiées par Louis Paris, sur le manuscrit de la Bibliothèque de Reims. *Paris, J. Techener*, 1854, 2 vol. in-8, pap. vergé, cart. Bradel, tête dor., non rog.

724. **MAUPASSANT** (Guy de). Contes choisis. Illustrations par MM. G. Jeanniot, G. Scott, F. Gueldry, P. Vidal, Evert Van Muyden, P. Gervais, P. Avril, A. Gérardin et Ch. Morel. Publiés par les Bibliophiles contemporains. *Paris, imprimé aux frais et pour les Sociétaires de l'Académie des Beaux Livres*, 1891-92, gr. in-8, mar. brun, comp. de fil., ornem. de branches, feuillages et fleurs de fuchsia en mosaïque de mar. de diverses couleurs, sur les plats, doublé et gardes de satin broché, fil. et feuillage dor., tr. dor. sur broch., couv. étui. (*Ruban*).

Le Loup. — Hautot père et fils. — Allouma. — Mouche. — La Maison Tellier. — Un Soir. — Le Champ d'Oliviers — Mademoiselle Fifi. — L'Epave. — Une partie de Campagne.

Edition tirée à très petit nombre, non mise dans le commerce.

Superbe exemplaire, entièrement non rogné, avec toutes les couvertures.

725. **Maupassant** (Guy de). Mlle Fifi, eau-forte par Just. *Bruxelles, Kistemaeckers*, 1882, in-32, cart. Bradel, tête dor., non rog.

Edition originale, avec la couverture.

Exemplaire tiré sur papier de Hollande. (*Rare.*)

726. **Maupassant** (Guy de). Monsieur Parent. *Paris, Ollendorff*, 1886, in-12, cart. Bradel, tête dor., non rog.

Edition originale, avec la couverture,

727. **Maury** (L.-F.-A.). Croyances et Légendes de l'Antiquité. *Paris, Didier*, 1863, in-8, br., couv.

728. **Maury** (Alf.). Essai sur les Légendes pieuses du moyen âge. *Paris, Lagrange*, 1843, in-8, mar. bl., dos orné, fil., tête dor., non rog., couv. (*Taches de rousseur*).

Rare. — Exemplaire avec envoi autographe de l'auteur,

729. **Meilhac** (H.). et L. **Halévy.** La Vie Parisienne ; pièce en cinq actes, par Henri Meilhac et Ludovic Halévy. Musique de J. Offenbach. *Paris, librairie illustrée*, 1875, gr. in-8, texte encadré, br., couv.

Édition illustrée de costumes coloriés, dessinés par Draner, de vignettes de P. Hadol, des portraits des auteurs de la musique et du livret, accompagnée de la musique gravée des principaux airs, et d'une notice sur la pièce.
Billet autog. de H. Meilhac ajouté.

730. **Mélanges** de littérature et d'histoire, recueillis et publiés par la Société des Bibliophiles françois. *Paris*, 1850-1856, 2 vol. in-8 écu, pap. vergé, cart. et br. (*Manque le plat supérieur de la couverture du t. II*).

731. **Mémoires** de littérature, tirés des registres de l'Académie royale des Inscriptions et Belles-Lettres, depuis l'année 1744, jusques et y compris l'année 1746 (Tome 20). *Paris, Imprimerie royale*, 1753, in-4, pl., mar. rouge, dos orné, 3 fil., dent. int., tr. dor. (*Rel. anc.*).

732. **Ménagier** (le) de Paris, Traité de morale et d'économie domestique, composé vers 1393, par un bourgeois parisien ; publié pour la première fois par la Société des Bibliophiles françois. *Paris, de l'imprimerie de Crapelet*, 1846, 2 vol. in-8, cart., percaline, non rog. (*Behrends*).

Exemplaire sur papier de Hollande.

733. **Ménard** (Louis). Poëmes. *Paris, Dutu*, 1855, in-12, demi-rel. mar. bl., dos orné, fil., tête dor., non rog.

Édition originale, avec la couverture.
Envoi autographe signé de l'auteur.

734. **Mendès** (Catulle). Grande-Maguet ; roman contemporain. *Paris, Charpentier*, 1888, in-12, br.

Edition originale, avec la couverture.
L'un des 25 exemplaires tirés sur papier de Hollande (n° 15).

735. **Menestrier**. Nouvelle Méthode raisonnée du Blason, pour l'apprendre d'une manière aisée, réduite en leçons par demandes et réponses. Enrichie de figures en taille-douce. Nouvelle édition, revuë, corrigée et augmentée. *Lyon, Bruyset*, 1728, in-12, v. gr. ant.

736. **Menestrier** (Cl.-Fr.). Nouvelle Méthode raisonnée du Blason, ou de l'art héraldique du P. Menestrier, mise dans un meilleur ordre, et augmentée de toutes les connoissances relatives à cette science, par M. L***. (P.-C. Lemoine). *Lyon, Bruyset-Ponthus,* 1780, in-8, fig., v. marb. ant.

737. **Menot.** Fratris Michaelis Menoti... Sermones quadragesimales una cum nonnullis aliis tractatibus hic colentis. (*Parisiis*). *Jehan Petit* (circa 1519), pet. in-8 goth., mar. violet, ornem à fr. et dor. sur le dos et les pl., tr. marb. (*Ginain*).

Exemplaire de Charles Nodier, portant un envoi autographe de Baïf daté de 1561 et de nombreuses notes de sa main. — Il renferme le portrait de Baïf, par Gaucher, celui de Muret par Fiquet, et une intéressante notice autographe de Nodier.

Nodier a décrit au long ce précieux exemplaire en ses « Mélanges tirés d'une petite bibliothèque » (p. 48).

738. **Meray** (Antony). Les libres Prêcheurs devanciers de Luther et de Rabelais, étude historique, critique et anecdotique sur les XIVe, XVe et XVIe siècles. *Paris, A. Claudin,* 1860, in-16, pap. vergé, br., couv.

Tiré à 300 exemplaires.

739. **Mercier de Compiègne.** Eloge du Sein des Femmes, ouvrage curieux dans lequel on examine s'il doit être découvert, s'il est permis de le toucher, etc. Quatrième édition, revue, annotée et considérablement augmentée. *Paris, Barraud,* 1873, in-8, front., fig. et vign., demi-rel., dos et coins de mar. mauve, tête dor., non rog.

L'un des 150 exemplaires tirés sur papier vélin (n° 8), avec triple épreuve du frontispice, en *noir* sur papier vélin, en *bistre* et en *sanguine* sur Chine volant.

740. **Mercier** (L.-S.). Tableau de Paris, nouvelle édition, corrigée et augmentée. *Amsterdam,* 1783-1788, 12 tomes en 6 vol. in-8, demi-rel. v. br., dos orné, tr. marb.

741. **Mérimée** (P.) 1572. Chronique du règne de Charles IX, seconde édition. *Paris, Fournier,* 1832, in-8, demi-rel. dos et coins de chag. viol., dos orné (*Rel. de l'époque.*)

742. **Mérimée** (P.). Théâtre de Clara Gazul, comédienne espagnole. *Paris*, *Fournier*, 1830, in-8, cart., non rogné.

743. **Mespris de la Court** (Le) avec la Vie rustique. Nouvellement traduit d'Espagnol (d'Ant. de Guevarra) en françoys (par Ant. d'Alaigre). L'amye de Court. La Parfaicte amye. La contre amye. L'Androgyne de Platon. L'expérience de l'amye de Court, contre la contre amye. Le nouvel amour. *Paris*, *Guillaume Thibout*, 1550, in-16, mar. rouge, dos orné, 3 fil., tr. dor. (*Rel. anc.*)

Ce qui rend ce petit volume, précieux et si recherché des Bibliophiles, c'est qu'il contient, en outre du *Mépris de la Court* (*sic*), un recueil de pièces de vers, dont la plupart n'ont pas été réimprimées, en voici le détail :

L'amye de Court inventée par le sieur de Borderie, 20 ff.

La Parfaicte amye, nouvellement composée par Anthoine Heroët, sieur de la Maisonneuve, avec plusieurs compositions du dit auctheur, 32 ff.

La Contre Amye de Court, par Charles Fontaine, Parisien.

L'Androgyne de Platon, nouvellement traduit par Ant. Heroët.

L'Expérience de maistre Paul Angier, Carentonnais, 21 ff.

Bel exemplaire dans une charmante reliure ancienne bien conservée.

744. **Metz** (La Guerre de) en 1324, poème du XIVe siècle, publié par E. de Bouteiller, suivi d'études critiques sur le texte, par F. Bonnardot, et précédé d'une préface par Léon Gautier. *Paris*, *F. Didot et Cie*, 1875, in-8, fig. et fac-simile, demi-rel. dos et coins de mar. r., dos orné, fil., tête dor., non rog.

745. **Metz** (Relation du Siège de) en 1444, par Charles VII et René d'Anjou, publiée sur les documents originaux, par MM. de Saulcy et Huguenin aîné. *Metz*, *Troubat*, 1835, in-8, fig., carte et plans, cart. Bradel, tête jasp., non rog., couv.

746. **Metz.** Campagne et Négociations, par un Officier supérieur de l'armée du Rhin, accompagné d'une carte des environs de Metz. *Paris*, *Dumaine*, 1872, in-8, cart. Bradel, tête jasp., non rog.

747. **Meulemans** (Auguste). Revue diplomatique, chefs d'Etat, ministres et diplomates (Esquisses et Portraits).

Paris, Dentu, s. d., gr. in-8, cart. Bradel, tête dor., non rog.

Envoi autographe signé à M. Charles Cousin.

748. **Meursius** (J.). Elegantiae latini sermonis. Petri Aretini Pornodidascalus, de astu nefario Horrendisque dolis, quibus impudicae mulieres Juventuti incautae insidiantur, Dialogus (absque nota). *S. l. n. d.* (*vers* 1750), pet. in-8 de 430 pp., mar. rouge jans., dent. int., tr. dor. (*Brany.*)

Bel exemplaire relié sur brochure d'une édition non citée.

749. **MEZERAY.** Histoire de France avant Clovis. L'origine des François et leur establissement dans les Gaules, l'estat de la religion, et la conduite des Eglises dans les Gaules, jusqu'au règne de Clovis par le Sr de Mezeray (*Au Quaerendo*). *A Amsterdam, chez Abraham Wolgang, l'an* 1692, 1 tome en 2 vol. in-12, front. gr., mar. olive, dos orné, dent., doublés de mar. rouge, dent., tr. dor. (*Rel. anc.*)

Magnifique reliure exécutée par *Boyet*, pour le Régent de France *Philippe d'Orléans* Sur les plats, une large bordure composée d'entrelacs, à petits fers formant médaillons, avec séparations de branches de feuillage : au centre des médaillons, une couronne ducale (entre deux petites étoiles) alternant avec une fleur de lys. Aux quatre coins de cette bordure des sujets allégoriques, le *coq gaulois* (Emblème des d'Orléans), des *cerfs* et un *levrier* en laisse. A l'intérieur, la doublure de maroquin rouge est ornée d'une très large dentelle à petits fers, dans laquelle on retrouve la fleur de lys alternant avec des marguerites ; le dos est également orné et l'ensemble est charmant.

La reliure de ces deux beaux volumes est d'une conservation irréprochable et n'a jamais subi de réparation (*Ch. C.*)

Mouillures.

750. **Michel** (Francisque) et Edouard **Fournier**. Le Livre d'or des métiers. Histoire des hôtelleries, cabarets, hôtels garnis, restaurants et cafés, et des anciennes communautés et confréries d'hôteliers, de marchands de vins, de restaurateurs, de limonadiers, etc. *Paris*, 1851, 2 vol. gr. in-8, cart. Bradel, têtes dor., non rog., couv.

Nombreuses planches gravées.

751. **Michelet** (J.). Le Peuple. *Paris, Comptoir des imprimeurs-unis*, 1846, in-12, cart. perc., tête jasp., non rog.

Edition originale, avec la couverture.

752. **Mirecourt** (Eugène de). Histoire contemporaine. Portraits et Silhouettes au XIXe siècle. *Paris, A. Faure*, 1867. 5 vol. in-32, br.

Le Bibliophile Jacob (Paul Lacroix). — Gavarni. — Paul de Kock. — Sainte-Beuve. Timothée Trimm (Léo Lespès).

Exemplaires d'épreuves avec corrections autographes de Eugène de Mirecourt.

753. **Modes et Costumes** Français et Etrangers, anciens et modernes, dessinés et gravés par Pauquet frères, d'après les meilleurs Maîtres de chaque époque et les documents les plus authentiques. *Paris*, 1865. Recueil de 30 planches in-4, coloriées, en feuilles.

754. **Modes.** Les Différents Gouts et nouvelles Modes de Coeffures (*sic*) *Zu finden bey Joh. Martin Wiil in Augsburg, s. d.* Recueil de 24 planches coloriées, en 1 vol. in-12, mar. bleu, dos orné, large dent. à petits fers sur les pl., dent. int., tr. dor. (*Allô*).

755. **Mode** (la). 1842. *Paris, Aubert*, 1842, 2 vol. in-8, demi-rel. mar. rouge, dos ornés, fil., non rog.

Nombreuses figures en noir et en couleurs.

756. **MOLIÈRE.** Les Œuvres de Monsieur Molière. *A Paris, chez Denys Thierry, Claude Barbin et Pierre Trabouillet*, 1676, 7 vol. in-12, mar. bleu, dos ornés, fil., dent. int., tr. dor. (*Lortic*).

Cette édition est la même que celle de 1674-75, avec nouveaux titres à la date de 1676 : c'est la véritable *édition originale* comprenant toutes les pièces avec pagination suivie, elle a été publiée par Molière lui-même. Le tome VII se compose de l'*Ombre de Molière* (par Brécourt), 54 pages y compris le titre général du volume (*Edition originale*) *et du Malade imaginaire*, 150 pages, y compris le faux titre, *véritable édition originale*, imprimée sans lieu ni date.

Très bel exemplaire avec les titres en double, à la date de 1674 et 1676, pour les tomes 3 et 4.

757. **Molière.** Œuvres, nouv. édit., revue sur les plus anciennes impressions, et augmentée de variantes, de notices, de notes, d'un lexique des mots et locutions remarquables, etc., par Eug. Despois et P. Mesnard. *Paris*,

Hachette et Cie, 1873-1893, 11 vol. in-8, cart. Bradel, tête dor., non rog. (*Le tome XI est broché*).

De la collection des Grands Ecrivains de la France.

758. **MOLINET**. Les Faictz et dictz de feu de bõne memoire maistre Jehan Molinet, contenant plusieurs beaulx traictez, oraisons et champs royaulx cõme lon pourra facillemẽt trouuer par la table qui sensuyt. Nouuellement imprimez a Paris. M. D. XXXVII. *On les vend a Paris en la rue sainct Jacques a lenseigne de la fleur de lys dor chez Jehan Petit*, pet. in-8 goth., mar. rouge, dos orné, fil., tr. dor. (*Derome*).

Bel exemplaire bien conservé dans une jolie et fraîche reliure ancienne, provenant des bibliothèques de Henri Bordes et Guy Pellion.

759. **Monacologie**, illustrée de figures sur bois. *Paris, Paulin*, 1844, pet. in-8, demi-rel., dos et coins de mar. La Vall., dos orné, tête dor., non rog.

Cette publication, due à M. Charles Martins, reproduit en regard le texte latin d'Ignace de Born. « Barbier. *Anonymes t. 3, col. 332, e* ».

760. **Moncrif** (F.-A. Paradis de). Les Chats. *Paris, Quillau*, 1727, in-8, fig., v. gr. ant. (*Qq. feuillets tachés*).

9 figures originales dont deux pliées, par Charles Coypel, gravées à l'eau-forte par Caylus; 1 vignette représentant le *dieu Pet*.

761. **Monfalcon** (J.-B.). Le Nouveau Spon, ou manuel du bibliophile et de l'archéologue lyonnais. *Lyon, Vingtrimer*, 1856, gr. in-8, portr., fig. dans le texte et pl. hors texte, cart., non rog.

Exemplaire sur papier de Hollande.

762. **Moniteur** (Le) **du Bibliophile,** Gazette littéraire, anecdotique et curieuse. Directeur Jules Noriac. Rédacteur en chef Arthur Heulhard. *Paris*, 1878-1881, 3 années, gr. in-8, br., non rog., en livraisons, couv.

36 livraisons du 1er mars 1878 au 1er février 1881, — manque le no du 1er mars de l'année 1880.

763. **Monnier** (Ant.). Eaux-fortes et Rêves creux, Sonnets excentriques et poëmes étranges. *Paris, Willem,* 1873, gr., in-8, br., couv.

L'un des 30 exemplaires numérotés sur papier de Chine (n° 21 .

764. **Monnier** (Henry). Les Bourgeois de Paris. — Scènes comiques. *Paris, Charpentier,* 1854, in-12, cart., dos de perc., non rog. (*Lemardeley*).

Edition originale.

765. **Monnier** (H.). Rencontres parisiennes. Suite de 37 planches, dessinées par Henri Monnier, lith. par Senefelder, en 1 vol. in-4 obl., cart.

766. **Monselet** (Charles). Catalogue, détaillé, raisonné et anecdotique d'une jolie collection de Livres rares et curieux, dont la plus grande partie provient de la bibliothèque d'un Homme de Lettres bien connu. *Paris, Pincebourde,* 1871, in-8, br., couv.

Exemplaire sur papier de Hollande.

767. **Monselet** (Ch.). De Montmartre à Séville. *Paris, A. Faure,* 1865, in-12, br.

Edition originale, avec la couverture.

768. **Monselet** (Ch.). Le Plaisir et l'Amour. *Paris, Sartorius,* 1865, in-12, portr., br.

Edition originale, avec la couverture.

769. **Monselet** (Ch.). Portraits après décès, avec Lettres inédites et fac-Simile. *Paris, A. Faure,* 1866, in-12, br.

Edition originale, avec la couverture de 2e édition.

770. **Monselet** (Ch.). Les Tréteaux, avec un frontispice dessiné et gravé par Bracquemond. *Paris, Poulet-Malassis,* 1859, in-12, mar. rouge, dos orné, fil., dent. à petits fers, sur les pl., dent. int., tête dor., non rog. (*Thierry*).

Edition originale, avec la couverture.

771. **Montagne** (Edouard). Histoire de la Société des gens de lettres. Préface de Jules Claretie. — *Paris, Librairie*

mondaine, A. Bœswillwald, s. d., in-8, demi-rel. maroq. rouge, dos orné, tête dor., non rog. Couverture.

Nombreux portraits.
L'un des 10 exemplaires sur papier du Japon (nº 4). — Envoi autographe de l'éditeur. Lettre autographe du même ajoutée.

772. **Montaigne**. Les Essais de Michel, seigneur de Montaigne. Edition nouvelle prise sur l'exemplaire trouvé après le deceds de l'autheur, reveue et augmentée d'un tiers oultre les précédentes impressions. Enrichis de deux tables curieusement exactes et élabourées. *Paris. Abel L'Angelier*, 1602, gr. in-8, titre gr., mar. noir, dos orné, compart. de fil. avec coins dor., tr. dor. (*Rel. anc.*).

Un nom à l'encre sur le titre.

773. **Montaigne** (Essais de Michel de), avec les notes de tous les commentateurs. Edition publiée par J.-V. Le Clerc. *Paris, Lefèvre*, 1826, 5 vol. in-8, port. gr. par H. Dupont, demi-rel. v. bl., dos orné, non rog. (*Forest*).

De la collection des classiques français.

774. **Monteil** (A.-A.). Histoire des Français des divers états, ou Histoire de France aux cinq derniers siècles, 4e édit., augmentée d'une notice historique par J. Janin, et d'une table analytique par Bruguière. *Paris, V. Lecou*, 1853, 5 vol. in-12, br., couv. (*Taches de rousseur*).

775. **Montesquieu**. Œuvres complètes, précédées de la vie de cet auteur (par L. S. Auger). *Paris, Lefévre (de l'impr. de Crapelet)*, 1816, 6 vol. in-8, portr. dess. et gr. par Devilliers, carte, demi-rel. mar., dos orné, non rog. (*Simier*)

776. **MONTESQUIEU**. Le Temple de Gnide. Nouvelle édition, avec figures gravées par N. Le Mire, d'après les dessins de Ch. Eisen, le texte gravé par Drouët. *A Paris, chez Le Mire, graveur, avec privilège du Roi*, 1772, gr. in-8, fig., mar. bleu, dos orné, fil. avec coins dor. sur les pl., dent. int., tr. dor. (*Chambolle-Duru*).

1 titre gravé, 1 frontispice renfermant le portrait de Montesquieu en médaillon, vignette en tete de la dédicace (armes d'Angleterre) et 9 belles figures d'Eisen, gravées par Le Mire, dont 2 pour *Céphise et l'Amour*. Très bel exemplaire dans une jolie reliure dite à l'oiseau.

777. **Montesquieu**. Le Temple de Gnide suivi d'Arsace et Isménie, nouvelle édition avec figures d'Eisen et de Le Barbier gravées par Le Mire. Préface par O. Uzanne. *Rouen, J. Lemonnyer*, 1881, gr. in-8, br., non rog. Dans un carton.

L'un des 50 exemplaires sur papier du Japon (nº 13).

778. **Moralité** de la vendition de Joseph filz du patriarche Jacob. ... On les vẽd a Paris en la rue neufue nostre dame a lenseigne. S. Nicolas. (Au recto du dernier feuillet) : *Cy finist la Moralite de la vendition de Joseph filz du patriarche Jacob nouuellement imprimee à Paris pour Pierre sergent Demourant en la Rue neufue nostre dame a lenseigne sainct Nicolas*, pet. in-fol. de format d'agenda, goth. avec une fig. sur le titre et trois petites vig. en bois au verso du dernier feuillet, mar. bleu foncé, dos orné, large dent. sur les pl., doublé et gardes en moire rose, large dent., mors de mar. bleu, tr. dor. (*Bradel*).

Cette réimpression *fac-simile*, d'après l'exemplaire de la Biblioth. impér., le seul connu, a été tirée à 90 exemplaires, *à Paris, chez Silvestre*, 1835.
L'un des 4 tirés sur PEAU DE VÉLIN,
Bel exemplaire dans une jolie reliure de *Bradel, avec son étiquette*, provenant de la Bibliothèque P. Desq.

779. **MOREAU** (P.). Les Sainctes Prières de l'ame chrestienne. Escrites et gravées après le naturel de la plume, par P. Moreau, Mº Escrivain juré a Paris, 1632. *Et se vendent chés l'autheur, près le Palais derriere S. Pierre des assis, Avec Privilège du Roy*, pet. in-8, mar. rouge, riches dorures à petits fers et au pointillé couvrant entièrement les plats et le dos, dent. int., tr. dor. (*Rel. anc*).

Très joli volume entièrement gravé avec larges bordures à chaque page avec fleurs, fruits et arabesques.
Riche reliure ancienne bien conservée.

780. **MOREAU** (Hégésippe. Petits Contes en prose. Le Gui de Chêne. — La Souris blanche. — Les Petits souliers. — Thérèse Sureau, illustré d'un portrait et de 12 compositions de F. Oudart. *Paris, Rouquette*, 1892, gr. in-8, mar.

vert, dos orné, comp. de fil. droits et brisés sur les pl., doublé de mar. grenat avec ornem. de 5 fil. en losanges, mors de mar. vert, doubles gardes, tr. dor. (*Ruban*).

L'un des 25 exemplaires tirés sur papier du Japon, avec trois états des planches dont l'eau-forte pure.
Superbe exemplaire relié sur brochure avec la couverture.

781. **Morin** (Louis). Vieille Idylle, douze pointes sèches, et vingt ornements typographiques par l'auteur. *Paris, L. Conquet*, 1891, in-16, rel. cuir de Russie, ornem. de feuillage sur le dos et les pl., doublé de mar. bleu. compart. de fil. avec coins dor., mors de mar., gardes en étoffe, tête dor.. non rog., couv. (*Vieuxmaire*).

Exemplaire sur papier vélin, non mis dans le commerce.

782. **Mortillet** (Gab. de). Origines de la Chasse, de la Pêche et de l'Agriculture (Chasse, Pêche, domestication). *Paris, Lecrosnier et Babé*, 1890, in-8, avec 148 fig. dans le texte, par A. de Mortillet, cart. Bradel, tête jasp., non rog. (*Envoi autographe de l'auteur*).

783. **Morus** (L'Utopie de Thomas), chancelier d'Angleterre, idée ingénieuse pour remédier au malheur des hommes et pour leur procurer une félicité complète, etc., traduite nouvellement en françois par M. Gueudeville, et ornée de très belles figures. *A Leide, chez Pierre Van der Aa*, 1715, v. br. (*Rel. anc*).

1 titre gravé, 1 écusson et 16 jolies figures. La figure de l'*Etalage viril* qui manque souvent, porte seule la signature de Bleyswick, mais on peut lui attribuer les autres.

784. **Moura** (Dr). La Butte des Moulins, avec documents archéologiques et administratifs inédits. Eaux-fortes de A. P. Martial. *Paris, Vve Cadart*, 1877, pet. in-fol., avec 22 pl. en feuilles dans un carton.

785. **MULLER** (Eug.) La Mionette, illustré de 28 compositions de O. Cortazzo, gravées à l'eau-forte par Abot et Clapès. *Paris, L. Conquet*, 1885, in-12, mar. rouge, dos orné, fil., dent. int., tr. dor. sur brochure, couv. (*Cuzin*).

Très bel exemplaire sur papier du Japon.

786. **Muret** (N.). Traité des Festins. *Paris, Guil. Desprez*, 1682, in-12, demi-rel. v. f., dos orné, tr. peig.

787. **Murger** (Henry). Scènes de la Bohême. *Paris, M. Lévy frères*, 1851, in-12, cart. Bradel, non rogné.

Édition originale.

788. **Murger** (H.). Suite de 10 eaux-fortes pour illustrer la Vie de Bohême, dessins de Montader, gravés par C. Courtry. *Paris, Magnier et Cie*, in-4 et gr. in-8, en feuilles dans un carton.

Epreuves en trois états. — Eaux-fortes pures sur Japon avec remarques. — Epreuves terminées sur Hollande avant la lettre avec remarques. — Epreuves avec la lettre sur vergé.

789. **Musset** (A.). Illustrations pour les Œuvres de Alfred de Musset, Aquarelles, par Eèugne Lami, eaux-fortes, par Ad. Lalauze. 60 planches gravées à l'eau-forte y compris un titre, 4 grands frontispices et une table des sujets. *Paris, D. Morgand*, 1885, in-4, en feuilles dans un carton.

L'un des 100 exemplaires tirés sur papier du Japon, *eaux-fortes pures, premier état de la planche*. Exemplaire avec envoi autographe de l'éditeur.

790. **Musset** (A. de). Suite de 11 eaux-fortes pour les Œuvres de Alfred de Musset, gravées d'après les dessins de J.-P. Laurens. Ad. Moreau, Giacomelli et Gervex, pour l'édition publiée par la Bibliothèque Charpentier. *Paris, D. Morgand*, 1884, gr. in-8, en feuilles, couv.

Epreuves sur Japon avant la lettre.

791. **Musset** (Paul de). Voyage pittoresque en Italie partie méridionale et en Sicile. Illustrations de Rouargue frères. *Paris, Morizot, s. d.*, gr. in-8, demi-rel. chagr. vert, plats toile, dos orné, tr. dor. (*Rel. de l'éditeur.*)

Nombreuses figures noires et en couleurs.

792. **Musset** (P. de). Voyage pittoresque en Italie, partie septentrionale. Illustrations de Rouargue frères. *Paris, Belin-Leprieur et Morizot, s. d.*, gr. in-8, demi-rel. chag. vert, pl. toile, tr. dor.

793. **Nadar.** Les Dicts et Faicts du chier cyre Gambette le Hutin en sa Court. Exposés par mon Sieur Nadar, abstracteur de quinte essence. *Se treuve chés l'auctheur : Au pourtraict veridicque*, 1881-1882, pet. in-8, fig. dans le texte, cart., non rog. (*Pierson*).

794. **NAPOLEON.** Recueil de 228 figures relatives à Napoléon et aux Campagnes du premier Empire, en 1 vol. in-4, cuir de Russie, ornem. gauf. et chiffre impérial répété 20 fois sur le dos et sur les plats, armes impériales au pl. verso, tr. dor.

Collection importante comprenant 228 figures; on y remarque 26 portraits différents de Napoléon, des portraits de la famille impériale, la suite des 31 figures de Raffet pour illustrer *l'Histoire de Napoléon, de Norvins, premier tirage*; la suite de 16 figures pour *l'Histoire de Napoléon, par M. de Norvins*, gravées par MM. Lefèvre. Pelée, Blanchard, Pollet, d'après les tableaux de M. le Baron Gros, Horace Vernet, Steuben, Bellanger, Debret, Eugène Lamy. *Paris, Furne*, 1836; la suite complète de 43 figures complémentaires pour *l'Histoire de Napoléon* par MM. Charlet, Devéria, Grenier, Eug. Lami, Langlois, Scheffer et Steuben, gravées en taille-douce, par MM. Adam, Blanchard, Dupont, Faulchery, Forster, A. et T. Johannot, etc., etc. *Paris, Bourdin*, (1838), 24 figures de Couché, quelques-unes en *état d'eau-forte* et *avant la lettre*, pour les *Trophées des Armées Françaises*.

795. **Naudot.** Chansons notées de la très vénérable Confrérie des Francs-Maçons, précédées de quelques pièces de poésie convenables au sujet, et d'une marche. Dédiées au très respectable Grand Maître des Loges de France, Monseigneur le Comte de Clermont, Prince du Sang. Le tout recueilli et mis en ordre par Frère Naudot, 1744, in-8, titre. texte et musique entièrement gravés, mar. La Vall., dos orné, dent. avec coins dor., sur les pl., doublé de tabis, dent. tr. dor. (*Rel. anc.*)

Exemplaire de dédicace aux armes du Comte de Clermont, entourées d'emblèmes maçonniques.

796. **Nestor** (La Chronique de), traduite en français d'après l'édition impériale de Pétersbourg (Manuscrit de Kænigsberg), accompagnée de notes et d'un recueil de pièces inédites, touchant les anciennes relations de la Russie avec la France, par Louis Paris. *Paris, Heideloff et Campé*, 1834-35, 2 vol. in-8, front. gr., demi-rel. v. bl.

797. **Nicole** (Choix des petits Traités de morale de). Edition revue et corrigée par Silvestre de Sacy. *Paris, J. Techener*, 1857, pet. in-12, cart. perc., non rog.

Exemplaire avec envoi autographe de M. S. de Sacy à M. Sainte-Beuve.

798. **Nicole**. De l'Education d'un Prince, divisée en trois parties, dont la dernière contient divers Traittez utiles à tout le monde. *Paris, Vve Charles Savreux*, 1670, in-12, maroq. bleu, dos orné à petits fers, fil., dent. intér., tr. dor. (*Allô*).

Edition originale.

799. **Nisard** (Ch.) Histoire des Livres populaires, ou de la littérature du Colportage, depuis le XVe siècle jusqu'à l'établissement de la Commission d'examen des livres du Colportage (30 novembre 1852). *Paris, Amyot*, 1854, 2 vol. in-8, nomb. fig., demi-rel. v. f., dos orné, tête rouge, non rog.

800. **Nodier** (Ch.) Le Bibliomane, 24 compositions de Maurice Leloir, gravées sur bois par F. Noël, préface de R. Vallery-Radot. *Paris, L. Conquet*, 1894, in-16, br., couv. impr. en couleurs.

Exemplaire tiré sur papier de Chine, avec 2 états des illustrations, dont le tirage à part.

801. **Nodier** (Ch.) Description raisonnée d'une jolie collection de Livres (Nouveaux mélanges tirés d'une petite bibliothèque), *Paris, J. Techener*, 1844, in-8, demi-rel. v. br., non rog. (*Galette*).

802. **Nodier** (Ch.). Dictionnaire raisonné des Onomatopées françoises, 2e édit., revue, corrigée, et considérablement augmentée. *Paris, Delangle*, 1828, in-8, v. violet, dos orné, fil., tr. marb.

803. **Nodier** (Ch.). Examen critique des Dictionnaires de la langue françoise, etc. *Paris, Delangle*, 1829, in-8, v. violet, dos orné, fil., tr. marb.

804. **Nodier** (Ch.). Mélanges tirés d'une petite bibliothèque, ou Variétés littéraires et philosophiques. *Paris, Crapelet*, 1829, in-8, demi-rel. v. f., dos orné, fil., tr. peig.

805. **Nodier** (Ch.). La Seine et ses bords. Vignettes par Marville et Foussereau, publiés par M. A. Mure de Pelanne. *Paris, au bureau de la publication*, 1836, in-8, demi-rel. chag. noir, dos orné. (*Rel. de l'époque*).

Taches de rousseur.

806. **Nogaret** (F.). Le Fond du Sac, ou Recueil de Contes en vers et en prose, et de pièces fugitives. *Paris, Leclère*, 1866, in-12, tiré in-8, front. et vign. en-têtes, mar. bleu, dos orné, comp. de fil. droits et courbés, milieux et coins dor. à petits fers sur les pl., dent. int., tr. dor. (*Allô*).

L'un des 30 exemplaires tirés sur papier de Chine, contenant le tirage à part des illustrations à l'état d'eau-forte pure.
Bel exemplaire relié sur brochure.

807. **Noriac** (J.). Le 101e Régiment, illustré par Armand-Dumarescq, G. Janet, Pelcoq, Morin et Deux étoiles. *Paris, M. Lévy frères*, 1863, pet. in-8, cart. Bradel, tête dor., non rog., *couv. restaurée*.

808. **Nougaret** (P.-J.-B.). Les Astuces de Paris, anecdotes parisiennes, dans lesquelles on voit les ruses que les intrigants et certaines jolies femmes mettent communément en usage pour tromper les gens simples et les étrangers. *Londres et Paris, chez Cailleau*, 1775, 2 part. en 1 vol. in-12, v. ant.

809. **Nouvelle Revue** (la). Années 1880 au 15 août 1894. *Paris*, 1880-1894, 15 années en livraisons.

Manquent dans les années suivantes : — 1880, 1er et 15 janvier. — 1881, 15 septembre. — 1882, 15 juin, 1er juillet, 1er septembre, 15 octobre, 15 novembre. — 1883, 15 mai, 1er novembre. — 1884, 15 août. — 1885, 15 août. 1888, 1er mars.

810. **Œuvres** diverses du Sr D** (de Blainville). *Paris* (*Hollande*), 1713, pet. in-8, front. par B. Picart, mar. rouge, fil. à fr., dent. int., tr. dor. (*Duru*).

Exemplaire sur papier fort.

811. **Œuvres** du philosophe bienfaisant (le Roy de Pologne Stanislas, publiées par F.-L.-C. Marin). *Paris*, 1763, 4 vol. in-8, portr., mar. vert olive, dos orné. 3 fil., dent. int., tr. (*Rel. anc.*).

Bel exemplaire en grand papier d'un livre non mis dans le commerce, et contenant un magnifique portrait de Stanislas I, roi de Pologne, gravé par Cathelin d'après Massé, 1764, et un autre portrait, gravé par Tardieu, 1792.

812. **Office** (L') de l'Eglise en François, contenant les Offices pour toute l'année .. Dédié au Roi, nouvelle édition, augmentée de l'Office des Morts. *Paris*, *L.-Guil. de Hansy*, 1764, in-12, fig., mar. rouge, dos orné, 3 fil , tr. dor. (*Rel. anc.*)

Exemplaire aux armes de la Rochefoucault.
Reliure fatiguée.

813. **Okoma**. Roman Japonais illustré par Félix Régamey d'après le texte de Takizava-Bakïn et les dessins de Chiguenoï. *Paris*, *Plon*, 1883, in-4, cart. illustré. Couverture en papier du Japon illustrée.

Figures en couleurs dont une en double état. Exemplaire sur papier du Japon. Envoi autographe signé de Félix Régamey.

814. **Old-Nick**. La Chine ouverte. Aventures d'un Fan-Kouei dans le pays de Tsin, ouvrage illustré par Aug. Borget. *Paris*, *H. Fournier*, 1845, gr, in-8, demi-rel. chag. viol., dos orné. (*Taches de rousseur.*)

Exemplaire provenant de la Bibliothèque du comte de La Bédoyère avec son *ex-libris*.

815. **Oliveira** (Adriano de). Eloge de Christophe Colomb. Dédié à Sa Majesté la Reine d'Espagne à l'occasion du 4e centenaire de la découverte de l'Amérique. *Paris*, *Helmans graveur*, 1894, in-4, br. non rog., couverture illustrée. Texte encadré d'ornements grav. sur bois.

Tiré à 200 exemplaires seulement non mis en vente et épuisés.— Exemplaire sur papier de Hollande. Ouvrage entièrement gravé.

816. **ORDINAIRE DES CHRESTIENS**. Sensuyt le grant ordinaire des chrestiens qui enseigne a chascun bon chres-

tien et crestienne la voye et le chemin de aller en Paradis... (A la fin). *Imprime nouuellement a Paris par Jehan Trepperel imprimeur et Libraire : demourant en la rue neufue nostre dame a l'enseigne de lescu de France, s. d.*, pet. in-4 goth., fig. sur bois, 4 ff. prélim , texte à 2 col. coté de I à CXLIX (149) plus 1 f. pour la souscription, mar. rouge dos orné, fil., dent. int., tr. dor. (*Thompson*).

Bel exemplaire, avec *nombreux témoins*, provenant de la vente J. Renard.

817. **Ordonnances** du Roy Charles IX. faites par sa majesté en sa ville de Molins en l'assemblée des estats l'an 1566, adnotées par M. Pardoux du Prat, licentié ez droits, avec deux Indices, l'un des rubriches, l'autre des matières. *Lyon, Benoist-Rigaud*, 1568, in-8, vél. (*Rel. anc.*)

818. **Orléans** (Duc d'.) Campagnes de l'Armée d'Afrique (1835-1839), publié par ses fils, avec un portrait de l'auteur et une carte de l'Algérie. *Paris, M. Lévy frères*, 1870, in-8, br., couv.

Exemplaire sur papier de Hollande.

819. **ORLÉANS** (Le Duc d') Notes sur l'Assemblée des Notables (réunie en 1787), par un des Présidens des Bureaux (Le Duc d'Orléans), in-12, vélin vert, renfermé dans un étui de mar. rouge, doublé de tabis, au chiffre du duc d'Orléans.

Carnet autographe du Prince qui présidait, ainsi que les autres Princes du sang, un des bureaux de cette assemblée, sous la Présidence générale de S.A.R. le Comte de Provence (depuis Louis XVIII), frère du Roi. Ce carnet est entièrement écrit de la main de *Philippe Egalité*, sauf les documents officiels communiqués aux bureaux et que le Duc faisait transcrire par son Secrétaire. Il se compose de : 1° 128 pages chiffrées résumant les séances du jeudi 22 février 1787 au lundi 7 mai inclus de la même année. (Pas de séance le mardi 8); 2° 21 feuillets, soit 42 pages non chiffrées, résumant les séances du mercredi 9 mai au lundi 21 inclus; 3° Un feuillet blanc; 4° Un feuillet portant au recto une note destinée à rectifier le compte-rendu de la séance du 22 février, figurant en tête du carnet; 5° Onze feuillets blancs; 6° Un feuillet daté du 28 fevrier avec ce titre: Notte fournie par M. de Calonne; 7° Trois feuillets blancs (*Ch. C.*)

820. **Orléans** (Charles d'.) Poésies, pub. d'après les mss. des bibliothèques du Roi et de l'Arsenal, par J. Marie Gui-

chard. *Paris, Gosselin*, 1842, in-12, demi-rel. mar. r., tr. peig.

821. **Orléans** (Duchesse d'.) Correspondance complète de Madame duchesse d'Orléans, née princesse Palatine, mère du Régent, traduction entièrement nouvelle, par G. Brunet, accompagnée d'une annotation historique, biographique et littéraire du Traducteur. *Paris, Charpentier*, 1855, 2 vol. in-12, cart. perc., non rog. (*Laureaux*))

822. **Osorius**. Hieronymi Osorii Lusitani, Silvensis Episcopi, de gloriâ libri V. ad Joannem tertium, Lusitaniæ Regem, etc., etc. *Coloniæ, apud Gosvinum Cholinum*, 1595. Pet. in-12 dans sa première reliure du XVI° siècle, doré en plein à compartiments, milieux de feuillages entourés de fleurs de lys, tranche dorée, ciselée.

823. **Oudin** (Cesar) Refranes, o proverbios castellanos, traduzidos en lengua francesa par César Oudin, reueus, corrigez et augmentez en cette dernière édition. *Paris, Jacq. Cotinet*, 1659, pet. in-12, vél. ant.

824. **Palaephati** de Incredibilibus. Cornelius Tollius in latinum sermonem vertit, et notis illustravit. *Amstelodami, apud Ludovicum Elzevirium*, 1649, pet. in-12, mar. rouge, fil. à fr. (*Rel. anc.*)

Willems, n° 1089.— Haut. 124 mill. 1/2.

825. **Palatine** (Lettres inédites de la Princesse), traduites par A.-A. Rolland. *Paris, Hetzel, s. d.*, cart. perc., non rog. (*Laureaux*).

826. **Pallavicino**. Opere sceltè di Ferrante Pàllavicino, cioè, il Divortio celeste. Il Corriero sualiggiato. La Bacinata. Dialogo trà due soldati del Duca di Parma. La rete di Vulcano. L'anima. Di nuovo ristampato, corretto, et aggiuntorii la vita dell'autore, e la continuatione del Corriero. *In Villafranca*, 1666, pet. in-12 (à la Sphère), v. marb. (*Rel. anc. fatiguée*).

Willems n° 1373.— Haut. 133 millim.

827. **Palmarèze** (Mise de). Œuvres. Espiègleries, joyeusetés, bons mots, folies, vérités de la jeunesse de Sir S. Peters Talassa-Aethei par Mérard de St-Just. *Sur la copie de Londres. 1777 et de l'édition s. l. n. d. (Kehl, 1789). Rotterdam, Van Ten Bock, s. d.* (1882), 2 vol. in-12, pap. vergé, portr. et front. à l'eau-forte par Chauvet, br., couv.

828. **Papiers** et Correspondance de la Famille impériale, pièces saisies aux Tuileries. *Paris, Imprimerie nationale*, 1870, gr. in-8, cart. Bradel, tête dor., non rog., couv. des liv.

829. **Paradin.** Devises héroïques, par M. Claude Paradin, Chanoine de Beaujeu. *A Lyon, par Ian de Tournes, et Guill. Gazeau*, 1557, in-8, de 261 pp., avec 180 grav. sur bois, mar. gren. jans., dent. int., tr. dor. (*Vve Brany*),

830. **Paradoxes**, autrement Propos contraires à l'opinion de la plupart des hommes; livre non moins profitable que facétieux. *Rouen, Nic. Lescuyer*, 1583, in-16, bas. br. (*Rel. moderne.*)

831. **Paradoxes** ou sentences débattues et élégamment déduites contre la commune opinion. Traité non moins plein de doctrine que de récréation pour toutes gens. Reueu et augmenté. *A Lyon, par Jean Temporal*, 1559, in-16 de 233 pp. et 9 ff. pour la table, au verso du dern. f. *A Lyon, par Nicolas Perrineau*, 1561, veau brun, dent. int., tr. dor. (*Trautz-Bauzonnet*).

Edition, contenant 26 paradoxes.

832. **Parc au Cerf** (Le), ou l'Origine de l'affreux déficit, par un zélé Patriote. *A Paris, sur les débris de la Bastille*, 1790, in-8, fig., demi-rel. v. br., tête jasp., non rog.

1 frontispice, les portraits de la duchesse de Chateauroux et de Mme de Pompadour et une figure représentant le banquier Peixotte assis, en extase voluptueuse, non signés.

Mouillure au frontispice. La figure du banquier Peixotte est courte de marges.

833. **Parent-Duchatelet** (A.-J.-B.). De la Prostitution dans la Ville de Paris, considérée sous le rapport de l'hygiène

publique, de la morale et de l'administration, 3e édit., complétée par des documents nouveaux et des notes, par A. Trebuchet et Poirat-Duval, suivie d'un Précis hygiénique, statistique et administratif, sur la Prostitution dans les principales villes de l'Europe, avec cartes et tableaux. *Paris, J.-B. Baillière*, 1857, 2 vol. in-8, portr., demi-rel. dos et coins de mar. r., tête dor., non rog.

834. **Paris** (le Comte de). Damas et le Liban. Extraits du journal d'un voyage en Syrie, au printemps de 1860. *Londres, Jeffs*, 1861, in-8, pap. vél., cart. toile, non rog. (*Cart. de l'éditeur*).

835. **PARIS QUI CRIE**. Petits métiers. Notices par Albert Arnal, J. Claretie, H. Houssaye, Roger Portalis, etc. Préface par Henri Béraldi, dessins de Pierre Vidal. *Paris, imprimé pour les Amis des livres, par G. Chamerot*, 1890, in-8 carré, fig. color., mar. gren., fil. à fr., dent. int., tr. dor. sur brochure, couv., rel. molle. (*Ruban*).

Edition imprimée à 120 exemplaires (n° 9) non mise dans le commerce.

836. **Parnasse satyrique du XIXe siècle**. Recueil de vers piquants et gaillards, de MM. de Béranger, V. Hugo, E. Deschamps, A. Barbier, A. de Musset, de Banville, Baudelaire, Monselet, etc., etc. *Rome, à l'enseigne des sept péchés capitaux, s. d.*, 2 vol. — Le Nouveau Parnasse satyrique du XIXe siècle, suivi d'un appendice au Parnasse satyrique. *Eleutheropolis*, 1886, 1 vol. — Ensemble 3 vol. in-16, pap. vergé, front. de F. Rops, demi-rel., dos et coins de mar. bl., tête dor., non rog.

Exemplaire provenant de la vente Poulet-Malassis et contenant les frontispices en 9 épreuves sur Chine volant, dont 5 pour le Parnasse et 4 pour le Nouveau Parnasse.

837. **Parny.** Œuvres complètes du chevalier de Parny. *Paris, Hardouin et Gattey*, 1788, 2 vol. in-18, fig., cart. toile.

2 titres gravés, le même pour les 2 vol. et 5 figures de Monnet grav. par Anselin.

Petits trous de clou au tome 2 et déchirure aux 2 dern. ff. à l'angle du bas.

838. **Parny**. Œuvres de Évariste Parny. *Paris*, *Debray*, 1808, 5 vol. in-18, demi-rel. chag. vert, dos ornés.

839. **Parny**. Portefeuille volé, contenant : 1° Le Paradis perdu, poème en 4 chants ; 2° Les Déguisemens de Vénus, tableaux imités du grec ; 3° Les Galanteries de la Bible, sermon en vers. *Paris*, *Debray*, 1805, in-18, papier vél., cart., non rog.

Edition originale. Exemplaire sur papier vélin fort.

840. **Parodies** bachiques sur les airs et symphonies des Opera. Recueillies et mises en ordre par M. Ribon, seconde édition, revue et augmentée. *Paris, Christ. Ballard*, 1696, in-12, front. gr., v. ant.

841. **Parran** (A.). Romantiques. Editions originales, vignettes, documents inédits ou peu connus.— Victor Hugo, par un bibliophile Cévenol. *Alais*, *Martin*, 1880, gr. in-8, br., couv.

Exemplaire avec envoi autographe de l'auteur.

842. **Parran** (A.). Romantiques. Editions originales, vignettes, documents inédits ou peu connus. — Pétrus Borel. — Alexandre Dumas. *Alais*, *Martin*, 1881, gr. in-8, pap. de Holl., portraits à l'eau-forte, br., couv.

Exemplaire avec envoi autographe signé de l'auteur.

843. **Parran** (A.). Romantiques, éditions originales, vignettes, documents inédits ou peu connus, avec une figure de T. Johannot, gravée par Porret — Honoré de Balzac. *Paris*, *Rouquette*, 1881, gr. in-8, pap. de Holl., br., couv.

Envoi autographe, signé de l'auteur.

844. **PASCAL.** Les Provinciales, ou les lettres écrites par Louis de Montalte (Blaise Pascal) à un provincial de ses amis et aux RR. PP. Jésuites, sur le sujet de la morale et de la politique de ces Pères. *A Cologne, chez Pierre de la Vallée* (*Hollande*), 1657, in-4, mar. La Vall. foncé jans., dent. int., tr. dor. (*Cuzin*).

Superbe exemplaire de l'édition originale, publiée en dix-huit lettres imprimées et vendues séparément, avec le titre général de l'Avertissement sur les XVIII lettres, où sont expliqués les sujets qui sont traitez dans chacune, et un Rondeau aux RR. PP. Jésuites sur leur morale accomodante.

845. **PASSERAT.** Recueil des Œuvres poétiques de Ian Passerat, lecteur et interprète du Roy. Augmenté de plus de moitié, outre les précédentes impressions. Dédié à M. de Rosny. *Paris. Abel l'Angelier*, 1606. — Joannis Passeratii... Kalendae januariae et varia quaedam poëmatia. *Parisiis, Abel Angelerium*, 1606. — Ensemble 2 parties en 1 vol. in-8, portr., mar. rouge, dos orné, compart. de fil. avec coins dor. sur les pl., dent int., tr. dor. (*Niédrée*).

Bel exemplaire de l'édition la plus complète et la plus recherchée, ornée d'un beau portrait de Passerat, par Th. de Leu.

846. **Passio** domini nostri Jesu Christi secundum quatuor evangelistas per V. P. Antonium a Konigstein ordinis fratrum minorum Guardianum Constuentinum nuper edita. *Venit Parisiis, apud Petrum Cousin*, 1535, pet. in-8 de 20 ff. non chiff., demi-rel., dos et coins de v. br. (*Notes manuscrites sur les marges*).

847. **Patara et Bredindin,** aventures et mésaventures de deux Gabiers en bordée par E. P. ex-fourrier du Suffren, précédées d'une préface de l'éditeur. Illustrées de 150 croquis à la plume par P. Léonnec. *Paris, Vanier*, 1884, in-8, cart., dos de mar. gren., tête dor., non rog. (*Pagnant*).

Exemplaire tiré sur papier vergé, et enrichi de UNE AQUARELLE ORIGINALE PAR P. LEONNEC l'illustrateur du livre.

848. **Pawlowski** (Gustave). La Marquise de Pompadour, bibliophile et artiste. Avec un portrait de Madame de Pompadour d'après le pastel de La Tour et une eau-forte en fac-similé. *Paris, Quantin*, 1888, gr. in-8, cart. Bradel. dos perc., non rog., couv.

Envoi autographe de l'auteur signé. Tiré à 100 exemplaires.

849. **Peignot** (G.). Choix de Testaments anciens et modernes, remarquables par leur importance, leur singula-

rité, ou leur bizarrerie, avec des détails historiques et des notes. *Paris, Renouard*, 1829, 2 vol. in-8, cart. Bradel, tête dor., non rog., couv.

850. **Peignot** (G.). Essai analytique sur l'origine de la Langue française, et sur un recueil de Monuments authentiques de cette langue, classés chronologiquement depuis le IXe siècle jusqu'au XVIIe siècle, avec des notes historiques, philologiques et bibliographiques. *Dijon, Lagier*, 1835, gr. in-8, pap. vél., cart. toile, non rog. (*Behrends*).

Tiré à 150 exemplaires. *Rare*

851. **Peignot.** (G.) Manuel du Bibliophile, ou Traité au choix des Livres. *Dijon, Lagier*, 1823, 2 vol. in-8, cart. Bradel, tête jasp., éb.

852. **Peignot** (G.). Précis historique, généalogique et littéraire de la Maison d'Orléans, avec notes, tables et tableau, par un membre de l'Université (Et.-Gab. Peignot). *Paris, Crapelet*, 1830, in-8, portr. de Louis-Philippe, par Hopwood, et Tableau généalogique de la Maison Royale de Bourbon, depuis Saint-Louis jusqu'à Louis-Philippe d'Orléans, etc., demi-rel. v. f., tr. marb. (*Rel. de l'époque.*)

853. **Peignot** (G.). Predicatoriana, ou Révélations singulières et amusantes sur les Prédicateurs, etc., suivies de quelques mélanges curieux, avec notes et tables, par G. P. Philomneste. *Dijon, Lagier*, 1841, in-8, dem.-rel. v. f., non rog. (*Raparlier.*)

854. **Perefixe** (Hardouin de). Histoire du roy Henry le Grand. *Amsterdam, Ant. Michiels*, 1662, pet. in-12, front. gr., mar. bleu, dos et plats semés d'H. couronnés et de fleurs de lys et aux armes du roi Henri IV, dent. int., tr. dor. (*Allô*).

855. **Perizonii** (Jac.). Rerum per Europam maxime Gestarum ab ineunte Sæculo Sextodecimo usque ad Caroli V. Mortem, etc. Commentarii historici, cum indice locuple-

tissimo. *Lugduni Batavorum, apud Johan vander Linden*, 1710, 1 fort vol. pet. in-8, front. gr., v. f.. tr. r. (*Rel. anc.*)

Exemplaire de Soubise.

856. **Petit Almanach** (le) de mes grands hommes, pour l'année 1788 (*Dis ignotis*). *S. l.* 1788, pet. in-12, v. br., tête dor., non rog.

857. **Petite Revue** (la), de l'origine 14 novembre 1863, au 10 septembre 1867. *Paris, Pincebourde*, 1863-1867, 13 vol. pet. in-8, br., couv.

Collection complète.— Exemplaire avec envoi autographe de l'Éditeur.

858. **Petits Conteurs du XVIIIe siècle,** publiés avec notices bio-bibliographiques, par O. Uzanne. *Paris, Quantin*, 1878-1883, 12 vol. in-8, portraits, en-têtes et culs-de-lampe à l'eau-forte, demi-rel. mar. bl., dos orné, fil., tête dor., non rog., couv.

Contes de l'abbé de Voisenon. — Contes du chevalier de Boufflers. — Facéties du comte de Caylus. — Contes dialogués de Crébillon fils. — Contes d'Augustin de Moncrif. — Contes du chevalier de la Morlière. — Contes de Duclos. — Contes de Cazotte. — Contes de Restif de la Bretonne. — Contes du baron de Besenval. — Contes de Fromaget. — Contes de Godard d'Aucour.

L'un des 30 exemplaires tirés sur papier Whatman blanc, avec double épreuve des eaux-fortes.

Collection complète.

859. **Pezay** (Marquis de). Zelis au bain, poëme en quatre chants, nouvelle édition. *Genève, s. d.*, gr. in-8, fig., mar. rouge, dos orné, dent. et milieux dor., tr. dor. (*Rel. anc.*)

1 titre par Eisen, gravé par Lemire, avec la date de 1763; 4 figures, 4 vignettes et 4 culs-de-lampe par Eisen, gravés par Aliamet, Lafosse, Lemire et de Longueil.

Dans le même volume : Lettre de Zeïla, jeune sauvage, à Valcour, officier français; précédée d'une lettre a Mme de C*** (par Dorat), troisième édition. *Genève et Paris, chez Bauche*, 1766. — Réponse de Valcour à Zeïla, précédée d'une lettre de l'auteur à une femme qu'il ne connoit pas. *Paris, Séb. Jorry*, 1766. — Lettres en vers, ou épîtres héroïques et amoureuses (par Dorat). *Paris, Séb. Jorry*, 1766.— Lettre amoureuse d'Héloïse a Abailard, traduction libre de M. Pope, par M. Colardeau, nouv. édit., revue et corrigée par l'auteur. *Paris, Vve Duchesne*. 1766. — Lettre de Gabrielle d'Estrées à Henri IV, précédée d'une épitre a M. de Voltaire et de sa réponse, par M. Blin de Sainmore. *Paris, Séb. Jorry*, 1766. — Ensemble 5 ouvrages avec figures, vignettes et culs-de-lampe par Eisen.

Exemplaire en grand papier provenant de la Bibliothèque du Chevalier Des Mazis de Blainville, avec son *ex libris*.

860. **Phaedri**. Augusti Liberti, fabularum æsopicarum libri quinque. Nova editio, cui accesserunt Publii Syri et aliorum Veterum Sententiæ. *Parisiis, excudebam Petrus Didot, natu major, anno reip. VI, in ædibus palatinis scientiarum et artium,* in-12, pap. vél., v. f., dos orné, dent., tr. dor.

861. **Philipon** (Ch.) et **Huart** (L.). Parodie du Juif Errant, complainte constitutionnelle en dix parties, 300 vignettes par Cham (de **N**...) (de Noë.) *Paris, Aubert et Cie, s.d.* (1845), in-12, cart. dos et coins de mar. La Vall., non rog., couv.

862. **Picard** (L.-B.). Le Gil-blas de la Révolution, ou les Confessions de Laurent Giffard, seconde édition. *Paris, Baudouin frères,* 1824, 5 vol. in-12, fig. de Couché fils, demi-rel. dos et coins de mar. vert, tête dor., non rog. (*Rel. de l'époque.*)

863. **Picard** (Ch.). Saint-Quentin, de son commerce et de ses industries. *Saint-Quentin, Moureau,* 1865-67, 2 vol. in-8, vue et tableaux, cart. Bradel, tête jasp., non rog.

Exemplaire avec envoi autographe signé de l'auteur.

864. **Picot** (Em.). Le Monologue dramatique dans l'ancien Théâtre français. *Paris,* 1886-1888, gr. in-8, demi-rel. mar. La Vall. foncé, tête dor., non rog., couv.

Tiré à part à 100 exemplaires, non mis dans le commerce. Exemplaire avec envoi autographe signé de l'auteur.

865. **Picot** (Em.) et **Nyrop** (Christ.) Nouveau Recueil de Farces françaises des XVe et XVIe siècles, publié d'après un volume unique appartenant à la Bibliothèque royale de Copenhague. *Paris, D. Morgand et Ch. Fatout,* 1880, pet. in-8, pap. vergé de Holl., cart. Bradel, tête jasp., non rog.

866. **Piedagnel** (A.). Jadis, souvenirs et fantaisies, avec 6 eaux-fortes de Marcel d'Aubépine. *Paris, Liseux,* 1886, gr. in-8, br., couv.

L'un des 100 exemplaires tirés sur papier du Japon (nº 18) avec triple épreuve des eaux-fortes, noir et sanguine avant la lettre, et noir avec la lettre.

867. **Piedagnel** (A.). J.-F. Millet, souvenirs de Barbizon, avec 1 portrait et 9 eaux-fortes, par Ch. Beauverie, Max. Lalanne, Ad. Lalauze, Piguet, F. Rops, Saint-Raymond et Alf. Taiée, et un fac-simile d'autographe. *Paris, Vve Cadart.* 1876, gr. in-8, pap. vergé de Holl., br. couv.

Tiré à 500 exemplaires numérotés (nº 315).

868. **Piot** (Eugène). Le Cabinet de l'amateur. Années 1861 et 1862. *Paris, Firmin-Didot,* 1863, in-4, br. non rog.

Nombreuses figures grav. sur bois dans le texte. Exemplaire sur papier de Hollande.

869. **Plaisirs de l'Amour** (les), ou Recueil de contes, histoires et poemes galans (par La Fontaine, Dorat, Gresset, etc.). *Chez Apollon, au Mont-Parnasse* (*Cazin*), 1782, 3 tomes en 1 vol. in-18, fig., mar. rouge. dos orné, fil., dent. int., tr. dor. (*Chambolle-Duru*).

1 frontispice et 17 jolies figures non signées, mais chastes, malgré le titre de l'ouvrage (*Cohen*.)

870. **Platon.** Extrait de Platon. *A Paris, chez Louis Josse, Imprimeur de Monseignear l'Archevêque, rue St-Jacques, à la Couronne d'Epines,* 1698, petit in-8, réglé, mar. rouge jans., fil. à froid, doublé de maroq. rouge, dentelle tr. dor. (*Boyet.*)

871. **Poë** (Edgar). Les Poèmes. Traduction de Stéphane Mallarmé, avec portrait et fleurons par Edouard Manet. *A Bruxelles, chez l'éditeur Edmond Deman,* 1888, gr. in-8, demi-rel., dos et coins de maroq. brun, non rog. Couverture.

Envoi autographe de l'éditeur.
L'un des 50 exemplaires sur papier du Japon (nº 35).

872. **Poë** (Edg.). Suite de 26 planches en eaux-fortes et héliogravures, par Abot, Chifflard, Méaulle, Wogel, etc., pour illustrer les Histoires et Nouvelles Histoires extraordinaires. *Paris, Quantin,* 1884, in-8 en feuilles dans un carton.

Epreuves sur papier vergé avec la lettre.

873. **Poésies** des XVe et XVIe siècles, publiées d'après des éditions gothiques et des manuscrits. *Paris, Sylvestre,* 1830-1832, in-8, caractères gothiques, demi-rel., dos et coins de maroq. rouge, non rog.

Tiré à 100 exemplaires sur papier de Hollande (n° 3). — Exemplaire avec les deux frontispices. Il n'y a que douze exemplaires de ce recueil qui aient les deux frontispices ; *noir et rouge, et rouge et noir.* C'est une singularité que M. Silvestre a voulu ajouter à cette rareté. Cette circonstance établit une grande différence de prix entre les exemplaires......

874. **Poëtes Français** (les). Recueil des chefs-d'œuvre de la poésie française, depuis les origines jusqu'à nos jours, avec une notice littéraire sur chaque poète, par MM. Ch. Asselineau, Ch. Baudelaire, Th. de Banville, Ed. Fournier, Th. Gautier, J. Janin, P. Malitourne, L. de Wailly, etc., précédé d'une introduction par Sainte-Beuve, publié sous la direction de M. Eugène Crépet. *Paris, Gide,* 1861-1863, 4 vol. gr. in-8, br., couv.

Exemplaire avec envoi et lettre autographe de M. Pierre Malitourne, l'un des auteurs.

875. **Pogge.** Les Facéties de Pogge Florentin, traduites en français, avec le texte en regard. Première édition complète. *Paris, Liseux,* 1878, 2 vol. in-16, pap. vergé, demi-rel. mar. gren., fil., tête dor., non rog., couv.

876. **Poisle-Desgranges** (J.). Le Livre de l'Amour, sonnets anacréontiques, avec un frontispice à l'eau-forte d'Alfred Taiée. *Paris, Bachelin-Deflorenne,* 1875, plaq. in-8, cart. Bradel, tête dor., non rog., couv.

L'un des 30 exemplaires tirés sur Whatman, impression rose (n° 18), avec double épreuve du frontispice, en *noir* et en *sanguine*.

877. **Poliphile** (Songe de), traduction libre de l'italien, par J. G. Legrand. *Paris (Leblanc), de l'imprimerie de P. Didot l'aîné,* 1804, 2 vol. in-18, pap. vél., demi-rel., dos et coins de mar. r. à long grain. (*Rel. de l'époque*).

878. **Polymachie** (la) des Marmitons, ou la Gendarmerie du Pape. En laquelle est amplement descrite l'ordre que le Pape veut tenir en l'armée qu'il veut mettre sus pour l'es-

levement de sa Marmite, avec le nombre des Capitaines et Soldats, qu'il veut armer pour mettre en campagne. *A Lyon, par Jean Saugrain*, 1563, in-8 de 8 ff. non chiff., cart. perc., non rog. (*Behrends*).

Réimpression tirée à 97 exemplaires numérotés *A Strasbourg, par Vve Berger-Levrault*, 1851.
L'un des 75 tirés sur papier Colombier vélin (nº 21).

879. **Pompadour** (Mme de). Correspondance avec son père, M. Poisson et son frère, M. de Vandières, publiée pour la première fois par M. A. P.-Malassis, suivie de lettres de cette dame à la comtesse de Lutzelbourg, à Paris Duverney, au duc d'Aiguillon, etc., et accompagnée de notes et de pièces annexes. *Paris, J. Baur*, 1878, in-12 tiré gr. in-8, portr., de la M^se^ de Pompadour (*dite la Belle Jardinière* et *dite la Sultane*, d'après Vanloo, cart., dos de mar. cit., dos orné, fil., tête dor., non rog., couv.

L'un des 45 exemplaires tirés sur papier Whatman, avec triple état des deux portraits, avec la lettre, et avant la lettre ; avec et avant le cadre.

880. **POMPADOUR** (la Marquise de). Suite d'Estampes, gravées par Mme de Pompadour, d'après les pierres gravées de Guay, graveur du Roy. (*Paris, vers 1775*), pet. in-folio, cuir de Russie, fil., dent. intér., tête dor., non rog.

1 frontispice et 62 figures.
Recueil très recherché de sujets allégoriques gravés à l'eau-forte par la marquise de Pompadour pour amuser Louis XV. Les petites planches sont exécutées d'après les pierres gravées par l'habile Guay, qui travaillait sous les yeux de la favorite à Versailles ; les modèles étaient fournis par Vien et Boucher.

881. **Pompery** (Ed. de). Le Vrai Voltaire, l'homme et le penseur. *Paris*, 1867, in-8, cart. Bradel, tête dor., non rog.

Exemplaire avec envoi autographe signé de l'auteur.

882. **Ponsard** (René). Les Echos du Bord, préface par F. Coppée, dessins de MM. Chalot, Willette, Grasset et Mabboux. *Paris, J. Lemonnyer*, 1884, pet. in-8, demi-rel.

mar. bl., fil., tête dor., non rog. (*Envoi autographe de l'auteur*).

883. **Pontois** (H.). La Conspiration du Général Berton, étude politique et judiciaire sur la Restauration, avec de nombreux documents inédits. *Paris*, *Dentu*, 1877, in-8, portr., br., couv. (*Envoi autographe de l'auteur*).

884. **Portalis** (Baron Roger) et Henri BÉRALDI. Les Graveurs du XVIIIe siècle. *Paris, D. Morgand et Cie. Fatout*, 1880-82, 3 tom. en 6 vol. in-8, pap. de Holl., cart. Bradel, tête dor., non rog. (*Envoi autographe des éditeurs*).

885. **Portefeuille** (le) de Mme Gourdan, dite la Comtesse, pour servir à l'Histoire des mœurs du siècle et principalement de celles de Paris. Seule édition exacte. *Spa*, 1783, pet. in-8, mar. citron jans., doublé et gardes de satin jaune, large dent., mors de mar. citron, tête dor., non rog.

Bel exemplaire d'un ouvrage attribué à C. Theveneau de Morande.

886. **Pothier** (Francis). Histoire de l'Ecole centrale des Arts et Manufactures d'après des documents authentiques et en partie inédits. Avec une médaille et cinq portraits reproduits en héliogravure par P. Dujardin et tirés par Ch. Delatre. *Paris*, *Delamotte*, 1887, gr. in-8, br., non rog. Couverture.

887. **Poulet-Malassis.** Catalogue, Bibliothèque, portraits, dessins et autographes de feu M. Auguste Poulet-Malassis. *Paris*, *Baur*, 1878, in-8, portr. à l'eau-forte et ex-libris de P.-Malassis, cart. Bradel, tête jasp., éb.

888. **Poulet-Malassis** (A.). Les Ex-libris français, depuis leur origine jusqu'à nos jours. Nouvelle édition, revue, très augmentée, et ornée de vingt-quatre planches. *Paris*, *P. Rouquette*, 1875, g. in-8, cart. perc., non rog., couv.

Tiré à 350 exemplaires. — L'un des 110 sur papier vergé.
Exemplaire provenant de la Bibliothèque de Poulet-Malassis avec son *ex-libris*, et auquel il a ajouté : 1° 3 Autographes d'amateurs d'Ex-libris :

MM. Charles de Rozières, Ernest de Rozières et Preux. — 2° 4 Autographes des gens de lettres : MM. E. Courbet, E. de Goncourt, M. de Lescure, Duranty. — 3°, 4 Autographes d'artistes : MM. O. de Rochebrune, Ed. Manet, E. Fromentin.

Tous relatifs au livre.

Et 4 planches ; copies d'ex-libris anciens, ou ex-libris modernes : Ex-libris de Guillaume Grangier (copie), p. 10. — Ex-libris de Charles Asselineau, p. 38. — Ex-libris d'Abel Lemercier, p. 43 — Ex-libris de Louis XV (copie), p. 48.

On y a ajouté depuis : 2 portraits de Poulet-Malassis, en double épreuve, sur Chine volant et sur Hollande. — 2 Ex-libris du même, sur Chine volant et sur Hollande. — 4 Ex-libris de provenance anglaise. — Plus un billet autographe de P.-Malassis.

889. **Préchac** (de). La Noble Vénitienne, ou la Bassette, histoire galante. *Suivant la copie de Paris, chez Claude Barbin*, 1679, pet. in-12, v. ant.

890. **Prévost** (Abbé). Histoire du Chevalier des Grieux et de Manon Lescaut. *Amsterdam* (*Paris*), *aux dépens de la Compagnie*, 1753, 2 vol. pet. in-12, demi-rel. bas. ant., non rognés.

891. **Prévost** (l'abbé). Histoire de Manon Lescaut et du chevalier Des Grieux. *Paris*, *A. Leclère*, 1860, 2 vol. in-12, maroq. rouge, dos ornés, fil. à compart. à la Du Seuil et ornements sur les plats, dent. intér.. têtes dor., non rognés. (*Pouget*).

Figures de L. J. Lefèvre grav. par J. J. Coiny.

892. **Prévost** (Abbé) Histoire de Manon Lescaut et du Chevalier des Grieux, précédée d'une étude par A. Houssaye, 6 eaux-fortes par Hédouin. *Paris*, *Librairie des bibliophiles*, 1874, 2 parties en 1 vol. in-16, pap. vergé de Holl., demi-rel. mar. bl., dos orné mosaïque de mar. r., fil., tête dor., non rog., couv.

893. **Prévost** (Abbé) Histoire de Manon Lescaut et du chevalier des Grieux, avec deux eaux-fortes par P. Le Nain. *Paris*, *Charpentier*, 1881, in-32, mar. vert, dent. int., non rog., reliure molle (*Bauser*).

L'un des 25 exemplaires tirés sur papier de Chine (n° 5) avec double épreuve des eaux-fortes, *avant* et *avec la lettre*.

894. **Prince Impérial** (Le). 1856-1867. Documents historiques extraits du Moniteur universel. *Lille, imprimé par Danel*, 1867, in-folio, texte encadré de filets, cart. toile bleue, tr. rouge (*Reliure de l'éditeur*.

Ouvrage d'une splendide exécution typographique.

895. **Privilèges du Cocuage** (les). Dialogue, ouvrage utile et nécessaire tant aux cornards actuels, qu'aux cocus en herbe. Nouvelle édition. *A Cologne*, 1698, pet. in-12, mar. bleu, dos orné, fil., tr. dor. (*Koehler*).

896. **Promenade** (La) du Pont de Bâteaux. Réimpression avec Réponses inédites d'un Avis au sexe de Rouen sur la Promenade du Pont, par F.-A. Perrot (de Paris). Avec introduction et frontispice à l'eau-forte par Jules Adeline. *Rouen E. Augé*, 1881, in-4, en feuilles dans un carton.

Texte encadré d'ornements noirs et rouges.
L'un des 20 exemplaires sur grand papier de Hollande (n° 2) avec une triple série d'épreuves du frontispice. Envoi autogr. de J. Adeline, gravé à l'eau-forte sur Japon avec envoi autog. signé, ajouté.

897. **Proudhon** (P.-J.) De la Justice dans la Révolution et dans l'Eglise, nouveaux principes de Philosophie pratique, adressés à Monseigneur Mathieu, Cardinal-Archevêque de Besançon. *Paris, Garnier frères*, 1858, 3 vol. in-12, cart. perc., non rog. (*Laureaux*).

898. **Proverbia Gallicana** secundum ordinem alphabeti reposita et ab Joāne Egidio Nuceriensi latinis versiculis traducta. *On les vend à Lyon en la maison du feu Prince, s. d.*, pet. in-8, goth., mar. rouge jans., dent. int., tr. dor. (*Cuzin*).

Volume très rare, et très précieux pour l'histoire des mœurs de la langue française, à la fin du Moyen-âge. Les proverbes, comme l'annonce le titre, sont en français, accompagnés de leur traduction latine (*Ch. C.*)

899. **Prudhomme** (Sully). Stances et Poëmes. *Paris, A. Faure*, 1865, in-12, br.

Edition originale, avec la couverture.

900. **Puisieux** (Les Caractères de Madame de). *A Londres*, 1750-1751, 2 parties en 1 vol. in-12, v. f., dos orné, 3 fil., tr. dor. (*Rel. anc.*)

Edition originale.

901. **Pujol** (A.-D.-J.) Galerie historique universelle (Recueil de portraits, avec des notices biographiques. *Paris, Mérigot*, 1786-1789), 18 livraisons en 2 vol. in-4, avec 144 portraits, demi-rel. v. gren., dos orné, non rog. (*Vogel*).

902. **Quatrelles.** A coups de fusil. *Paris, Charpentier*, 1877, gr. in-8, br., non rog., couverture.

Edition originale.
Ouvragé illustré de 30 dessins originaux hors texte par A. de Neuville, dont 12 dessins au fusain et 18 dessins à la plume reproduits en fac-similé. On a ajouté les deux figures supplémentaires, publiées dans la seconde édition.

903. **Quentin-Bauchart** (Ernest). Mes Livres (1864-1874). *Paris, Morgand et Fatout*, 1877, pet. in 8 de 52 pp., pap., vergé, br., couv.

904. **Quentin-Bauchard** (E.) Les Femmes bibliophiles de France (XVIe, XVIIe et XVIIIe siècles). *Paris, D. Morgand*, 1886, 2 vol. gr. in-8, pap. vergé, demi-rel. mar. r., dos ornés, fil., tête dor., non rog., couv.

Ouvrage illustré de 25 reproductions de reliures et de miniatures et des 43 planches d'armoiries tirées en taille-douce.
Exemplaire avec envoi autographe de l'éditeur.

905. **Quentin-Bauchart** (E.) (Notice sur le Livre d'Heures de Henri II), publiée par les soins, avec les caractères et aux frais de la Société des Bibliophiles françois. *Paris, pour la Société des Bibliophiles françois*, 1890, plaq. in-8, pap. de Holl., texte encadré de fil. r., pl. à l'eau-forte par Abot, br., couv.

Exemplaire avec envoi autographe signé de l'auteur.

906. **Quérard** (J.-M.) Les Supercheries littéraires dévoilées, seconde édition, considérablement augmentée, pub. par MM. G. Brunet et P. Jannet, suivie 1° du Dictionnaire des

Ouvrages anonymes par Ant.-Alex. Barbier, troisième édition, revue et augmentée par Olivier Barbier, 2e D'une Table générale des noms réels des écrivains anonymes et pseudonymes cités dans les deux ouvrages. *Paris, P. Daffis*, 1870-1879. Ens. 7 vol. gr. in-8 à 2 col., cart. perc., non rog.

Le tome 4 de Barbier, Dictionnaire des Ouvrages anonymes, est broché.

907. **Querenghi** (Antonio) Poesie volgari. *In Roma, appresso Guglielmo Facciotto*, 1616, in-8, mar. rouge, dos orné, 3 fil. (*Rel. anc.*)

908. **Rabelais** Les Œuvres de Me François Rabelais, Docteur en médecine, contenant cinq livres, de la vie, faicts et dits héroïques de Gargantua et de son fils Pantagruel. Plus la Prognostication Pantagrueline, avec l'oracle de la Dive Bac-buc, et le mot de la Bouteille. Augmenté des Navigations en l'Isle Sonnante, l'Isle des Apedefres. La Cresme philosophale, avec une Epitre Limosine, et deux autres Epistres à deux Vieilles de différentes mœurs. Le tout par Maître François Rabelais. *A Lyon, par Jean Martin*, 1558, in-12, maroq. vert, fil. à fr., tr. dorée. (*Duru*).

909. **Rabelais**. Œuvres, collationnées pour la première fois sur les Editions originales, accompagnées d'un commentaire nouveau, par MM. Burgaud Des Marets et Rathery, seconde édition, revue et augmentée. *Paris, F.-Didot et Cie*, 1870-73, 2 vol. in-12, portr. ajouté de Rabelais, gr. par Hopwood, demi-rel. mar. orange, tête dor., non rog., couv.

910. **Rabelais**. Œuvres de Rabelais. Edition conforme aux derniers textes revus par l'auteur avec une notice et un glossaire par Pierre Jannet. Illustrations de A. Robida. *Paris, Librairie illustrée, s. d.*, 2 vol. in-4, cart. Bradel, dos percaline, têtes dor., non rog., couvertures imprimées illustrées.

Nombreuses figures dans le texte et hors texte, noires et en couleurs.

911. **Rabelais** (Les Cinq livres de F.), publiés avec des variantes et un glossaire par P. Chéron, et ornés de 11 eaux-fortes par E. Boilvin. *Paris, Librairie des bibliophiles*, 1876, 5 vol. in-16, demi-rel. mar. La Vall., fil., tête dor., non rog., couv.

912. **Racine** (J.) Œuvres, nouv. édit, revue sur les plus anciennes impressions et les autographes, et augmentée de morceaux inédits, de variantes, de notices, de notes, d'un lexique des mots et locutions remarquables, etc., par P. Mesnard. *Paris, Hachette et Cie*, 1865-1873, 8 vol. in-8, plus 1 vol. de Musique et un Album, cart. Bradel, tête dor., non rog.

De la Collection des Grands Ecrivains de la France.

913. **RACINET**. L'Ornement polychrome. Cent planches en couleurs, or et argent, contenant environ 2000 motifs de tous les styles, art ancien et asiatique, moyen-âge, Renaissance, XVIIe et XVIIIe siècles. Recueil historique et pratique publié sous la direction de M. A. Racinet. Avec des notices explicatives et une introduction générale. *Paris, Firmin Didot, s. d.*, in-fol. demi-rel. dos et coins de maroq. rouge, dos orné, fil., tête dor., non rog. (*Petit succ. de Simier*).

914. **Ragouneau** (A. M.) Recherches sur l'état actuel des Sociétés politiques, ou jusques à quel point l'économie intérieure des états modernes leur permet-elle de se rapprocher de la liberté et de l'égalité. *Paris, Levrault, an XI* (1803), in-8, mar. rouge, dos orné, fil. à fr., dent. int., tr. dor. (*Rel. anc.*)

915. **Ramiro** (Erastène) (E. Rodrigues). L'Œuvre lithographié de Félicien Rops. Orné de 7 reproductions de lithographies en taille douce. *Paris, Conquet*, 1891, gr. in-8, br. non rog. couverture.

L'un des 50 exemplaires sur papier du Japon, n° 21 avec les figures en double état.

916. **Reclus** (Onésime). La Terre à vol d'Oiseau. *Paris, Hachette,* 1893, in-4, demi-rel. dos et coins de mar. rouge, dos orné, fil., tête dor., non rog.

Nouvelle édition contenant dix cartes et 616 illustrations.

917. **RECUEIL DE LETTRES**, Instructions et Rapports AUTOGRAPHES des MARÉCHAUX et GÉNÉRAUX du PREMIER EMPIRE, in-4 de 102 pièces, avec une table manuscrite des documents réunis dans le volume.

Recueil précieux. Voici la liste des noms contenus dans ce volume. : Ney. — Soult. — Davoust. — Berthier. — d'Ambrugeac. — Andreossy. — d'Antichamp. — d'Arberge. — Auvray. — de Barral. — Beaurevoir. — Beurnonville. — Bollemont. — Bouchu. — de Castelbajac. — Chalbos. — Chateauvieux. — Chollet. — Chabert. — Charlot. — Claparède. — Courtarvel. — Coutard. — Daley. — Daubigny. — Decaen. — Bourotte. — Delmas. — Dennier. — Desjardin. — Dornier. — Ducos. — Duhoux. — Dumesny. — Dupuch. — Eberlé. — Ernouf. — Farine. — Fiereck. — Foucauld. — Franceschi. — Garnier. — Gay Vernon. — Gobert. — Gouvion. — Grandjean. — d'Haugeranville. — d'Hauteville. — Hulot. — Kentzinger. — Lablache d'Harancourt. — Lafond. — Lamartillière. — Langeron. — Latapie. — Lauer. — Le Couturier. — Lemarois. — Le Noir. — Letellier. — Malher. — Marchand. — Marisy. — Mathis. — Maurice. — Melcion d'Arc. — Messey. — Miollis. — de Montalembert. — Montrichard. — Morand Mossel. — Mutelé. — Nogué. — Jean Ollivier. — Paris. — Péridon — Pinteville. — Privé. — Pujol. — Ransonnet. — Revel. — Ribès. — de Rivarol. — Rogniat — Rolin. — Ruffin. — Saignes. — Sandraz. — Sénarmont. — Silly. — de Sy. — Thouron. — Tristan-Brisson. — de Trogof. — d'Uzev. — Vaubécourt. — Verger-Desbarreaux — Verrières. — de Villeneuve. — de Vittré.

918. **Recueil de pièces choisies,** rassemblées par les soins du Cosmopolite. *A Anconne, chez Uriel Bandant, à l'enseigne de la Liberté,* 1735, 1 fort vol. in-12, demi-rel., dos et coins de mar. vieux rose, dos orné, fil., tête dor., non rog. (*Féchoz*).

Réimpression faite pour une Société de Bibliophiles, *Leyde, Gay,* 1865. à 163 exemplaires. L'un des 150 tirés sur papier de Hollande.

919. **Recueil de Vaudevilles gaillards,** 2 parties en 1 vol. in-8, mar. rouge, dos orné, fil. avec coins dor., dent. int., tr. dor. (*Hardy*).

Manuscrit de 167 et 152 pages d'une bonne écriture du commencement du XVIIIe siècle avec musique.

920. **Régamey** (Félix). A Gambetta. *Paris, Librairie de*

l'Art, 1884, in-4, en feuilles avec couverture dans un carton.

Lithochromie par Dambourgès, imprimée par Lemercier. Photogravures exécutées et tirées par Charreyre. Impression typogr. par A. Lanier. L'un des 60 exemplaires sur papier de Hollande. Figures sur papier de Chine. — Envoi d'auteur signé, à Cattelain.

921. **Régamey** (Félix). A Gambetta. *Paris, Librairie de l'Art*, 1884, in-4, en feuilles avec couverture dans un carton.

Lithochromie par Dambourgès, imprimée par Lemercier. Photogravures exécutées et tirées par Charreyre. Impression typog. par A. Lanier. L'un des 60 exemplaires sur papier de Hollande (n° 47). Figures sur papier de Chine — Une photographie et une aquarelle de Félix Régamey représentant la chambre mortuaire de Gambetta, ajoutées. On a aussi ajouté une lettre de faire part de la L∴ Alsace-Lorraine. Tenue solennelle du 17 janvier 1884 consacrée à la mémoire de Gambetta.

922. **Remensiana.** Historiettes, légendes et traditions du pays de Reims. *Reims, Jacquet*, 1845, in-32, demi-rel. v. f., non rog.

923. **Règlement pour l'Opéra de Paris.** Avec des notes historiques. *A Utopie, chez Thomas Morus*, 1743, pet. in-12, frontispice gravé, mar. rouge, dos orné à petits fers, fil., tr. dor. (*Rel. anc*).

Volume curieux et peu commun, contenant à la fin une clef manuscrite.

924. **Regnier.** Les Satyres et autres œuvres du sieur Regnier, augmentées de diverses pièces cy-devant non imprimées. *A Leiden, chez Jean et Daniel Elsevier*, 1652, pet. in-12, mar. rouge, dos orné à petits fers, ornem. de fil. à fr. et dor. dent. sur les pl., doublé et gardes de tabis, dent. mors de mar. rouge, tr. dor. (*Bozerian*).

Willems n° 715. — Haut. 121 mill. 1/2. — Portrait ajouté de l'auteur dess. et gr. par Ingouf, et 1 fig. par Marillier, gr. par de Launay.

925. **Regnier** (Mathurin). Œuvres, texte original, avec notice, variantes et glossaire, par E. Courbet. *Paris, Lemerre*, 1869, pet. in-12, portr. à l'eau-forte par Bracquemond, mar. bleu, dos orné, fil., dent. int., tr. dor. (*Reymann*).

L'un des 2 exemplaires tirés sur PEAU DE VELIN (n° 1).

926. **Reliure** (La) ancienne et moderne. Recueil de 116 planches de reliures artistiques des XVIe, XVIIe, XVIIIe et XIXe siècles ayant appartenu à Grolier, Henri II, François Ier, Diane de Poitiers, Marguerite de Valois, Louis XIII, Mazarin, etc., et exécutées par Le Gascon, Clovis et Nicolas Eve, Hardy-Mennil, Bauzonnet, Belz-Niédrée, etc. Introduction par Gustave Brunet. Accompagné d'une table explicative avec notice descriptive de 31 reliures des plus remarquables. *Paris*, *Rouveyre*, 1884, in-4, maroq. gren., dos richement orné, fil., large dent. intér., tr. dor. (*Chambolle-Duru*).

L'un des 50 exemplaires sur papier du Japon (n° 47).

927. **Rembrandt** (L'Œuvre complet de), décrit et commenté par Charles Blanc. Catalogue raisonné de toutes les eaux-fortes du maître et de ses peintures, orné de bois gravés et de 40 eaux-fortes tirées à part et rapportées dans le texte. *Paris*, *Gide*, 1859-1861, 2 tom. en 1 vol. in-8, demi-rel. dos et coins de mar. gren., dos orné, fil., tête dor., non rog. (*Claessens*).

Exemplaire auquel on a ajouté 8 eaux-fortes originales du Maître.

928. **Renan** (E.). Les Apôtres. *Paris*, *M. Lévy frères*, 1866, in-8. cart. Bradel, tête dor., non rog.

Edition originale, avec la couverture.

929. **Renan** (E.). Etudes d'histoire religieuse. *Paris*, *M. Lévy frères*, 1857, cart. perc., non rog. (*Behrends*).

Edition originale.

930. **Renan** (E.). De l'Origine du Langage, 2e édit., revue et considérablement augmentée. *Paris*, *M. Lévy frères*, 1858, in-8, cart. Bradel, tête jasp., non rog.

931. **Renan** (E.). Vie de Jésus. *Paris*, *M. Lévy frères*, 1863, in-8, demi-rel. mar. bl., fil., tête dor., non rog.

Édition originale, avec la couverture.

932. **Restif de la Bretonne.** La Dernière Avanture d'un Homme de quarante-cinq ans. Nouvelle utile à plus d'un

lecteur. *Genève et Paris, chés Regnault*, 1783, 2 vol. in-12, fig., br., non rognés.

2 frontispices et 2 figures par Binet, gravés par Giraud et Pauquet. Manquent le frontispice et la figure du tome II.

933. **Restif de la Bretonne.** Les Gynographes, ou Idées de deux honnêtes femmes sur un projet de reglement proposé à toute l'Europe, pour mettre les femmes à leur place, et operer le bonheur des deux sexes ; avec des notes historiques et justificatives, suivies des noms des femmes célèbres. *A La Haye et à Paris, chés Humblot*, 1777, 2 vol. in-8, demi-rel. bas., tr. marb.

934. **RESTIF DE LA BRETONNE.** Monument du Costume physique et moral de la fin du dix-huitième siècle, ou Tableaux de la Vie, ornés de figures dessinées et gravées par M. Moreau le jeune, dessinateur du cabinet de S. M. T. C. et par d'autres célèbres artistes. *A Strasbourg, chez J. G. Treuttel*, 1789, gr. in-fol. fig., mar. rouge, dos orné, encadrem. de fil. avec coins dor., dent. int., tr. dor. (*David.*)

37 pages de texte et 26 estampes de Moreau et Freudeberg (2 par ce dernier), gravées par Baquoy, Camligue, Dambrun, Delignon, de Launay, Guttenberg, Helman, Malbeste, Martini, Halbou, Patas, Romanet, Thomas, Ingouf et Bosse.
Trois planches remontées.

935. **Restif de la Bretonne.** Les Posthumes, lettres reçues après la mort du mari par sa femme, qui le croit à Florence, par feu Cazotte. *Imprimé à Paris, à la maison ; se vend chés Duchêne, libraire*, 1802, 4 vol. in-12, br., non rognés (*Mouillures.*)

Manquent les 4 frontispices.

936. **Restif de la Bretonne.** Tableaux de la bonne compagnie de Versailles et de Paris, ou traits caractéristiques, anecdotes secrètes, politiques, morales et littéraires, recueillies dans les Sociétés du bon ton, pendant les années 1786 et 1787, par M. le Ch. de B***. *Paris*, 1787, 2 tom. en 1 vol. in-8, bas. gr. (*Rel. anc.*)

Mouillures.

937. **Retz** (Cardinal de). Œuvres, nouv. édit., revue sur les plus anciennes impressions et les autographes, et augmentée de morceaux inédits, des variantes, de notices, de notes, d'un lexique des mots et locutions remarquables, etc., par A. Feillet et R. Chantelauze. *Paris, Hachette et Cie*, 1870-1887 (Tom. I à IX.) 9 vol. in-8, cart. Bradel, tête dor., non rog.

De la Collection des Grands Ecrivains de la France.

938. **Revue Comique** (la) à l'usage des gens sérieux. Histoire morale, philosophique, politique, critique, littéraire et artistique de la semaine. Texte par A. Lireux, C. Caraguel, P. Vertot, E. de la Bédollière, Gérard de Nerval, etc., etc. Dessins par Bertall, Nadord, Fabritzius, Otto, Lorentz, Beguin, Quillenbois, etc. Novembre 1848 — Avril 1849. *Paris, Dumineroy*, 1848-1849, gr. in-8, texte sur deux colonnes et encadré, cart. toile, non rog. Couverture imprimée illustrée.

Nombreuses figures gravées sur bois.

939. **Revue de France** (de mars 1873 au 1er mars 1880). *Paris*, 1873-1880, 8 années en livraisons.

Manquent dans les années suivantes — 1873, Avril, Juillet. — 1875 Février. — 1879, 15 août.

940. **Richard** (J.). L'Art de former une Bibliothèque. *Paris, Rouveyre et Blond*, 1883, pet. in-8, pap. de Holl., cart. Bradel, tête dor., non rog., couv.

941. **Richard** (le pélerin). La Chanson d'Antioche, composée au commencement du XIIe siècle par le pélerin Richard, renouvelée sous le règne de Philippe-Auguste, par Graindor de Douay, publiée pour la première fois par Paulin Paris. *Paris, J. Techener*, 1848, 2 vol. pet. in-8, pap. de Holl,, demi-rel. mar. r., non rog.

942. **RICHELIEU**. Traité de la perfection du Chrestien, par l'Eminentissime Cardinal duc de Richelieu. *S. l. n. d.*,

in-4, front. par Cl. Mellan, vign., culs-de-lampe et lettres ornées, mar. rouge, dos orné, 3 fil., tr. dor. (*Rel. anc.*)

C'est un des exemplaires de présent aux armes du Cardinal, distribués par l'Archevêque de Lyon, frère de l'auteur. Le portrait du Cardinal qui figure au frontispice est très remarquable.
Mouillures.

943. **Richepin** (J.). Les Blasphèmes, nouvelle édition. *Paris, Charpentier*, 1890, in-12, br., couv.

L'un des 25 exemplaires tirés sur papier de Hollande (n° 5).

944. **Richepin** (J.). Les Caresses, nouvelle édition. *Paris, Charpentier*, 1890, in-12, br,, couv.

L'un des 25 exemplaires tirés sur papier de Hollande (n° 5).

945. **Richepin** (J.). Cauchemars. *Paris, Charpentier et Fasquelle*, 1892, in-12, br.

Édition originale, avec la couverture.
L'un des 25 exemplaires tirés sur papier de Hollande (n° 4).

946. **RICHEPIN** (J.). Les Débuts de César Borgia. *Paris, publié pour la Société des Bibliophiles contemporains,* 1890, gr. in-8, mar. olive jans., doublé de mar. rouge, comp. de fil. droits et brisés ornem. de feuillages et de grappes de raisin, attributs dor. et mosaïque de mar., mors de mar. olive, doubles gardes, tr. dor. sur broch., couv. (*Ruban.*)

Superbe exemplaire.
Édition tirée à 186 exemplaires, non mis dans le commerce. Deux états des gravures en noir et en couleurs. Illustrations de Rochegrosse, gravées à l'eau-forte par P. Avril, Courboin, Fornet et Manesse.

947. **Rigault** (Hippolyte). Histoire de la Querelle des anciens et des modernes. *Paris, Hachette et Cie*, 1856, in-8, cart, Bradel, tête dor., non rog.

948. **Robida** (A.). Le XIXe Siècle, texte et dessins par A. Robida. *Paris, Georges Decaux,* 1888, gr. in-8, cart. Bradel, dos percaline, tête dor., non rog. Couverture illustrée en couleurs.

Nombreuses figures dans le texte et hors texte, noires et coloriées.

949. **Robida** (**A.**). Le Vingtième siècle. Texte et dessins par A. Robida. *Paris, Georges Decaux*, 1883, gr. in-8, demi-

rel. maroq. vert, dos orné, fil., tête dor., non rog. Couverture illustrée.

950. **Robida** (A.). Le Vingtième siècle. La vie électrique. Texte et dessins par A. Robida. *Paris, Librairie illustrée, s. d.*, gr. in-8, demi-rel. maroq. bleu, dos orné, non rog. Couvert. illustrée en couleurs.

951. **Robida** (A.). Voyage de Fiançailles au XX° siècle, texte et dessins par A. Robida. *Paris, L. Conquet,* 1892, in-16, br., couv. illust.

Tiré à 200 exemplaires sur Chine non mis dans le commerce.

952. **Rochefort**. Mémoires de M. L. C. D. R. (M. le Comte de Rochefort), contenant ce qui s'est passé de plus particulier sous le ministère du Cardinal de Richelieu, et du Cardinal de Mazarin, avec plusieurs particularités remarquables du règne de Louis-le-Grand. *Amsterdam*, 1742, in-12, veau fauve, fil., dent. int., tête dor., non rog. *(Bering et Muller)*.

Bel exemplaire.

953. **Rochefort** (H.). Les petits mystères de l'Hôtel des Ventes *Paris, Dentu, s. d.*, in-12, br.

Édition originale, avec la couverture.

954. **Roddaz** (Camille de). L'Art ancien à l'Exposition nationale belge publié sous la direction de M. Camille de Roddaz. *Bruxelles et Paris*, 1882, in-4, cart. toile, fers spéciaux, tr. dor. *(Reliure de l'éditeur)*.

Nombreuses figures hors texte et dans le texte grav. sur bois.

955. **Roger-Millès** (L.). Les Veillées noires. *Paris, des presses de A. Lanier et ses fils*, 1889, in-4, demi-rel. maroq. brun foncé, tête dor., non rog. Couverture.

L'un des 5 exemplaires tirés sur papier du Japon avec cinq suites des gravures, épreuves d'état.

Sur le faux titre : envoi autog de l'auteur. Et *La Visite au Grenier*, fable. Autog. du même.

956. **Roland** (Lettres autographes de Mme), adressées à Bancal-des-Issarts, membre de la Convention, publiées

par Mme Henriette Bancal-des-Issarts, et précédées d'une introduction par Sainte-Beuve. *Paris*, *Renduel*, 1835, in-8, demi-rel. v. f., tête jasp., non rog.

957. **Rollinat** (Maurice). Les Névroses, les Ames, — les Luxures, — les Refuges, — les Spectres, — les Ténèbres, avec un portrait de l'auteur par F. Desmoulin. *Paris*, *Charpentier*, 1883, in-12, demi-rel. mar. br., tête dor., non rog., couv.

Édition originale.

958. **Rosny**. L'Optique du jour, ou le Foyer de Montausier, par Joseph R***y.(Rosny). *Paris*, *Marchand*, an VII, in-18, avec une grande planche pliée, dess. par Binet et grav. par Bovinet, demi-rel. mar. cit., tête dor., non rog.

959. **Rousseau** (J.-J.). Emile, ou de l'éducation, par J.-J. Rousseau, citoyen de Genève. *Amsterdam*, *Jean Neaulme*, 1762, 4 vol. in-12, fig., mar rouge, dent. int., tr. dor. (*Thibaron-Joly*).

5 figures par Eisen, gravées par Le Grand, de Longueil et Pasquier. ÉDITION ORIGINALE. Bel exemplaire relié sur brochure.

960. **Rousseau** (J.-J.). Les Confessions, avec une préface par Marc-Monnier, 13 eaux-fortes par Ed. Hédouin. *Paris*, *Librairie des bibliophiles*, 1881, 4 vol. in-16, pap. de Holl., demi-rel. mar. gren., tête dor., non rog., couv.

961. **Rousseau** (J.-J.). Lettres originales à Mme de... (la maréchale de Luxembourg), à M. de Malesherbes, à d'Alembert, etc., publiées par Ch. Pougens. *Paris*, *Ch. Pougens*, an VII (1798), pet. in-12, mar. rouge, fil., dent. int., tr. dor. (*Purgold*).

Volume très intéressant qui contient un fac-simile d'une lettre de Jean Jacques et la reproduction de la musique (gravée par lui) d'une marche militaire.

Exemplaire aux armes du dernier prince de Condé.

962. **Roussel** (Aug.). Les Miettes d'Esope, fables. Dessins de Gavarni. *Paris*, *Furne et Cie*, 1866, gr. demi-rel. mar. bl., fil., tête dor., non rog., couv.

963. **ROWLANDSON**. The Military adventures of Johnny Newcome, with an account of his Campamgn on the Peninsula, and in Pall Mall. Second edition. *London, Patrick Martin*, 1816, in-8, fig., cart., non rog.

Ouvrage orné de 1 frontispice et de 14 planches coloriées, grav. d'après Rowlandson.

964. **ROWLANDSON**. The Tour of doctor Syntax in search of the picturesque. *London, Ackermann, s. d.* (1817), gr. in-8, fig., v. marb., dos orné, dent., tête jaune, éb (*Rel. de l'époque*).

Ouvrage orné de 1 titre gravé et 30 planches coloriées grav. d'après Rowlandson.

965. **Royaumont**. Histoire de l'Ancien et du nouveau Testament, avec des explications édifiantes tirées des Saints Pères, par de Royaumont, prieur de Sombreval. Edition stéréotype, ornée de 267 gravures, gravées en relief d'après le procédé de M. Duplat. *Paris, Mame*, 1812, gr. in-8 à 2 col., mar. rouge, à long grain, dos orné à petits fers, dent., tr. dor. (*Rel. de l'époque*).

Taches de rousseur.

966. **Ruelens** (Ch.). Dans un Tombeau, deux actes, en vers. *Paris, Borrani*, 1870, gr. in-8, figure, br.

Édition originale, avec la couverture.
L'un des 4 exemplaires tirés sur papier bristol, imprimés en caractères rouges. Ce livre n'a pas été mis dans le commerce.

967. **Saint-Gelais** (Mellin de). Œuvres poétiques, nouvelle édition, augmentée d'un très grand nombre de pièces latines et françaises. *Paris*, 1719, pet. in-12, v. f., dos orné, tr. r. (*Rel. anc.*).

968. **Saint-Hilaire**. Caractère ou portrait de l'honnête homme chrétien, avec des pensées et des réflexions ingénieuses et morales, par Monsieur le Prieur de St-Hilaire. *Paris. Nic. Couterot*, 1697, in-12 réglé, mar. rouge, dos orné, comp. de fil. avec coins dor., dent. int., tr. dor. (*Rel. anc.*).

Édition originale. — Bel exemplaire.

969. **Saint-Juirs**. La Seine à travers Paris, illustrée de 230 dessins et de 17 compositions en couleurs par G. Fraipont. *Paris, Launette et Cie*, 1890, in-4, cart., demi-rel., mar. gren., dos orné, fil., tête dor , non rog., couv.

Exemplaire, enrichi de une AQUARELLE ORIGINALE (sur le faux titre) par G. FRAIPONT, l'illustrateur du livre, et avec envoi autographe du même.

970. **Saint-Just** (A.-L.-L. de). Organt, poëme en vingt chants. *Au Vatican*, 2 part. en 1 vol. in-18, mar. rouge, dos orné, fil. avec coins dor., dent. int., tr. dor. sur brochure (*Duru*).

Bel exemplaire de l'édition originale, auquel on a ajouté une clef gravée de 4 pages.

971. **Saint-Marc** (B.) et le Marquis de **Boubonne**. Les Chroniques du Palais-Royal, origine, splendeur et décadence, les Ducs et les Duchesses, la Régence, Théâtres, Tripots, etc., etc. Illustrations par Mesplès. *Paris, T. Belin, s. d.*, in-8 écu, pap. vergé, demi-rel. mar. olive, tête dor., non rog., couv.

972. **Saint-Paul** (Albert). Scènes de Bal (poésies). *Bruxelles, E. Deman*, 1889, in-12, de 33 p., demi-rel. dos et coins de mar. bl., tête dor., non rog. (*Allô*).

Edition originale, avec la couverture. Tiré à 150 exemplaires tous sur Japon. — Exemplaire n° 20, avec envoi autographe de l'éditeur.

973. **Saint-Pierre** (B. de). Paul et Virginie, par Jacques-Bernardin-Henri de Saint-Pierre, avec figures. *A Paris, de l'imprimerie de Monsieur*, 1789, in-18, mar. rouge à long grain, dos orné, fil., dent. int., mors de mar. rouge, tr. dor. (*Rel. de l'epoque*).

4 figures par Moreau et Joseph Vernet, gravés par Girardet, Halbou et de Longueil.
Exemplaire sur papier vélin d'Essonc.

974. **Saint-Pierre** (B. de). Paul et Virginie. Suite de huit eaux-fortes. Epreuves avant toute lettre pour illustrer Paul et Virginie. Dessinées et gravées par Ad. Lalauze.

Paris, *Conquet*, 1878, gr. in-8, en feuilles dans un carton.

Exemplaire sur papier de Chine.

975. **Saint-Prosper** (A.-J.-C.). Almanach des Cumulards, ou Dictionnaire historique desdits individus cumulards, avec la note très exacte de leurs divers appointements, pensions, etc. Le tout mis en lumière par un homme qui sait compter (Première année). *Paris*, *Pichard*, 1821, in-32, fig., cart., dos et coins de perc., non rog.

976. **Saint-Réal** (Abbé de). Œuvres choisies, précédées d'une notice sur sa vie. *Paris*, *Janet*, *(impr. de P. Didot l'aîné)*, 1819, in-8, v. bleu, dos orné, dent. et milieux à fr. sur les pl., tr. marb. (*Thouvenin*).

977. **SAINT-SIMON** (Duc de). Mémoires complets et authentiques, sur le règne de Louis XIV et la Régence, collationnés sur le Mss. original par M. Chéruel, et précédés d'une notice par M. Sainte-Beuve. *Paris*, *Hachette et Cie*, 1856-58, 20 vol. — Projets de Gouvernement du duc de Bourgogne. Dauphin. Mémoire attribué au duc de Saint-Simon, et pub. pour la prem. fois, d'après un Mss. de la Bibliothèque impériale, par P. Mesnard. *Paris*, *Hachette et Cie*, 1860, 1 vol. — Ens. 21 vol in-8, cart. Bradel, tête dor., non rog.

Manque le tome 7.

978. **SAINTE-BEUVE.** Volupté. *Paris*, *Eug. Renduel*, 1834, 2 vol. in-8, demi-rel. dos et coins de mar. bl., non rog. (*Allô*).

EDITION ORIGINALE. Bel exemplaire entièrement non rogné avec les couvertures et le Catalogue de Renduel, et auquel on a joint une lettre autographe de l'auteur, M. de Chaudesaigues.

979. **Sainte-Palaye** (de La Curne de). Mémoires sur l'ancienne Chevalerie, considérée comme un établissement politique et militaire, nouvelle édition. *Paris*, *Veuve Duchesne*, 1781, 3 vol. — Histoire littéraire des Troubadours, contenant leurs vies, les extraits de leurs pièces, et plus

sieurs particularités sur les mœurs, les usages, et l'histoire du XIIe et du XIIIe siècles, (publiée par l'abbé Millot). *Paris, Durand*, 1774, 3 vol. — Ens. 6 vol. in-12, demi-rel. v. br., dos orné, tête dor., non rog. (*David*).

Bel exemplaire.

980. **Saisset** (Em.). Ænésidème. *Paris, Joubert*, 1840, in-8, br.

Edition originale, avec la couverture.

981. **Sartorii** (Joannis). Adagiorum Chiliades tres, sive sententiae proverbiales, graecae, latinae et belgicae, ex Praecipuis autoribus collectae, ac brevibus notis illustratae, ex recensione Cornelii Schrevelii. *Amstelodami, Joan. Ravesteinium*, 1670, in-8, vélin, milieux dor. d'un écusson représentant un Aigle à 2 têtes sous lequel, est écrit le mot Arnhem (*Rel. anc.*).

On lit sur la garde. Prix de Littérature décerné à Arnhem en février 1693 à Lambert Van Eck, signé Jac. Heising. Rector.

982. **Satyre Ménippée** de la vertu du catholicon d'Espagne et de la tenue des estats de Paris, augmentée de notes tirées des éditions de Dupuy et de Le Duchat, par V. Verger et d'un commentaire historique, littéraire et philologique, par Ch. Nodier. *Paris, Delangle et Dalibon*, 1824, 2 vol. gr. in-8, pap. vél., demi-rel. v. rouge, dos orné, non rog. (*Thouvenin*).

983. **Saül et David**, tragédie en cinq actes. Ouvrage imité de l'Anglais. *Londres, Rob. Freeman*, 1761, in-12, cart. perc., non rog. (*Behrends*).

984. **Saulière** (A.). Histoires Conjugales, nouveaux contes lestes, 55 vignettes et 10 eaux-fortes par H. Somm. *Paris, Dentu*, 1881, in-12, titre r. et n., texte encadré de fil. r.

Exemplaire tiré sur papier vergé de Hollande, avec double épreuve des eaux-fortes avant la lettre, en *bistre* sur Japon, et en *noir* sur Chine volant.

985. **Say** (L.) et J. **Chailley**. Nouveau Dictionnaire d'Economie politique. *Paris, Guillaumin et Cie*, 1890-92, 2 tom. en 19 liv. gr. in-8 à 2 col.

986. **Schlau Schlauer,** am Schläusten. Aegyptische Humoreske. Niederqueschrieben und abgemalt 1315 Jahre vor Christeljeburt von C.-M. Seypel. Hofmaler und Poët Seiner Majestat des Konigs Rhampsinit III. *Memphis, Muniensstrasse n° 35, 3° étage 4× Ktingeln*, in-4 de 40 pp., fig., couv. toile avec une médaille sur le pl. supér. de la couv.

987. **Schoonhovius.** Emblemata Florentii Schoonhovii I. C. Goudani, partim moralia, partim etiam civilia. Cum latiori eorundem ejusdem auctoris interpretatione. Accedunt et alia quaedam poëmatia in alys poëmatum suorum libris non contenta. *Lugduni Batavorum, ex officina Elzeviriana*, 1626, in-4, titre gr., portr. de l'auteur, et fig., v. porph., dos orné, fil., tr. marb. (*Rel. anc.*).

Raccommodage à la page 171 : la vignette de cette page se trouve retournée.

988. — *Le même ouvrage*, in-4, vélin. (*Rel. anc.*).

Raccommodage à la page 195.

989. **Scott** (G.-G.). Gleanings from Westminster Abbey, with appendices, supplying further particulars, and completing the history of the abbey buildings. Illustrated by numerous and Woodcuts second edition, considerably enlarged. *Oxford and London, J. Henry and J. Parker*, 1863, in-8, fig. dans le texte et pl. hors texte, cart. toile, tête dor., non rog. (*Cart. de l'éditeur*).

990. **Scott** (W.), traduction nouvelle, par MM. Louisy, Daffry de la Monnoye, Robert de Cerisy et Scheffer. Dessins de MM. Adrien Marie, Riou, H. Scott, Ad. Moreau, Lalauze, Fraipont, H. Pille, etc., etc. *Paris, F.-Didot et Cie*, 1880-1891, 18 vol. gr. in-8, nombr. fig. dans le texte et pl. hors texte, cart. toile r., fers spéciaux, tr. dor. (*Cart. de l'éditeur*).

Ivanhoé. — Quentin Durward. — Rob-Roy. — Kenilworth. — L'Antiquaire. — Les Puritains d'Ecosse. — Guy Mannering. — La jolie fille de Perth. — Waverley. — La Prison d'Edimbourg. — Le Monastère. — Redgauntlet. — L'Abbé. — La Fiancée de Lammermoor, suivi du Nain Noir. — Charles le Téméraire. — Woodstock. — Le Pirate. — Peveril du Pic.

991. **Scott** (W.) Rokeby, a poem. The fifth édition. *Edinburgh*, 1813, in-8, mar. rouge, ornem. dor. en plein sur le dos et les pl., tr. dor. (*R. Moody-Vinton*).

Dans le même volume: The Solitary Frenchman on the Banks of the Thames, to a Friend in Switzerland, a poem, translated by the Rev. John Gregg. *London*, 1794 (*Diatribe contre la Révolution Française*). Taches de rousseur.

992. **Scotus** (Michael). Phisionomia Michaelis Scoti (A la fin) *Michaelis Scoti de procreatione et hominis phisionomia opus feliciter finit*, pet. in-8, goth., de 32 ff. sign. A-D., *s. d.* (XV° siècle), cart. perc.

993. **Scudery**. Les Femmes illustres ou les Harangues héroïques de M. de Scudery, avec les véritables portraits de ces Héroïnes, tirés des médailles antiques. *Imprimé à Rouen, et se vend à Paris, chez Aug. Courbé*, 1655, 2 parties en 1 vol. in-4, cart. perc. (*Behrends*).

Le frontispice de la 1re partie est remonté.

994. **Sedaine**. La Tentation de Saint-Antoine, ornée de figures et de musique. *Londres*, 1784. — Le Pot-Pourri de Loth, orné de figures et de musique. *Londres*, 1784, 2 tom. en 1 vol. in-8, fig. v. marb., dos orné, 3 fil., tr. dor. (*Rel. anc.*)

Texte gravé et 18 figures de Borel, gravées par Elluin, épreuves avant la lettre.

995. **Sénèque**. L'Annæi Senecæ philosophi opera, quæ exstant omnia: a Justo Lipsio emendata, et scholiis illustrata. *Antverpiæ, ex officina Plantiniana, apud Joannem Moretum*, 1605, in-fol., titre et frontispice gravés, portraits, veau fauve antique, dos orné, plats entièrement recouverts de dorures, guirlandes de feuillages, fil. droits et brisés, fers azurés, tr. dor. (*Rel. du XVI*e *siècle restaurée*).

996. **Seoane** (Marquis de). Philosophie elliptique du Latent operant, pentanomie pentanomique, ou loi quintuple universelle (Philosophie intégrale.— Philosophie fractionnée,

histoire et divisions). *Francfort, Rommel*, 1879-1881, 2 vol. in-8 (texte français et Allemand), br., couv.

Exemplaire avec une photographie de l'auteur et envoi autographe signé.

997. **Sermon** pour la consolation des Cocus, suivis de plusieurs autres, etc. *A Amboise, chez Jean Coucou, à la Corne de Cerf*, 1751, in-12, mar. rouge, dos orné, fil., dent. int., tr. dor. (*Hardy*).

Edition originale. Rare.

998. **SÉVIGNÉ** (Lettres de Mme de), de sa famille et de ses amis, recueillies et annotées, par M. Monmerqué, nouv. édit., revue sur les autographes, les copies les plus authentiques, et les plus anciennes impressions, et augmentée de lettres inédites, d'une nouvelle notice, d'un lexique des mots et locutions remarquables. *Paris, Hachette et Cie*, 1862-1868, 14 vol. in-8 et Album, cart. Bradel, tête dor., non rog.

De la Collection des Grands Ecrivains de la France.

999. **Shakespeare**. Œuvres complètes, traduites par Emile Montégut et richement illustrées de gravures sur bois. *Paris, Hachette*, 1867-1870, 3 vol. gr. in-8, texte encadré, cart. Bradel, dos percaline, non rog.

Nombreuses figures gravées sur bois.

1000. **Shakspeare**. The Dramatic works, from the text of Johnson and stevens (complete in one volume). *London, Black, Young*, 1824, in-12 à 2 col., portr., cart., non rog. (*Cart. de l'éditeur*).

1001. **Siebecker** (Edouard). L'Alsace. Récits historiques d'un patriote. Illustrations de P. Lix. *Paris, Polo*, 1873, gr. in-8, texte encadré, cart,, dos percaline, non rogné, couverture illustrée.

Nombreuses figures gravées sur bois.

1002. **Sieurin** (J.) Manuel de l'Amateur d'Illustrations, gravures et portraits, pour l'ornement des livres français et étrangers. *Paris, A. Labitte*, 1875, in-8, br., couv.

1003. **Silvestre** (A.) Le Célèbre Cadet-Bitard, illustrations de G. Fraipont. *Paris, Marpon et Flammarion, s. d.*, in-12, br., couv. impr. en couleurs.

L'un des 10 exemplaires tirés sur papier du Japon (n° 3).

1004. **Silvestre** (A.) Le Nu au Salon (1888 à 1891 inclus), 4 vol.— Le Nu au Champ-de-Mars (1889 à 1891 inclus), 3 vol.— Le Nu au Louvre (1891). *Paris, Bernard et Cie*, 1888-1891. Ens. 8 vol. in-8, fig., br., couv. illust.

1005. **Silvestre** (A.) F. **Thomé** et J. **Chéret**. La Fée du Rocher, Ballet-Pantomine, en deux actes et six tableaux. *Paris, L. Conquet*. 1891, gr. in-4, avec musique et fig. en couleurs d'après les dessins de Jules Chéret, cart. dos et coins perc., non rog., couv. (*Carayon*).

Cette édition spéciale, imprimée sur les pierres originales, a été tirée à 100 exemplaires.
Exemplaire n° 31.

1006. **Silvestre** (Théo,) Plaisirs Rustiques, avec un dessin de J.-B. Millet, reproduit en fac-simile. *Paris, Charpentier*, 1878, in-12, demi-rel. mar. vert, tête dor., non rog., couv.

L'un des 50 exemplaires tirés sur papier de Hollande (n° 26) avec double épreuve du dessin.

1007. **Simon** (J.) Etudes sur la Théodicée de Platon et d'Aristote. *Paris, Joubert*, 1840, in-8, br., couv. (*Taches de rousseur*).

Rare.— Exemplaire avec envoi autographe de l'auteur.

1008. **Simon** (J.) Mémoires des Autres, illustrations de Noël Saunier, gravées sur bois, par Charpentié, Méaulle et Quesnel. *Paris, Testard et Cie*, 1890, in-12, demi-rel. mar. La Vall. foncé, tête dor., non rog.

Edition originale, avec la couverture.
L'un des 50 exemplaires tirés sur papier du Japon.
Exemplaire n° 4, avec envoi autographe signé de l'auteur.

1009. **Simon** (J.) La Religion naturelle. *Paris, Hachette et Cie*, 1857, in-12, br., couv.

Envoi autographe signé de l'auteur.

1010. **Simon** (J.) Mignet, Michelet, Henri Martin. *Paris, Calmann-Levy*, 1890, in-8, demi-rel. mar. gren., tête dor. non rog.

L'un des 20 exemplaires tirés sur papier de Hollande. Exemplaire (nº 2) avec envoi autographe signé de l'auteur.

1011. **Société des Amis des Livres.** Annuaires (1880-1892). *Paris, Imprimé pour les Amis des Livres* 1880-1892, 13 années en 13 vol. pet. in-8, br., couv.

1012. **Soirées de Médan** (les), par E. Zola, Guy de Maupassant, J.-K. Huysmans, H. Céard, L. Hennique, P. Alexis, avec les portraits des 6 auteurs, Eaux-fortes de F. Desmoulin, et 6 compositions de Jeanniot, grav. à l'eau-forte par L. Muller. *Paris, Charpentier et Cie*, 1890, in-8 écu, pap. vél. teinté, br., couv.

Tiré à petit nombre.

1013. **Soldani** (J.). Satire di Jacopo Soldani, Pier Jacopo Martelli, Lodovico Paterno, M. Francesco Berni et altri. *Londra*, 1787, in-12, titre gravé, portr. de Soldani, mar. rouge, fil., dent. int., tr. dor. (*Rel. anc.*)

Exemplaire précieux ayant appartenu à *Alfieri* dont il porte la signature et qui a pris la peine d'y ajouter une table manuscrite écrite de sa main, qui se termine par ces mots : « *Non una mediocre.* » (*Ch. C.*)

1014. **Souvenirs d'une Cocodette** écrits par elle-même et mis en bon français par E.-F. Edition non adoucie, illustrée d'un frontispice et de dix figures gravées à l'eau-forte, par Chauvet. *Philadelphie, chez Jean Bontemps, imprimeur, s. d.*, in-12, pap. de Holl., front. et fig. tirés sur Chine volant, cart. Bradel, non rog., couv.

1015. **STENDHAL** (de) (Henri Beyle). L'Abbesse de Castro, avec illustrations de Eug. Courboin. *Paris, publié pour les Sociétaires de l'Académie des Beaux Livres*, 1890, gr. in-8, br., couv.

Edition tirée à 160 exemplaires, non mis dans le commerce.

1016. **Stendhal** (Henri Beyle). La Chartreuse de Parme, par l'auteur de Rouge et Noir. *Paris*, *A. Dupont*, 1839, 2 vol. in-8, demi-rel. v. f., tr. bleue (*Rel. de l'époque.*)

Edition originale (Le tome II porte, deuxième édition). — On lit sur le faux-titre du tome I. : *Hommage au médecin qui guérit. L'auteur.*

1017. **Süe** (Eugène). Le Juif Errant. Edition illustrée par Gavarni. *Paris*, *Paulin*, 1845, 4 vol. gr. in-8, cart. Bradel, dos percaline, têtes dor., non rog. Couvertures imprimées.

600 gravures sur bois environ, par Gavarni, Pauquet, Karl Girardet, dont 84 sujets tirés à part, gravés par Best, Leloir, Hotelin et Régnier. — Bel exemplaire.

1018. **Swedenborg** (E. de). Traité curieux des Charmes de l'Amour conjugal dans ce monde et dans l'autre, trad. du latin en français par M. de Brumore. *Berlin et Basle*, 1784, in-12, cart. Bradel, tête jasp. non rog.

1019. **Swift**. Les Quatre Voyages du capitaine Lemuel Gulliver, traduction de l'abbé Desfontaines, revue, complétée, et précédée d'une notice, par H. Reynald, gravures à l'eau-forte par Lalauze. *Paris*, *Librairie des Bibliophiles*, 1875, 2 vol. in-16, pap. de Holl., demi-rel. mar. r., tête dor., non rog., couv.

1020. **Tabarin**. Œuvres complètes, avec les rencontres, fantaisies et coq-à-l'ane facétieux du baron de Gratelard, et divers opuscules publiés séparément sous le nom ou à propos de Tabarin. Le tout précédé d'une Introduction et d'une Bibliographie Tabarinique, par G. Aventin. *Paris*, *P. Jannet*, 1858, 2 vol. pet. in-12, mar. rouge, dos orné, fil., dent. int., tr. dor. (*Hardy.*)

Bel exemplaire relié sur brochure, de Veinant (Aventin), sur papier de Chine, que le bibliophile a complété par des errata, additions et cartons qu'on ne trouverait pas ailleurs (*Ch. C.*)

1021. **Tableaux des habillements**, des mœurs et des Coutumes dans le Royaume de Hollande, au commencement du XIXe siècle. *A Amsterdam, chez E. Maaskamp*, *s. d.* (1805), in-4, demi-rel. dos et coins de veau vert, non rogné.

Ouvrage en hollandais et en français, orné de 20 belles planches de costumes gravés, en couleurs.

1022. **TABLÈTES** (*sic*) **CHRONOLOGIQUES**, in-8 obl., mar. rouge, dos orné, comp. de fil. avec coins dor., dent. int., tr. dor. (*Rel. anc.*)

Manuscrit terminé en 1699, d'une remarquable exécution. Conception très curieuse. 2 portraits coloriés du Roi Louis XIV et du grand Dauphin (*Ch. C.*)

1023. **TABOUROT** (Est.). Les Bigarrures et touches du seigneur des Accords, avec les apophtegmes du sieur Gaulard, et les escraignes dijonnoises. Dernière édition, de nouveau augmentée de plusieurs epitaphes, dialogues et ingénieuses équivoques. *Paris, J. Richer*, 1614, 5 part. en 1 vol. pet. in-12 réglé, portr. et fig., mar. bleu, dos orné, fil., dent. int., tr. dor. (*Trautz-Bauzonnet.*)

Bel exemplaire provenant de la Bibliothèque de M. le comte de Fresne.

1024. **Taillevent.** Le Viandier de Guillaume Tirel dit Taillevent, enfant de cuisine de la reine Jehanne d'Evreux, queu du Roi Philippe de Valois et du duc de Normandie, etc., etc. (1326-1395). Publié sur le Mss. de la Bibliothèque Nationale avec les variantes des Mss. de la Bibliothèque Mazarine et des Archives de la Manche, précédé d'une introduction et accompagné de notes, par le Baron J. Pichon et G. Vicaire. *Paris, Techener*, 1892, gr. in-8, pap. vél. du Marais, fig., br., couv.

Tiré à 350 exemplaires numerotés (n° 174).

1025. **Tales of Dumour**. Gallantry et Romance, selected and translated, from the italian, With sixteen illustrative drawings by George Cruilskank. *London, Ch. Baldwyn*, 1824, pet. in-8, fig., v. f., dos orné, fil., tr. marb.

1026. **Tanevot** (Alex.). Poésies diverses. *Paris, Jacq. Collombat*, 1732, in-12, mar. rouge, dos orné, 3 fil., doublé de tabis, tr. dor. (*Rel. anc.*)

1027. **Taschereau** (J.). Revue rétrospective, ou archives secrètes du dernier gouvernement (1830-1848). *Paris, Paulin*, 1848, gr. in-8 à 2 col. demi-rel. veau fauve, tête marbr., non rog., couverture imprimée.

Publié par M. J. Taschereau.
Exemplaire bien complet contenant les 33 numéros avec la table
Très rare avec les deux derniers numéros.

1028. **Tasse.** Aminta favola boschereccia di Torquato Tasso. *Parigi*, *Renouard*, 1800, in-12, demi-rel. dos et coins de mar. r., dos orné, fil., non rog. (*Thompson.*)

1 fleuron sur le titre (portrait du Tasse), par Roger, et 1 figure par Prudhon, gravée par Roger.

Exemplaire auquel on a ajouté 1 portrait du Tasse, gr. par Muller d'après Desenne, et 6 figures de Desenne et de Girodet, dont 5 avant la lettre.

1029. **Tasse.** Jérusalem délivrée, poëme du Tasse, nouvelle traduction. *Londres* (*Cazin*), 1780, 2 vol. in-18, mar. gren., dos orné, fil., dent. int., tr. dor. (*Allô.*)

Frontispice dessiné par Desrais et 2 vignettes non signées.

1030. **Taxes** des parties casuelles de la boutique du pape, rédigées par Jean XXII, et publiées par Léon X, pour l'absolution (argent comptant) de toute espèce de crimes ; avec la fleur des cas de conscience, décidés par les Jésuites, un grand nombre d'anecdotes et de pièces accessoires, et le texte latin des Taxes, publié par Julien de Saint-Acheul. *Paris*, *Brissot-Thivars*, 1821, in-8, cart., tête éb., non rog.

1031. **Tcheng-Ki-Tong** (Général). Les Parisiens peints par un chinois. *Paris*, *Charpentier*, 1891, in-12, br., couv.

L'un des 10 exemplaires tirés sur papier de Chine (n° 7).

1032. **Tcheng-Ki-Tong** (Général). Les Plaisirs en Chine. *Paris*, *Charpentier*, 1890, in-12, br., couv.

L'un des 25 exemplaires tirés sur papier de Chine (n° 17).

1033. **Tcheng-Ki-Tong** (Général). Le Roman de l'homme jaune, mœurs chinoises. *Paris*, *Charpentier*, 1890, in-12, br., couv.

L'un des 20 exemplaires tirés sur papier de Chine (n° 8).

1034. **Terninck** (A.). Essai sur l'Industrie gallo-romaine en Attrébatie. *Arras*, 1874, gr. in-8, avec 25 pl. en couleurs, br. couv.

L'un des 60 exemplaires numérotés (n° 9) avec envoi autographe de l'auteur.

1035. **Texier** (Edmond). Tableau de Paris. Ouvrage illustré de 1500 gravures d'après les dessins de Blanchard, Cham, Champin, Forest, François, Gavarni, Gérard-Séguin, J. J.

Grandville, Lami, Pauquet, Renard, Roussel, Horace Vernet, etc. *Paris, Paulin et Le Chevalier*, 1852, 2 tom. en 1 vol. gr. in-4, cart. toile, dos et plats ornés, fers spéciaux, tr. dor. (*Reliure de l'éditeur*).

1036. **Thausing** (Moritz). Albert Dürer, sa vie et ses œuvres, traduit de l'allemand par Gustave Gruyer. *Paris, Firmin-Didot*, 1878, gr. in-8, br., non rog. Couverture.

Ouvrage illustré de 75 gravures en taille douce, en lithographie et sur bois.

1037. **Théâtre Français** au moyen âge, publié d'après les manuscrits de la Bibliothèque du Roi, par L. J. N. Monmerqué et Francisque Michel (XIe-XIVe siècles). *Paris, F.-Didot*, 1842. gr. in-8 à 2 col., tête éb., non rog., couv.

1038. **Théocrite**. Idylles de Théocrite et odes anacréontiques, traduction nouvelle par Leconte de Lisle. *Paris, Poulet-Malassis et de Broise*, 1861, in-12, demi-rel. maroq. gris fer, fil., tête dor., non rog. Couverture.

1039. **Théophile** (Le Parnasse satyrique du sieur), suivi du Nouveau Parnasse satyrique. Edition revue sur toutes les éditions du XVIIe siècle, corrigée et annotée (*Bruxelles*). *L'An*, 1864, 2 vol. in-16, pap. vergé, front. de F. Rops, demi-rel. mar. bl., tête dor., non rog. (*Amand*).

Exemplaire provenant de la Bibliothèque de Poulet-Malassis, avec une note de sa main page 44 du 1er volume.

1040. **Theuriet** (André). La Vie rustique. Compositions et dessins de Léon Lhermitte. Gravures sur bois de Clément Bellenger. *Paris, H. Launette* 1888, gr. in-8, demi-rel., dos et coins de maroq. vert, dos orné, fil., tête dor., non rog. Couverture illustrée.

L'un des 25 exemplaires sur papier vélin de cuve teinté (n° 54).

1041. **Thierry** (Augustin). Récits des temps mérovingiens. Avec 42 dessins de J.-P. Laurens, reproduits par les procédés de M. Poirel. *Paris, Hachette*, 1887, in-4, cart. toile, dos et plats richement ornés, fers spéciaux, tr. dor. (*Reliure de l'éditeur*).

1042. **Thiers** (A.). Histoire de la Révolution française. Seconde édition. *Paris*, *Lecointe*, 1828-1829, 10 vol. in-8 et Atlas in-4, demi-rel. chag. r. poli, tête dor., non rog.

1043. **Thiers** (A.). Histoire du Consulat et l'Empire, faisant suite à l'Histoire de la Révolution française. *Paris*, *Paulin*, *Lheureux et Cie*, 1845-1862, 20 vol. in-8, fig. et Atlas in-fol., demi-rel. chag. r. poli, tête dor., non rog.

1044. **Thomasi** (Thomas). La Vie de César Borgia, duc de Valentinois, trad. de l'italien. *Monte-Chiaro*, (*Hollande*), 1671, pet. in-12, vél.

1045. **Thomé de Gamond** (A.). Etude pour l'Avant-projet d'un Tunnel Sous-Marin, entre l'Angleterre et la France, reliant sans rompre charge les chemins de fer de ces deux pays, par la ligne de Grinez à Eastware, avec la carte du tracé projeté et le profil du tunnel traversant le diagramme géologique du massif submergé. *Paris*, *Dalmont*, 1857-1869, 2 vol. in-4 dont 1 Atlas, cart. Bradel, tête jasp., non rog. (*Envoi autographe de l'auteur*).

1046. **TILLIER** (Cl.). Mon Oncle Benjamin, nouvelle édition illustrée d'un portrait-frontispice et de 42 dessins de Sahib, gravés sur bois par Prunaire, avec une préface par Monselet. *Paris*, *L. Conquet*, 1881, 2 vol. in-8, cart. demi-mar. bl., non rog., couv. illust.

L'un des 25 exemplaires sur papier de Chine fort

1047. **Tissandier** (Gaston). Histoire des Ballons et des aéronautes célèbres. *Paris*, *H. Launette*, *s. d.* 2 vol. gr. in-8, demi-rel. maroq. bleu, dos ornés, fil., tête dor., non rog. Couvertures illustrées.

L'un des 25 exemplaires sur papier du Japon (n° 5) avec une double suite de toutes les planches en photogravure.

1048. **Toussaint** (Fr. V.). Les Mœurs. *S. l.*, 1748, 3 parties en 1 vol. in-12 de 16 ff. prélim. y compris le titre, 528 pp., front., fleuron et vign., non signés, mar. rouge, dos orné, 3 fil., tr. dor. (*Rel. anc.*).

1049. **Trésor de Poésie récréative** (Petit). Choix des plus agréables Facéties en vers, anciennes et modernes, Satires, Contes, Epigrammes, Madrigaux, Pièces burlesques et galantes, recueillies par Hilaire Le Gai. *Paris, Passard*, 1848, in-32, mar. rouge, fil. à fr., dent. int., tr. dor. (*Bousquet*).

1050. **Triomphe** (Le) de son Altesse Charles IIII, duc de Lorraine, etc., à son retour dans ses Etats. *A Nancy*, 1664, in-fol. cart., non rog.

Ouvrage orné de 13 grandes planches gravées à l'eau-forte.
Réimpression faite pour Cayon-Liébault, libraire-éditeur à Nancy, 1848, par l'Imprim. de Hinzelin et Cie à Nancy.

1051. **Troubat** (J.). Plume et Pinceau. *Paris, Liseux*, 1878, in-16, demi-rel. dos et coins de mar., dos orné, fil., tête dor., non rog. (*Masson-Debonnelle*).

L'un des 105 exemplaires tirés sur papier de Hollande (nº 84).

1052. **Types et Caractères Belges**, mœurs contemporaines. *Bruxelles, Lemaire et Sœur*, 1851, gr. in-8, nomb. fig. dans le texte et pl. hors texte, demi-rel. chag. r., tr. jaune. (*Weber*).

Hommage à M. A. Devéria, signé E. de Friedberg. Le dos du volume porte le monogramme de Devéria.

1053. **Uzanne** (O.). L'Art et l'Idée. Revue contemporaine illustrée, pub. par Octave Uzanne. *Paris, Quantin*, 1892, 2 vol. en 12 livraisons, gr. in-8, front., fig. dans le texte et pl. hors texte, br., couv.

L'un des 600 exemplaires tirés sur papier des Vosges (nº 426).

1054. **Uzanne** (O.). Caprices d'un Bibliophile. *Paris, Rouveyre*, 1878, pet. in-8, pap. vergé de Holl., front. à l'eau-forte par Ad. Lalauze, demi-rel. mar. gren., tête dor., non rog., couv.

1055. **Uzanne** (O.). L'Eventail, illustrations de Paul Avril. *Paris, Quantin*, 1882, gr. in-8, br., couv. double emboîtage en satin et en cuir japonais.

Lettre autog. de l'auteur et Essais de couvertures ajoutés.

1056. **Uzanne** (Octave). La Française du siècle. Modes, mœurs, usages. *Paris, Quantin*, 1886, gr. in-8, br. non rog. Couverture illustrée en couleur. Emboîtage.

Illustrations à l'aquarelle de Albert Lynch, gravées à l'eau forte en couleurs par Eugène Gaujean. — Exemplaire sur papier du Japon nacré. — Avec la double suite des figures avant et avec la lettre. — Envoi autographe de l'auteur à Charles Cousin.

1057. **Uzanne** (O.) La Gazette de Cythère, avec notice historique. *Paris, Quantin*, 1881, gr. in-8, front. et vign. à l'eau-forte par Gaujean, demi-rel. mar. gren., tête dor., non rog.

Exemplaire avec double épreuve du frontispice et du tirage à part de la vignette en-tête.

1058. **Uzanne** (O.) Le Livre moderne. Revue du monde littéraire et des Bibliophiles contemporains, pub. par Octave Uzanne. *Paris, Quantin*, 1890-1891, 4 vol. en 24 livraisons, gr. in-8, fig. dans le texte et pl. hors texte, br., couv.

L'un des 20 exemplaires tirés sur papier du Japon (n° VIII).
Manque les livraisons 18 et 20.

1059. **Uzanne** (O). Le Miroir du monde, notes et sensations de la vie pittoresque. Illustrations en couleurs d'après Paul Avril. *Paris, Quantin*, 1888, pet. in-4, br., couv. illust., emboîtage en cuir japonais.

L'un des 100 exemplaires tirés sur papier du Japon numérotés de CI à CC. Exemplaire n° CLVIII.

1060. **Uzanne** (O.). Les Mœurs Secrètes du XVIIIe siècle, avec préface, notes et index. *Paris, Quantin*, 1883, gr. in-8, frontispice en couleur et vignette à l'eau-forte de P. Avril, cart. dos de vél. vert orné, non rog., couv.

1061. **Uzanne** (O.) L'Ombrelle, etc. Suite en 4 états de la Couverture, dessin de P. Avril, épreuves en couleurs et or.

1062. **Uzanne** (O.) Quelques-uns des Livres contemporains en exemplaires choisis, curieux ou uniques. Tirés de la Bibliothèque d'un écrivain et bibliophile parisien et qui ont été livrés aux enchères les 2 et 3 mars 1894. *Paris, A. Durel*, 1894, in-8, br. couv. genre sôie repliée.

L'un des 100 exemplaires tirés sur papier mauve vélin, filigrané de guirlandes de pervenches (n° 67) avec frontispice à l'eau-forte de Robida.

1063. **Uzanne** (O.) La Reliure moderne, artistique et fantaisiste. Illustrations reproduites d'après les originaux par P. Albert-Dujardin et Dessins allégoriques de J. Adeline, G. Fraipont, A. Giraldon, frontispice de A. Lynch, gravé par Manesse. *Paris*, *Rouveyre*, 1887, gr. in-8, br.

L'un des 100 exemplaires tirés sur papier du Japon avec double épreuve du frontispice.

Exemplaire (n° 44) auquel on a joint le portrait et une lettre autographe de l'auteur.

1064. **Uzanne** (O.) Les Zigzags d'un Curieux, causeries sur l'art des livres et de la littérature d'art. *Paris*, *Quantin*, 1883, in-12, front. à l'eau-forte par F. Buhot, br., couv.

L'un des 5 exemplaires tirés sur Chine (non mis dans le commerce) avec double épreuve du frontispice dont un avec marges symphoniques.

Exemplaire (n° 2) avec envoi autographe signé de l'auteur.

1065. **Uzier** (Anth.) Triomphe du Corbeau, contenant les propriétés, perfections, raretés, et vertus souveraines avec les significations des mystères relevés de nostre foy, et le Triomphe du Monarque Lorrain remettant par favorable presage le Sceptre de Judée en l'auguste maison de ses Devanciers. *Nancy*, *Jacob Garnich*, 1619, in-8, cart., non rog.

Réimpression faite chez P. Trenel à Saint-Nicolas-de-Port (conforme à l'édition originale). 1839.

1066. **Vachon** (Marius). Les Marins Russes en France. Préface par E. Melchior de Voguë. *Paris*, *Quantin*, *s. d.*, gr. in-8, br. non rog., couverture illustrée en couleurs.

Illustrations de l'ouvrage : 15 grandes planches en héliotypie et chromotypographie, 170 dessins dans le texte, d'après nature. Couverture en aquarelle.

1067. **Van Ostade**. Les Peintres du Cabaret. Van Ostade, sa vie et son œuvre. Vingt eaux-fortes par Van Ostade, Charles Jacque et Subercase. *Paris*, *Jules Maury*, 1876, gr. in-8, br. non rog. en feuilles.

Tiré à 100 exemplaires seulement.

1068. **Van Rheede** (H.). Hortus indicus malabaricus (continens regni malabarici plantas rariores ad vivum exhibitas, addita insuper accurata earundem descriptione per H. van Rheede, van Draakenstein et Joannem Casearium, notas adauxit Arn. Syen). *Amstelodami*, 1678, in-folio, veau brun, dos orné, fil.

Frontispice et nombreuses planches. Exemplaire aux armes du duc de Montausier.

1069. **Varlot**. Xylographie de l'imprimerie troyenne pendant le XVe, le XVIe, le XVIIe et le XVIIIe siècle. Précédée d'une lettre du bibliophile Jacob, sur l'histoire de la gravure en bois, publiée par Varusoltis, de Troyes. *Troyes, Varlot. Paris, Aubry*, 1859, in-4, cart. toile, non rog.

72 planches contenant 571 figures gravées sur bois. Tiré à petit nombre. Exemplaire sur papier de Hollande.

1070. **VATEL.** Notice sur le manuscrit des Evvres poëtiques de Vatel. *Chantilly*, 1881. — La suite des Evvres poétiques de Vatel. Reproduction en fac-simile d'après le manuscrit original par les soins de la Société des Bibliophiles françois. *A Paris, pour la Société des Bibliophiles françois*, 1881. Ensemble 2 vol. in-fol. en feuilles dans deux cartons toile.

Reproduction héliographique terminée à la main, tirée à 40 exemplaires. Exemplaire offert par le Duc d'Aumale.

1071. **Verboquet le Généreux.** Les Délices, ou Discours joyeux et récréatif, avec les plus belles rencontres et propos sérieux, tenus dans tous les bons cabarets de France, dernière édition revue et augmentée de nouveau. *Lyon, Pierre Bailly*, 1640, pet. in-12, mar. orange, dos orné, fil., dent. int., non rog. (*Chambolle-Duru*).

Bel exemplaire sur papier vergé de Hollande, de la collection des *Raretés bibliographiques*, tiré à 100 exemplaires numérotés. *Bruxelles, Mertens*, 1864.

1072. **Vericel** (G.) Lyonnaisiana, ou Recueil de bons mots, de saillies de Lyonnais, et de traits anecdotiques et historiques sur Lyon, mis en ordre et publiés avec un avant-Propos, par Gustave Vericel. *Lyon, Scheuring*, 1879, in-16, pap. vergé teinté, cart. Bradel, tête jasp., non rog.

Exemplaire avec envoi et lettre autographes signés de l'auteur.

1073. **Verlaine** (Paul). Choix de Poésies, avec un portrait de l'auteur par Eug. Carrière. *Paris, Charpentier*, 1891, in-12, br., couv.

L'un des 30 exemplaires tirés sur papier de Hollande (n° 6).

1074. **Verlaine** (Paul). Femmes, Poésies. *Imprimé « sous le manteau » et ne se vend nulle part.* 1890, in-8, cart. cuir japonais avec ornements, feuilles, fleurs, etc., tête dor., non rog. Couverture (*P. Ruban.*)

Tiré à 175 exemplaires sur papier vélin fort (n° 37).

1075. **Verly** (H.) Essai de Biographie lilloise contemporaine (1800-1869) augmenté d'un supplément et accompagné de notes historiques et bibliographiques. *Lille, Leleu*, 1869, gr. in-8 à 2 col., br., couv. (*Broch. fatiguée.*)

1076. **Véron** (Eug.) Les Artistes célèbres. Eugène Delacroix. *Paris, Rouam, s. d.*, in-4. avec 40 gravures, br., couv.

L'un des 100 exemplaires tirés sur Japon (n° 7).

1077. **Vian** (L.) Histoire de Montesquieu, sa vie et ses œuvres, d'après des documents nouveaux et inédits, précédée d'une préface par Ed. Laboulaye. *Paris, Didier*, 1878, in-8, cart. Bradel, tête dor., non rog.

1078. **Victorinus**. M. Fabii Victorini Rhetoris doctissimi Commentarii in Rhetoricos M. Tullii Ciceronis *.Parisiis, in officina Roberti Stephani*, 1537, in-8, maroq. rouge, fil., tr. dor.

1079. **Vidocq** (Mémoires de), chef de la police de sureté, jusqu'en 1827. *Paris, Tenon*, 1828-29, 4 vol. in-8, portr., demi-rel. chag. r., dos orné, tr. marb.— Supplément aux mémoires de Vidocq, ou dernières révélations sans réticence, par le rédacteur des 2e, 3e et 4e volumes des mémoires. *Paris*, 1831, 2 vol. in-8, cart. Bradel, tête dor,, non rog., couv.— Ensemble 6 vol.

Exemplaire aux premières armes et chiffres d'Aug. de Thou. Reliure parfaite d'une conservation remarquable. (*Ch. C*)

1080. **Vidocq** (E.-F.) Les Voleurs, physiologie de leurs mœurs et de leur langage. *Paris, chez l'auteur*, 1837, 2 vol. in-8, portr., cart. éb. (*Déchirures à qq. feuillets*).

Exemplaire auquel on a ajouté 4 Prospectus de l'Agence Vidocq.

1081. **Vigneul-Marville** (D. Bonaventure d'Argonne). Mélanges d'histoire et de Littérature, quatrième édition, revue, corrigée et augmentée par M*** (l'abbé Ant. Banier). *Paris, Cl. Prudhomme*, 1725, 3 vol. in-12, mar. bleu, fil. à fr., dent. int., tr. dor. *(Duru)*.

Exemplaire relié sur brochure, aux armes de M. le Baron Jérôme Pichon.

1082. **Villemain**. Œuvres. *Paris, Ladvocat*, (*impr. de Firmin-Didot*, 1823-1827, 3 vol. gr. in-8, demi-rel. mar. r., non rog.

Discours et Mélanges littéraires. — Mélanges historiques et littéraires. — Nouveaux Mélanges historiques et littéraires, ornés de portraits gravés par Fauchery d'après Devéria.
Exemplaire en grand papier avec les portraits tirés sur Chine.

1083. **Villiers** (Abbé P. de). Réflexions sur les défauts d'autrui. *Parisi Cl. Barbin*, 1690, in-12, v. gr. (*Rel. anc.*)

Edition originale.
Exemplaire aux armes de Bernard Chérin.

1084. **Vincent** (Henri). Les Vingt-deux années du Père Tasse, avec plus de 100 illustrations d'Emile Guigues. *Grenoble, Baratier frères*, 1891, in-12, br., couv. illust. par l'abbé Guétal.

Exemplaire tiré sur papier du Japon avec un DESSIN ORIGINAL A LA PLUME DE E. GUIGUES.

1085. **Vita** S. Norberti canonicorum præmonstratensium patriarchae Antuerpiae apostoli archiepisc. Magdeburg ac totius germaniae primatis. Concinnabat et Elogiis illustrabat R.P.F. Io. Chrysostomus Vander Sterre... *Antuerpiae, Joannes Gallaeus excudit, s. d.* Titre, portrait et 34 planches finement gravées par *C. Galle* d'après les dessins de *J. Galle.* — Aux Religieux profez de l'abbaye de Thenailles, de l'Ordre de Prémontré, *S. l. n. d.*, 3 ff. prélim. et 32 pp. — Abrégé de la Vie du R. P. Adrien Becan, de l'Ordre de Premonstré, et de sa fin bien heureuse à Briel, Ville de Zelande, 8 pp. — Icones variae S. P. Norberti canonicorum praemonstratensium patriarchae, Antuerpiae apostoli, archiepiscopi Magdeburgensis... Admodū Reuerendo amplissimoq; Domino D. Macario Simeomo. Abbati dignissimo Joannes Gallaeus. *Antuerpiae, apud Io. Gallaeum, s. d.* Titre et 40 planches finement gravées par *C. Galle* et *C. de Mallery* d'après les dessins de *J. Galle.* — Litaniae ad S. P. Norbertum praemonstratensis..., 1 feuillet gravé par *Th. Galle.* — 6 pièces en 6 ff. — Ensemble 1 vol. in-4, mar. rouge, dos orné, 3 fil. avec coins dor., tr. dor. (*Rel. anc.*)

Volume rare. — Tache à un plat de la reliure.

1086. **Vitruve.** Abrégé des dix livres d'Architecture de Vitruve, *Paris, J.-B. Coignard*, 1674, in-12, veau granit, dos orné.

Avec 11 planches gravées en taille douce.

1087. **Voguë** (E.-M. de) Le Manteau de Joseph Olénine, portrait gravé par A. Lamotte. *Paris, L. Conquet*, 1889, in-16, br., couv.

L'un des 280 exemplaires tirés sur papier vélin du Marais non mis dans le commerce.

1088. **Voisenon** (Abbé de). Exercices de dévotion de M. Henri Roch avec Mme la duchesse de Condor par feu M. l'abbé de Voisenon, de joyeuse mémoire, et de son vivant membre de l'Académie françoise. *A Vaucluse, Paris*, 1786, pet. in-12, front. et titre grav., demi-rel. dos et coins de chag. r., dos orné, fil., tr. dor.

1089. **Voltaire.** La Henriade, nouvelle édition. *A Paris, chez la Veuve Duchesne, Saillant, Desaint, Panckoucke et Nyon, libraires* (*imprimerie Barbou*), (1769-1770), 2 vol. in-8, fig., mar. rouge, dos orné, fil. avec coins dor. dent. int., tr. dor. (*Rel. anc.*)

1 frontispice, 1 titre gravé, avec un beau portrait médaillon de Voltaire en guise de fleuron, 10 figures et 10 vignettes, dessinées par Eisen et gravées par de Longueil.

1090. **Voltaire.** La Pucelle d'Orléans, poëme divisé en vingt chants, avec des notes. Nouvelle édition, corrigée, augmentée et collationnée sur le manuscrit de l'auteur. *S. l.*

(*Genève*), 1762, pet. in-12, fig., v. marb., dos orné, 3 fil., tr. dor. (*Rel. anc.*)

25 figures (dont 5 ajoutées) non signées.
Première édition avouée par l'auteur.
Les figures sont attribuées à Gravelot.

1091. **Voltaire**. La Pucelle d'Orléans, poëme divisé en vingt chants, avec des notes. Nouvelle édition, corrigée, augmentée et collationnée sur le manuscrit de l'auteur, avec 20 figures en taille-douce. *A Conculix*, 1776, 2 tomes en 1 vol. in-18, fig., mar. rouge, dos orné, 3 fil., tr. dor. (*Rel. anc.*).

Mouillures, feuillets tachés, déchirure à deux figures.

1092. **Voltaire**. La Pucelle d'Orléans, poëme héroï-comique en dix-huit chants. *Londres*, 1780, in-18, fig., mar. rouge, dos orné, 3 fil., tr. dor. (*Rel. anc.*).

1 frontispice : Voltaire assis, Jeanne debout, 1 portrait de la Pucelle, son supplice dans la tablette au-dessous du portrait, et 18 jolies figures non signées (par Marillier).

1093. **Voltaire**. Les Vous et les Tu, épître de M. de Voltaire, ornée de lithographies à la plume, par Fraipont. *Paris, imprimé pour les amis des livres*, 1883, plaq. gr. in-8, br., couv.

Exemplaire avec les lithographies tirées à part sur papier du Japon.

1094. **VOLTAIRE**. ZADIG, ou la destinée. Histoire orientale. Illustrations de J. Garnier, F. Rops et A. Robaudi, gravées en couleur par Gaujean. *Paris, imprimé pour les Amis des livres, par Chamerot et Renouard*, 1893, pet. in-4, br., couv.

Edition imprimée à 115 exemplaires, non mise dans le commerce.
Exemplaire (n° 3).

1095. **Voltaire** (Le Dernier volume des Œuvres de). Contes, Comédies, Pensées, Poésies, Lettres, Œuvres inédites, précédées du Testament autographe de Voltaire, du facsimile de toutes les pièces relatives à sa mort et de l'histoire du Cœur de Voltaire, par J. Janin, préface par Ed. Didier, portrait en taille-douce de Mme Duchatelet. *Paris, Plon*, 1862, in-8, cart. Bradel, tête dor., non rog.

1096. **Voyage d'Italie** en l'année 1787. Manuscrit in-4 de 230 pages, mar. rouge, dos orné, dent., coins et milieux dor. avec les initiales J. C., dent. int.. tr. dor. (*Rel. anc.*).

Voyage de Paris à Naples et retour, commencé le 30 aout 1787 et terminé dans le mois de juillet 1788.

Curieux manuscrit renfermant 20 dessins originaux à l'aquarelle et à la Sépia.

1097. **Voyage de Lister à Paris** en 1698, traduit pour la première fois, publié et annoté par la Société des Bibliophiles français. On y a joint des Extraits des ouvrages d'Evelyn relatifs à ses voyages en France de 1648 à 1661. *Paris, pour la Société des Bibliophiles* (*impr. Lahure*), 1873, gr. in-8, pap. vergé de Holl., cart. dos de vél. bl., non rog., couv. (*Lemardeley*).

Envoi autographe signé du baron Jérôme Pichon.

1098. **Waroquier** (le comte Louis-Charles de), sieur de Méricourt, de la Motte et de Combles. Traité des devises héraldiques, de leur origine et de leur usage, avec un Recueil des armes de toutes les maisons qui en portent, ensemble un précis sur leur origine, et un recueil des faits qui leur sont particuliers, et qui ne sont point encore connus, enrichi de gravures. *Paris*, 1783-1784, 2 vol. in-12, cart. mar. bleu (*Rel. anc.*).

Mouillures.

1099. **Whymfer** (Edouard). Escalades dans les Alpes de 1860 à 1869. Ouvrage traduit de l'anglais par Adolphe Joanne et contenant 108 gravures et 6 cartes. *Paris, Hachette*, 1873, gr. in-8, cart. Bradel, dos toile, tête dor., non rog., couverture.

108 gravures sur bois et 9 cartes.

1100. **Willems** (Alphonse). Les Elzevier. Histoire et Annales typographiques. *Bruxelles et Paris*, 1880, 2 vol. gr. in-8, demi-rel., dos et coins de mar. bleu, tête dor., non rog., couverture.

Exemplaire sur papier de Hollande.

1101. **Wyrouboff** (G.). Articles de Philosophie, science, politique, etc., (1866-1876). *Versailles, imprimerie Cerf*, 31 pièces en 1 vol. gr. in-8, demi-rel., dos et coins de mar. r., tr. dor., non rog. (*Coquard*).

Exemplaire unique auquel on a joint une lettre autographe signée de l'auteur.

1102. **Wyse** (Lucien N. B.). Le Canal de Panama, l'isthme américain, exploration ; comparaison des tracés étudiés, négociations ; état des travaux. *Paris*, *Hachette*, 1886, gr. in-8. br., non rog., couverture.

Ouvrage contenant une grande carte de l'isthme Colombien, un plan panoramique du canal de Panama supposé achevé, un tableau synoptique des divers projets et 90 gravures sur bois.

Exemplaire sur papier du Japon avec envoi autographe de l'auteur.

1103. **Xanrof** (L). Pochards et Pochades, histoires du quartier latin, nombreuses illustrations par Maurice de Thoren, D. Franklin, etc. *Paris*, *Marpon et Flammarion*, *s. d.*, in-12, br.

Edition originale, avec la couverture.

1104. **Xénophon**, Les Entretiens mémorables de Socrate, traduits du grec, par M. Levesque. *Paris*, *Didot l'aîné*, 1782, 2 tom. en 1 vol. in-18, mar. rouge jans., dent. int., tr. dor. (*Brany*).

1105. **Yorick**. A sentimental journey through France and Italy. *London*, 1790, in-12, mar. rouge à long grain, dos orné, compart. de fil. dor. sur les pl., dent. int., tr. dor.

1106. **Yriarte** (Ch.). Les Célébrités de la rue, orné de 40 types gravés, nouv. édit. augmentée de 7 types nouveaux. *Paris*, *Dentu*, 1868, in-12, br., couv. illust.

1107. **Zola** (Emile). Nana. *Paris*, *Marpon et Flammarion*, 1882. gr. in-8, cart. Bradel, non rog.

Edition illustrée par André Gill, Bertall, G. Bellenger, Bigot, Clairin, etc.

Exemplaire provenant de la Biblioth. de Octave Uzanne avec son Ex-libris.

1108. **Zola** (E.). La Terre. *Paris*, *Charpentier*, 1887, in-12, demi-rel. mar. La Vall. foncé, tête dor., non rog.

Edition originale avec la couverture. Exemplaire tiré sur papier de Hollande.

Arras. — Imp. Vve Schoutheer-Dubois, rue des Trois-Visages, 53.

Arras. — Imp. Veuve Schoutheer-Dubois, rue des Trois-Visages, 53.

www.ingramcontent.com/pod-product-compliance
Ingram Content Group UK Ltd.
Pitfield, Milton Keynes, MK11 3LW, UK
UKHW020141220726
13923UKWH00001B/303

9 782019 300876